Para

com votos de paz.

DIVALDO FRANCO
PELO ESPÍRITO VICTOR HUGO

OS DIAMANTES FATÍDICOS

EDITORA LEAL

Salvador
4. ed. – 2023

COPYRIGHT © (2003)
CENTRO ESPÍRITA CAMINHO DA REDENÇÃO
Rua Jayme Vieira Lima, 104
Pau da Lima, Salvador, BA.
CEP 412350-000
SITE: https://mansaodocaminho.com.br
EDIÇÃO: 4. ed. (1ª reimpressão) – 2023
TIRAGEM: 1.000 exemplares (milheiro: 18.500)
COORDENAÇÃO EDITORIAL
Lívia Maria Costa Sousa

REVISÃO
Adriano Ferreira
Luciano Urpia
Manoelita Rocha
CAPA
Cláudio Urpia
EDITORAÇÃO ELETRÔNICA
Marcus Falcão
COEDIÇÃO E PUBLICAÇÃO
Instituto Beneficente Boa Nova

PRODUÇÃO GRÁFICA
LIVRARIA ESPÍRITA ALVORADA EDITORA – LEAL
E-mail: editora.leal@cecr.com.br

DISTRIBUIÇÃO
INSTITUTO BENEFICENTE BOA NOVA
Av. Porto Ferreira, 1031, Parque Iracema. CEP 15809-020
Catanduva-SP.
Contatos: (17) 3531-4444 | (17) 99777-7413 (WhatsApp)
E-mail: boanova@boanova.net
Vendas on-line: https://www.livrarialeal.com.br

Dados Internacionais de Catalogação na Publicação (CIP)
(Catalogação na fonte)
BIBLIOTECA JOANNA DE ÂNGELIS

F825	FRANCO, Divaldo Pereira. (1927)
	Os diamantes fatídicos. 4. ed. / Pelo Espírito Victor Hugo [psicografado por] Divaldo Pereira Franco. Salvador: LEAL, 2023. 248 p. ISBN: 978-85-8266-175-8
	1. Espiritismo 2. Psicografia 3. Lei de Causa e Efeito I. Franco, Divaldo II. Título
	CDD: 133.93

Bibliotecária responsável: Maria Suely de Castro Martins – CRB-5/509

SUMÁRIO

Os diamantes fatídicos

A desmedida ambição humana, filha dileta do seu egoísmo exacerbado, responde por inúmeras calamidades de todo porte que pesam na economia moral da sociedade terrestre.

O ser humano, preservando os atavismos do estágio primário por onde transitou, aferra-se tenazmente aos interesses mesquinhos de supremacia e de predominância em relação a tudo e a todos, trabalhando com a mente fixa nos mentirosos triunfos temporais, como se a vida fosse apenas o desfrutar das paixões e o permanente campeonato da luxúria a que se entrega.

Não medindo esforços nem reflexionando com sensatez, exorbita na conquista dos valores que corrompem os sentimentos, embora exalcem a situação no destaque do grupo social, vivendo inquieto porque sem harmonia interior, em decorrência da falácia a que se entrega.

Preocupado em acumular haveres que passam de mãos e dominado pelo servilismo da sensualidade, engana e trai com desfaçatez, ferindo a emoção e a dignidade de quantos se lhe apresentam como obstáculos aos sórdidos objetivos que cultiva.

A sociedade, na qual exerce posição relevante, aceita-o com cinismo, mascarada de um júbilo que está distante de ser real, porque conhece os escusos caminhos que conduzem à situação invejável, já que a maioria dos seus membros transitou por idênticos meandros.

Embora a cordial e diplomática postura no relacionamento que é mantido, não existe entre os seus membros a saudável fraternidade nem a confiança que seria desejável, a fim de que a harmonia plenifique-os conforme seria ideal.

O intercâmbio afetivo é quase nulo, porquanto se evita aprofundar os interesses emocionais, desde que a suspeita sistemática assinala-os, em razão de cada qual desejar ocupar o espaço mais alto no qual o outro se encontra momentaneamente.

Não poucos indivíduos nesse estágio se recordam da transitoriedade orgânica, dando a impressão de que a sua felicidade é sempiterna, sendo eles seres especiais que os deuses do Olimpo elegeram em caráter excepcional.

Conceito vão, enganoso, porque ninguém foge da argamassa celular em que se encontra temporariamente, desde que se encontra peregrinando pelo arquipélago terrestre no seu processo de evolução.

O engodo da matéria, que a muitos seduz, desfaz-se, não poucas vezes, durante o próprio trânsito carnal, mas sempre após o cessar das pulsações cardíacas, logo sucedido pelo fenômeno biológico da morte.

A indestrutibilidade é condição do Espírito, e não do corpo que o veste.

A viagem terrestre é de aprendizagem, de educação, de desenvolvimento dos valores internos, jamais constituída de plenificação, de felicidade sem jaça, porquanto, em qualquer educandário onde se encontre o indivíduo, este experimenta somente a alegria da oportunidade, a bênção que recolhe no estudo, preparando-se, sem dúvida, para a finalidade que será conquistada, quando, então, avaliará os resultados do esforço empreendido.

Enganam-se todos aqueles que situam a plenitude no complexo fenômeno orgânico e nos quiméricos bens que amealham.

Os tesouros reais são, conforme acentuou Jesus Cristo, aqueles que os ladrões não roubam, as traças não comem, nem a ferrugem gasta.

Trata-se, portanto, dos dons do Espírito, dos valores morais, dos inalienáveis recursos da alma.

Em razão da beleza de que se revestem as gemas raras, do que significam em moedas que se lhes atribuem, através dos tempos, têm exercido um fascínio apaixonante nas criaturas que lutam por acumulá-las a qualquer sacrifício.

Para a sua conquista investem-se fortunas que poderiam ser superiormente utilizadas destruindo a fome, as doenças, a ignorância, a miséria moral que dominam no mundo, não obstante, são transformadas em fulgurantes pedras que jazem em estojos delicados e de alto preço, mortas em cofres fortes, para serem usadas uma que outra vez, provocando inveja e despertando ressentimentos, mais embelezando, por um momento, com o brilho da vaidade os seus transitórios possuidores.

Quando portadoras de pureza e perfeição, que as tornam mais raras, são transferidas de uma para outra pessoa, de uma para outra geração, algumas portadoras de tragédias, de crimes que foram cometidos para possuí-las, tornando-se fatídicas para os seus possuidores...

Embora o drama que narramos nas páginas a seguir tenha causas profundas que se enraízam nas reencarnações transatas, os diamantes faiscantes, que facultarão a execução de alguns crimes, desempenham um papel importante em nossa história real, que sofreu necessárias adaptações e modificação para evitar que sejam identificadas as personagens que constituem o nosso romance, algumas das quais prosseguem na sua vilegiatura.

O nosso desejo é demonstrar que a força da Lei de Causa e Efeito é invencível, não permitindo que ninguém a defraude, por mais habilidoso que seja, ou por mais perverso, ou por mais cínico, desde que, para onde fuja, defrontá-la-á inapelável, exercendo a missão providencial para a qual foi programada.

O método eficaz e único para proporcionar a felicidade real, sem dúvida, é o exercício da consciência reta, a atividade correta e a conduta moral sem jaça.

A Vida cobra todos os delitos que sejam praticados contra os seus Códigos Soberanos.

A única alternativa, pois, que resta ao ser humano é respeitá-la em todas as suas expressões.

Águeda (Piedade, Espinhel, Portugal),
20 de outubro de 2003.
VICTOR HUGO

Livro Primeiro

1

ESPLENDOR E DECADÊNCIA
DE UMA NAÇÃO

O século vinte, que se fez assinalar pelos extraordinários avanços da Ciência e da tecnologia, também pode ser considerado como o mais audacioso no que diz respeito aos direitos do ser humano.

A inquietação que tomou conta da Humanidade a partir da Revolução Industrial na Inglaterra e na Alemanha no século 19 exigiu das tradições oligárquicas dominadoras uma apressada revisão de conceitos e mesmo algumas tentativas de eliminação de castas, de privilégios, impondo transformações imediatas.

A partir de quando os *direitos humanos* foram deflagrados pela Revolução Francesa de 1789 e inscritos com sofrimentos inenarráveis nas páginas grandiosas da justiça, graças aos filósofos idealistas e aos políticos alucinados, que não mais ficaram retidos nos calabouços da perversidade nem das discriminações absurdas, rompendo quase que por definitivo as cadeias da retentiva escravocrata e adquirindo cidadania.

A Rússia, submetida à soberba e à autocracia dos Románov, exteriorizava sua odienta conduta através do czar Nicolau II, que se vangloriava de preservar o poder com mão de ferro, reduzindo os adversários a cadáveres desprezíveis e o proletariado à mínima condição de sobrevivência, ocorrendo o mesmo com os camponeses, desnutridos e infelizes, cujas vidas se apresentavam ceifadas desde o momento em que nasciam. A Revolução Bolchevique de 1917 prometeu oferecer melhores dias aos desafortunados trabalhadores das indústrias e dos campos, infelizmente degenerando, mais tarde, em novo e arbitrário poder socialista regido pela voracidade insaciável do politburo.

A China, que padecia a multissecular dominação Manchu, lentamente atirou fora a pesada e hedionda canga, respirando algumas esperanças, à medida que uma revolução socialista tomava conta do seu imenso território, acenando melhores possibilidades existenciais para o povo. Nada obstante, novos dominadores assaltaram-lhe o comando, produzindo o trabalho escravo, a submissão da mulher, o assassinato de recém-nascidos, especialmente quando pertencentes ao sexo feminino.

O Japão, aferrado à herança das tradições como *Império do Sol Nascente,* trucidava o seu povo, que estorcegava nas terríveis cadeias da opressão, fracassando o seu poder arbitrário depois da Segunda Guerra Mundial, submetendo-se à grande potência americana do norte e obrigado a abrir-se ao Ocidente.

Em todos eles, a mulher, as crianças, os idosos e os enfermos constituíam uma carga indesejada de que os seus ditadores pretendiam-se libertar. A sua era a condição de *livres-escravos,* já que, embora pertencentes à raça, não desfrutavam todos dos mesmos privilégios, nem gozavam do direito de movimentar-se, vivendo exclusivamente a mulher, por exemplo, para servir ao homem, humilhada e subalterna.

Nessa grave situação eurasiana, a América do Norte abriu os seus portos à imigração, a fim de atender as necessidades do desenvolvimento industrial e diariamente passou a receber estrangeiros de toda procedência: judeus perseguidos na Rússia, italianos que ambicionavam por novas oportunidades, irlandeses sofridos pelas refregas de tormentos infindáveis no seu país e outros tantos povos que lhe buscaram o abrigo e a ensancha para enriquecer...

O Império Britânico, na sua imponência vitoriana, havia-se transformado no maior do mundo, distendendo-se praticamente por todos os continentes, possuidor de desmedido orgulho, com o qual desprezava os não britânicos, submetendo-os a um servilismo irritante.

A Índia, por exemplo, na condição de sua vítima, ainda dividida em odientas *castas* separatistas, possuindo 250 milhões de habitantes, na ocasião era governada por apenas 5 mil ingleses, que sujeitavam os seus filhos às mais vergonhosas humilhações...

França, Bélgica, Portugal e Espanha, na sua loucura colonialista, não escapavam à sanha perversa da subjugação de povos tidos como mais fracos cultural, econômica e politicamente, que haviam vencido em guerras lamentáveis.

Guardadas as proporções, essa era a sociocultura dominante nas mais diversas nações, com maior ou menor predominância do ódio e da selvageria, disfarçados de civilização e de ética, mantendo o detestável colonialismo nos países que haviam conquistado militarmente. Os pobres, os camponeses, o proletariado, os desempregados em todo lugar eram considerados tipos subumanos, a ralé que envergonhava a sociedade dominadora, embora a seu serviço na maioria dos casos. Escorchados pelos impostos absurdos para poderem atender a ociosidade dourada dos proprietários de terras e dos seus destinos, encontravam-se reduzidos à miseranda condição de lixo social, modernamente denominados como excluídos.

Novas conquistas territoriais haviam diminuído de importância, porque se faziam necessárias as explorações dos países já dominados.

A África do Sul, com as suas quase inesgotáveis jazidas de diamantes, de ouro, de prata, posteriormente descobertas também as de urânio, quase que totalmente inexploradas, tornou-se vítima do Leão Inglês, que a foi tomando da arbitrária governança holandesa, em cujas garras padeciam os seus autóctones, que haviam perdido todo e qualquer direito na sua pátria, inclusive o de livre movimentação.

Conhecida pelos europeus desde 1488, quando foi descoberto o cabo da Boa Esperança – anteriormente denominado cabo das Tormentas pelo navegador português Bartolomeu Dias –, somente por volta de 1652 se iniciaram os primeiros povoamentos de europeus, através da Companhia Holandesa das Índias Orientais, que mantiveram o controle até aproximadamente 1795, quando foram vencidos por uma força inglesa que dominou a colônia...

O hediondo *apartheid*[1] foi a melhor solução que encontraram os dominadores contra os filhos da terra que lhes foi roubada, após a

---

1. *Apartheid* – Desenvolvimento separado (nota do autor espiritual).
2. Bôeres (*bôers*) – Nome dado aos holandeses (nota da Editora).

truculenta e perversa Guerra dos Bôeres[2] para predominar a coroa britânica, passando os seus antigos proprietários à condição de réprobos. À medida que a presunção dos escravagistas aumentava, mais soberbos e prepotentes se faziam. Terminaram por criar verdadeiros campos de segregação nos quais eram recolhidos os filhos do sofrido país depois das 18 horas com os seus rebanhos, na condição de gado humano, para somente poderem sair pela manhã do dia seguinte.

Posteriormente, porque a aberração ultrapassasse os limites do suportável pelas demais nações da Terra, foram criados os *países* dentro do território sul-africano para os negros, nas suas diferentes etnias, segregando-os cada vez mais: Bophuthatswana (tendo por capital Mmabatho), Transkei (cuja capital é Umtata [Mthatha]), onde nasceu Nelson Mandela, Venda (capital Thohoyandou), Ciskei (capital Bhisho) foram alguns dos estabelecidos pela crueldade dos novos donos, onde as criaturas prosseguiam submetidas sem qualquer consideração, reduzidas a quase nada...

Somente após lutas excruciantes e sacrifícios de milhares de vidas, que tombaram inermes nas mãos perversas dos dominadores, foi que entre 1977 e 1981 esses submetidos adquiriram independência e cidadania, encontrando-se, porém, incapazes para a autogovernança, tantos foram os anos de sofrimentos e de escravidão.

Pesando favoravelmente na sua economia espiritual, um pouco antes da libertação a África do Sul abrira as suas fronteiras aos portugueses colonialistas que residiam em Angola ou ali haviam nascido, quando a rebelião dos seus filhos primitivos, após o célebre 25 de abril de 1974, desencadeou não menos cruel perseguição aos seus antigos senhores.

Recebendo dezenas de milhares de fugitivos que eram recolhidos em verdadeiros campos de seleção, embora com dignidade e trabalho, facultou que muitíssimos recuperassem o valor moral, honrando-se mediante o suor do próprio rosto e trabalhando pelo engrandecimento da nova pátria generosa que lhes distendia os braços protetores...

Ninguém pode, no entanto, deter o progresso, o processo de evolução moral da sociedade, e, dessa forma, surgiram os movimentos libertadores, que se encarregaram de modificar a vigente quão danosa estrutura social do planeta, embora ainda permaneçam muitos povos submetidos e humilhados ante a indiferença das grandes potências.

O movimento pelo sufrágio feminino na América do Norte ensejou à mulher, depois de lutas exaustivas, o seu direito de cidadania e reconhecimento justo do valor que possui e deve exercer na sociedade.

A canga da opressão começou então a ser sacudida dos ombros das vítimas, abrindo campo para futuros voos mais audaciosos.

A revolução do pensamento operada pelos idealistas materializou-se em líderes carismáticos e incomuns, que se levantaram para profligar o jugo arbitrário e inumano que as nações poderosas exerciam sobre aquelas que eram sugadas impiedosamente pelos civilizados assaltantes dos seus direitos.

O surgimento da Organização Mundial das Nações Unidas materializou as aspirações cultivadas em favor de uma Humanidade mais harmônica, centrada em programas políticos saudáveis de justiça social, que o tempo há de converter em realidade quando os ditadores e usurpadores sanguessedentos cederem o lugar que ocupam arbitrariamente às pessoas dignas e equilibradas.

O primeiro grande passo, porém, havia sido dado, e lentamente as sombras da perversidade e da dominação cederiam campo à luz de uma Nova Era, que atingirá o auge em futuro não muito distante.

Certamente ainda prosperam as desigualdades e os crimes que aturdem o pensamento hodierno, demonstrando o primarismo que viceja no ser humano, ao lado das incalculáveis conquistas do conhecimento em todas as áreas.

Examinando-se, no entanto, aqueles dias de barbarismo, ainda muito próximos, que nos chocam, podemos ter uma ideia de como serão vistas estas horas, em um futuro não muito distante, pelos que virão mais tarde.

Os processos morais da evolução inegavelmente são mais lentos do que os de natureza tecnológica e científica, cujos reflexos são percebidos pelo ser externo, enquanto os de natureza emocional, internos, nem sempre são detectados de pronto, embora signifiquem as legítimas conquistas do ser humano.

Infelizmente, o homem e a mulher, carregando as heranças ancestrais das arbitrariedades e abusos praticados contra o seu próximo, não têm sabido preservar as conquistas operadas pelos antepassados, que lhes abriram os caminhos para a democracia, o direito de ir e vir de um para outro lugar, o respeito pelos valores éticos e culturais.

Logo se desenham possibilidades de destaque na massa, liberam as paixões que lhes remanescem no mundo íntimo e tentam repetir as façanhas truanescas de épocas não muito distantes.

Os exemplos vergonhosos mais recentes de Adolf Hitler, de Mussolini, de Hirohito, do Khmer Vermelho e de muitos outros verdugos dos seus povos e da Humanidade demonstram que ainda não houve um amadurecimento psicológico, psíquico e moral que detivesse as tendências vis sob governança, apoiados, sem dúvida, que foram pelos milhões de simpatizantes e adeptos das suas barbaridades, que os mantiveram no poder, embora temporariamente. A morte interrompeu a existência de alguns desses sicários da Humanidade, a sublevação das vítimas exauridas sob as suas garras desapeou outros tantos dos seus tronos de mentira, as enfermidades que a todos também alcançam reduziram a condições lamentáveis os restantes, e o mundo viu-se livre das suas hediondas presenças.

Apesar disso, ainda reaparecem frequentemente criminosos de tal porte sob disfarces e subornam as consciências, consomem as esperanças, destroem os ideais de vida de muitos lutadores, tentando embaraçar ou impedir o avanço irrefragável do progresso, o que não conseguirão certamente.

Concomitantemente, Espíritos nobres tomam as vestes carnais e mergulham nas sombras da Terra para acender estrelas de coragem e de liberdade, de justiça e de fraternidade, mantendo os direitos humanos – ainda violados, mas nunca destruídos –, preparando os felizes dias do futuro.

Nem todos suportam a pressão dos seus coevos e, muitas vezes, como sucedeu a Lênin, a Marx, a Trótski, que se transferiram dos ideais filosóficos para as lutas sangrentas, no momento necessárias, transformando-se, logo depois, em novos verdugos das massas inermes sob o guante da alucinação que de alguns tomou conta, em desforço e volúpia de loucura injustificável.

Embora esse doloroso insucesso, Mohandas Karamchand Gandhi, Martin Luther King Jr., Nelson Rolihlahla Mandela e incontáveis heróis desconhecidos souberam preservar os valores que os inspiravam e nunca permitiram que descambassem para o crime que combateram, para a escravidão que anularam, para a submissão cujos elos romperam. Eles prosseguem sendo modelos de como podem as novas gerações instaurar na Terra o movimento libertário de consciências e de vidas.

A Rússia, que houvera saído da miséria de milhões para torná-los cidadãos dignos e felizes, sofreu o comunismo ateu e perverso com Stalin e alguns dos seus sucessores, que escravizaram os seus filhos, não se podendo contabilizar os números assombrosos daqueles que foram enviados para a Sibéria, para os manicômios, para a morte, porque tidos como inimigos políticos, repetindo-se o vergonhoso descalabro dos Rom ánov insensíveis.

A China, que encontrou o seu líder em Mao Tsé-Tung, ergueu-se contra a cultura e a liberdade e fez lavrar o incêndio da intolerância e do ódio direcionado ao passado, queimando os seus livros e tentando destruir as suas tradições multimilenárias, que lentamente vão sendo recuperadas, embora a prepotência que a governa, ao lado das conquistas contemporâneas.

O Japão, submetido ao poder norte-americano, despertou para a modernidade e revolucionou a sua indústria mediante avançada tecnologia, abrindo-se ao comércio e ao intercâmbio internacional, facultando que outras nações da Ásia seguissem-no empós.

O vil colonialismo deixou marcas de horror por toda a África e diversos países asiáticos, pela América Latina, que experimentaram as mais hórridas perseguições, não obstante anelando pela independência, cujas sequelas permanecem destruindo vidas. Com a perversidade da exploração, os dominadores de terras e de destinos não permitiram que os idealistas nacionais desenvolvessem os seus sonhos de felicidade, matando-os, perseguindo-os, exilando-os. E, quando o progresso social impôs a libertação, não havia pensadores nem políticos capazes de desenvolver os valores adormecidos e movimentar-se com segurança e habilidade na agitação internacional. Facilmente se tornaram presas dos interesses econômicos de outros povos, mergulhando em guerras civis de incomum crueza, que ainda prosseguem dilacerando as carnes das suas almas.

Todo o continente africano quase sofre esse incomparável flagelo, somando-se as selvagens perseguições destruidoras de uma contra outra etnia, qual ocorre com os *tútsis* e *hútus,* os nigerianos, os congoleses e muitos outros povos...

Por outro lado, amparados pelos interesses dos antigos governantes ou de novos dominadores, são postos no poder selvagens que se locupletam na ignorância dos nacionais para atormentá-los mais, banqueteando-se em espetáculos truculentos de antropofagia, qual ocorreu com os infelizes chefes Idi Amin Dada – o ex-ditador de Uganda que massacrou, em oito anos de governo, cerca de 300 mil pessoas – e Jean-Bédel Bokassa – que se fez coroar imperador da República Centro-Africana e governou por treze anos –, os quais, desapeados do poder, buscaram asilo político em paraísos fiscais ou nações que deveriam velar pelos direitos humanos que proclamaram, qual ocorreu com a França, que a muitos deles tem agasalhado, a fim de beneficiar-se dos seus haveres banhados pelo sangue e pelas lágrimas dos espoliados. Bokassa, deposto em 1969, não pôde fugir à fatalidade biológica e desencarnou em 1996.

As lamentáveis lutas tribais vêm corrompendo a África negra, em quase todos os países, especialmente entre as referidas tribos *tútsi* e *hútu,* gerando o que ficou conhecido como a *primeira guerra mundial da África.*

Moçambique e Angola, que sonhavam com a liberdade, após lograrem-na sem derramamento de sangue, embriagaram-se nas sórdidas paixões de partidos políticos mais interessados em exaurir-lhes as riquezas, fazendo-as mergulhar em guerras internas de consequências imprevisíveis.

Ainda hoje, Angola é considerada como o país com maior número de minas terrestres que ceifam as vidas dos seus filhos, que desfrutam de uma paz de mentira e de interesses subalternos dos seus corifeus dominadores de fora.

Os levantes nacionalistas sempre irrompem em todas as partes do mundo, convidando os ambiciosos à reflexão, às vezes tardia, por se haverem imposto àqueles que têm direito à liberdade em sua pátria, embora vencida pelas guerras infames ou pelas astúcias dos seus governantes odientos.

Entre estes, surgem os mais deploráveis de natureza religiosa, de preconceito de raças, de crenças absurdas que sempre estão enlutando a Humanidade, que se vê surpreendida pela capacidade de crueza do coração das criaturas, conforme ocorreu na antiga Iugoslávia, no Líbano, na Líbia, na Chechênia, na Palestina, no Iraque contra os curdos, que foram praticamente dizimados com bombas bacteriológicas e químicas, agora sob governança americana; no Haiti, onde se destacou a dinastia iniciada com o seu chefe insensível, o médico Papa Doc, e não encerrada com o seu filho Baby Doc...

O primarismo, que ainda predomina na natureza humana, responde pelas arbitrariedades e despautérios que prosseguem sendo cometidos, e muitas vezes disfarçados com o nome de direitos humanos...

A África do Sul, não obstante, após libertar-se da segregação racial, da dominação dos brancos, despreparada para a autogovernança, sofre atualmente as consequências não menos infelizes do ódio entre as diferentes etnias e de todas que se unem contra o antigo opressor.

De cidades e bairros como Soweto, celebrizados pelas mortes dos seus heróis, que ficaram na memória do passado, vomitam desempregados e criminosos nas grandes urbes, tornando-as campo aberto de batalha, de crueldade, sem que as forças policiais, igualmente despreparadas, possam oferecer o mínimo de segurança aos seus cidadãos, que trabalham e pagam impostos para terem o direito de movimentação, de liberdade, de desenvolvimento tecnológico e cultural.

A figura monumental de Nelson Mandela permanece como um símbolo de quem sofreu opressão por quase trinta anos em cárceres solitários, sem que tivesse a voz silenciada. Tornando-se o primeiro mandatário negro do país amado, não conseguiu promovê-lo, porque a longa escravidão sofrida não poderia ter eliminado os seus tormentosos efeitos em apenas um breve período de orientação equilibrada. Embora vigilante e ainda sonhador, certamente sofre a decadência nacional por falta de habilidade dos seus políticos, alguns interessados no desforço, outros no enriquecimento ilícito, apesar da honestidade de diversos e a dignidade de grande número de nacionalistas servidores dos ideais legítimos da sociedade...

Todas as suas riquezas em desalinho e sua moeda em desvalorização constante facultam que preocupações urgentes movimentem as mentes e os corações dos filhos que amam a sua pátria, a fim de evitar o seu crepúsculo doloroso e um novo tipo de escravidão, que é imposta pelo capitalismo perverso das nações poderosas, mediante empréstimos com juros extorsivos, os quais nunca permitem se liberte das dívidas contraídas que sempre crescem, na tremenda ilusão de que um dia poderão ser resgatadas...

Mesmo com a asfixia que domina o glorioso país, com o desvio das riquezas arrancadas das suas imensas jazidas de ouro, de diamantes, de urânio, após esse declínio surgirá um novo amanhecer, em que o seu solo generoso receberá os antigos usurpadores, conforme já vem ocorrendo, através dos impositivos inalienáveis da reencarnação, a fim de resgatarem os terríveis crimes praticados, enquanto as suas vítimas assumirão os destinos nacionais, utilizando-se da misericórdia, da compaixão e do trabalho para que se possam dignificar e retornar ao seio sublime da liberdade espiritual.

Essa decadência também assinalou, no passado, os grandes povos e seus impérios, como o assírio e o babilônico, o caldeu, o egípcio, o medo-persa, o cartaginês, o grego, o macedônio, o romano... e mais recente a União das Repúblicas Socialistas Soviéticas, em cujo território ainda choram diversas anteriores nações escravizadas e as multidões de vítimas trucidadas no arquipélago Gulag...

Tudo, porém, morre para renascer sob outras condições: pessoas, grupos sociais, nações, planetas, galáxias, na faina de manter a harmonia universal que ainda nos escapa a todos, por enquanto Espíritos atrasados que somos.

2

Oportunidade de edificação feliz

anuel Rodríguez, muito conhecido como Manolo, era jovem e vítima de transtornos psicóticos, que o álcool, em doses constantes, desconcertava. Sensível às aventuras, caracterizava-se pelas extravagâncias que se permitia.

Descendente de uma leva de espanhóis que havia emigrado para a África do Sul na busca de melhores possibilidades de vida e sonhos de fortuna, o seu genitor conseguira amealhar alguma independência econômica através de uma florescente indústria que instalara na então próspera cidade de V...

Terceiro filho do matrimônio entre Giménez e Santiaga Rodríguez, e segundo varão, era possuidor de um porte atrevido, bem-apessoado, embora não pudesse ostentar qualquer título de beleza física. Falante e descontraído, especialmente quando estimulado por alguns tragos de uísque, era insinuante e cativava as moçoilas casadouras que lhe atribuíam a posse de uma fortuna que estava longe de ser real.

Trabalhando com o pai, conseguira acumular algum recurso financeiro que lhe permitia uma existência de prazeres e de destaque na comunidade latina, como eram considerados os portugueses e os espanhóis que se encontravam no país.

Aqueles eram dias de prosperidade no país sul-africano, que recebera igualmente grande contingente de portugueses que ali buscaram refúgio, após a libertação das colônias lusas ultramarinas mantidas desde a época dos descobrimentos.

Passado o período de adaptação local e superação dos grandes traumas e sofrimentos que haviam padecido esses *estrangeiros*, vincularam-se a outros imigrantes, construindo o seu *gueto* muito particular, que, não obstante, facultava-lhes uma existência rica de possibilidades.

Trabalhadores infatigáveis, facilmente assimilaram os hábitos do novo país, embora as dificuldades culturais e idiomáticas, conseguindo desenvolver e fomentar o seu parque industrial, que lhes possibilitava manter uma vida enriquecida de esperanças, por cujos esforços seria possível residirem futuramente na metrópole.

Preservando suas tradições, espanhóis e portugueses destacavam-se pela afabilidade, espírito aberto e jovial que conquistavam os africânderes, que também se deliciavam com a exuberante e saborosa cozinha ibérica, bem como com a sua imensa alegria de viver.

Por sua vez, a família Albuquerque chegara à cidade após o período áspero no campo de refugiados, onde todos experimentaram muitos sofrimentos, mantendo, porém, demasiada tenacidade para recuperar os valores abandonados antes da debandada tormentosa de Angola. A necessidade de deixar tudo a fim de preservar a existência física os obrigara à fuga desesperada com o mínimo possível em um automóvel já usado, que não conseguiu vencer o deserto de Kalahari, em Botswana, havendo sido salvos por voluntários e tropas colocadas pelos sul-africanos, que os conduziram, como a milhares de outros, aos campos de refugiados onde seriam agasalhados antes que pudessem fruir dos direitos de trabalhar e reconstruir o lar.

O doutor Henrique Albuquerque era homem ilustre, pois que exercera a magistratura, após haver abandonado o sacerdócio católico, em formosa cidade no sul de Angola, onde desfrutava de prestígio social, intelectual e destaque econômico.

Profundamente cristão, formara o caráter na leitura e estudo do Evangelho, que o fascinava, enriquecendo-se com os postulados filosóficos e morais propostos pelo Incomparável Homem de Nazaré. Sua senhora, dona Evangelina, procedia de um matrimônio que se diluíra anteriormente em tormentoso divórcio, ficando com a guarda de um casal de filhos: Eneida e Júlio.

Eneida era loura e delgada aos vinte anos, sonhadora e sensível, bem-educada, conhecedora dos labores domésticos, que aprendera com a genitora, mulher dedicada à família e defensora rigorosa dos direitos dos filhos, assinalada por leves exacerbações nervosas, algumas das quais eram decorrentes de transtornos espirituais obsessivos.

Júlio era introvertido, com tendência à depressão, embora constituído por sentimentos nobres e caráter reto, portador de grande capacidade de trabalho, que aplicava na reconstrução da existência com a família. Profundamente vinculado à irmã, unia-os uma afinidade ancestral que precedia ao berço, tornando-se-lhe um verdadeiro anjo guardião.

Exercendo funções desafiadoras, o doutor Henrique e Júlio recomeçaram as atividades profissionais em uma fundição de aço, que lhes exigia um inabitual e desgastante esforço. Colocados ambos em etapa noturna a fim de que as máquinas nunca parassem, retornavam ao lar sempre exaustos, repousando quanto lhes era possível durante as horas diurnas. Apesar disso, a compensação salarial era motivadora para o sacrifício a que se submetiam.

Frequentando o clube latino nas festas sociais das noites de sábado, Eneida e Júlio conquistaram diversos membros da comunidade, chamando a atenção de Manolo, que, na primeira oportunidade, acercou-se dos irmãos e não teve escrúpulos em comunicar o seu entusiasmo em relação à jovem, que via pela primeira vez. Como era natural, um constrangimento inicial, superado pela galanteria do espanhol, tomou conta da moça, que, sentindo-se cortejada, não pôde ocultar a alegria que a invadiu.

Mãos invisíveis aproximaram aqueles destinos que desempenhariam um papel específico na edificação do seu futuro espiritual.

Manolo, precipitado, poucos dias após o primeiro encontro solicitou ser apresentado aos pais da moça, havendo sido recebido com distinção e respeito. Porém, inescrupuloso e viciado, embora fascinado pela conquista amorosa, não abandonou por completo os hábitos perniciosos, continuando a manter relacionamentos perturbadores com aventureiras sexuais e prosseguindo no uso de alcoólicos, que lhe iriam consumir as resistências físicas e as frágeis forças morais.

Com persuasão, a pouco e pouco Eneida, compreendendo as debilidades do namorado, procurou influenciá-lo positivamente, a fim de que mudasse de comportamento, o que, de certo modo, conseguiu temporariamente.

Enquanto a flama da ansiedade ardia-lhe no íntimo em relação à enamorada, o jovem procurou morigerar as atitudes de forma que fosse evitado um problema em relação à família austera da consentida.

O país, experimentando as reações decorrentes do *apartheid*, enfrentava problemas compreensíveis nos bairros periféricos onde se situavam os autóctones, os verdadeiros proprietários das terras que lhes foram arrancadas a golpes de lutas cruentas e infames.

Atentados consecutivos praticados nas grandes cidades e nos *guetos,* em que mal sobreviviam os zulus e outras etnias, levaram as autoridades a decretarem o recolhimento aos seus domicílios antes das dezoito horas, desse modo, tentando impedir as reações nacionalistas de muitos heróis que se imolaram em nome da liberdade.

A liberdade, quando abre as suas asas sobre os oprimidos, impõe-lhes o holocausto, em heroísmos grandiosos e constantes, os quais comovem a Humanidade e terminam por dobrar a cerviz dos seus escravagistas.

Quanto mais rigorosa é a opressão, maiores são os anseios de libertação das suas vítimas, graças aos quais os sonhos e as necessidades de muitos nobres indivíduos programam as sublimes diretrizes em favor dos seus direitos de cidadania e de criaturas humanas.

O denominado *desenvolvimento separado* não era apenas uma imposição aos nativos, mas também aos orientais, às raças amarela e hinduísta que habitavam o país, aos moçambicanos que trabalhavam nas suas minas... Residindo em bairros especiais, mesmo que aceitos pela comunidade branca, eram desprezados acintosamente, considerandos inferiores, que se dedicavam a funções que eram tidas como humilhantes, porém essenciais para a sobrevivência e desenvolvimento dos dominadores.

Aceitos, mas não considerados como dignos de convivência social, os iberos não se perturbavam com o perverso preconceito, porque igualmente não estavam interessados em permanecer *sine die* como residentes da grande pátria africana. De alguma forma, detestavam os africânderes também, por seu turno, considerando-os anti-higiênicos, presunçosos e pusilânimes.

Estes eram portadores de uma cultura religiosa fundamentalista, na qual era-lhes proibido o uso de bebidas alcoólicas a partir dos sábados à noite, durando por todo o domingo. Nada obstante, os viciados adquiriam de véspera as substâncias em que se compraziam, dando largas à dependência no período de proibição. Outrossim, escamoteando a lei hipócrita de abstinência alcoólica, os mais ricos fugiam nos fins de semana para Sun City e o seu fabuloso cassino, onde tudo era permitido, porque a cidade fugia à legislação estabelecida, desde que, situada na desditosa Bophuthatswana, era um desrespeito à miséria vigente na sua população negra abandonada quase à própria sorte.

Pertencendo a África do Sul anteriormente à *Commonwealth,* o que cessou por volta de 15 de março de 1961, após o *referendum* que substituiu a monarquia pela república, pretendiam os seus habitantes brancos viver os hábitos ingleses, especialmente os de natureza religiosa, embora fossem tolerados outros cultos, como o primitivo dos autóctones (animismo), diversas expressões do Espiritualismo, as igrejas reformadas holandesas, os católicos, os anglicanos, os metodistas, os judeus e outras minoritárias, como o bramanismo, o budismo, o muçulmanismo, havendo igrejas que preservavam o culto ancestral, mas realizavam atividades de *clairvoyance*,[3] quando bons médiuns em transe ou em estado de lucidez comunicavam-se com os desencarnados, oferecendo esclarecimentos e narrativas, uns autênticos, outros não, em verdadeiros espetáculos muito concorridos.

Seja expressa a verdade: nessas ocasiões, os Espíritos nobres traziam diversos desencarnados para que consolassem os familiares desolados e inseguros quanto à sobrevivência da vida à disjunção molecular através do fenômeno da morte biológica.

---

3. *Clairvoyance* – Clarividência (nota da Editora).

A Misericórdia de Deus nunca se faz de rogada, atendendo as criaturas mesmo quando não se encontram em sintonia digna, conforme seria de desejar.

Desse modo, pululando à volta dos seres humanos, os Espíritos desencarnados empenham-se em demonstrar a sua sobrevivência, buscando comunicar-se com os afetos que ficaram banhados de saudade na retaguarda carnal... Sempre que se lhes apresenta o ensejo, ei-los de volta, oferecendo o reconforto da sua ternura e da sua afetividade, de maneira que sustentam aqueles que se encontram fragilizados e desnorteados ante o infausto acontecimento.

Lamentavelmente, porém, ainda proliferam muitos médiuns que se beneficiam financeiramente da faculdade, acreditando que o tempo aplicado no ministério do intercâmbio deve proporcionar-lhes estipêndios materiais, já que, noutras funções, poderiam estar sendo compensados financeiramente. Que, pois, dediquem-se a outros misteres para ganhar dinheiro, reservando as horas do repouso, dos intervalos entre tarefas ao exercício da mediunidade, a fim de que possam oferecer gratuitamente tudo quanto da mesma forma recebem do Supremo Doador.

Enquanto, porém, o egoísmo assinalar a conduta do ser humano, este terá dificuldade em compreender a grandeza da renúncia em favor do seu próximo, da abnegação, da caridade sem jaça... Em futuro muito próximo, quando da renovação moral do indivíduo para melhor, esses valores serão absorvidos naturalmente pela sociedade, conforme já acontece com aqueles que descobrem no labor mediúnico uma tarefa grandiosa de amor e de dedicação, na qual robustecem os sentimentos ético-morais, com a consequente vivência pessoal.

Essas igrejas espiritualistas, portanto, sem demérito para outros credos e outras entidades, eram verdadeiro refúgio para os sofredores, que se renovavam ao influxo das comunicações dos seus amores desvestidos do corpo carnal.

A crença religiosa constitui lenitivo para as aflições, mesmo quando se apresenta algo irracional. O ser humano necessita de acreditar em alguma coisa que transcenda a vida física, que não possa ser decodificada de imediato. Os erros, que são encontrados em todas elas, derivam das mesquinhezes dos seus pastores, insensatos uns, desequilibrados outros, desonestos diversos... No entanto, o crente fiel e devotado, sintonizando com as Altas Potências do Mundo espiritual, sempre recebe respostas aos seus apelos conforme o grau de merecimento que o caracterize.

Não fosse esse refúgio, o desespero assaltaria com desassombro as massas, levando-as à loucura, à maior beligerância e crueldade, por falta de objetivo da existência física, como de alguma forma acontece nestes dias.

Os Albuquerque encontravam-se vinculados à Fé Católica, embora não frequentassem a igreja a que se filiavam como seria desejável.

Havendo experimentado tormentos obsessivos contínuos, já que era portadora de mediunidade psicofônica, dona Evangelina, vez que outra, era acometida de transe espontâneo, quando, então, diversos amigos desencarnados se comunicavam, oferecendo orientação digna e conclamando a família ao estudo do Espiritismo, que desconheciam. Recalcitrante e descuidada, postergava a adoção da nova Doutrina, embora o doutor Henrique se houvesse interessado sinceramente por conhecer-lhe os postulados filosóficos e morais, fascinando-se com a sua vinculação cristã. Agradavelmente surpreendido pelos parâmetros da investigação científica em que se apoia a Doutrina, mergulhara interessado no seu estudo.

Hebdomadariamente a família reunia-se a fim de orar, ler e meditar páginas espiritistas, insertas especialmente em *O Evangelho segundo o Espiritismo,* de Allan Kardec, após o que, invariavelmente, dona Evangelina entrava em transe, facilitando a comunicação de generosos benfeitores do Mundo maior, dentre os quais se destacava emérito religioso, que fora antropólogo em Angola e grande pesquisador da cultura e dos hábitos, das línguas e do comportamento das diversas etnias daquele país, entre as quais banto, ganguelas, cuanhamas, mucubais, bailundos... Nada obstante, a raça de predominância na colônia era constituída por hotentotes, congos e cafres, alguns em estado de quase total selvageria...

Monsenhor Alves da Cunha, Espírito, sempre abordava temas de alta relevância, que estavam acima do nível cultural da médium, abrindo espaços para oportunas discussões filosóficas, teológicas, antropológicas com o doutor Henrique Albuquerque, que se fascinava nessas oportunidades felizes.

Vez que outra, Espíritos sofredores, em perturbação a respeito do que lhes houvera ocorrido, apresentavam-se conforme se encontravam, solicitando orientação e amparo, no que eram atendidos carinhosamente pelo gentil acadêmico. Embora desconhecendo as técnicas de doutrinação, aplicava métodos psicoterapêuticos através dos quais os comunicantes sentiam-se renovados e, quando retornavam, exteriorizavam significativa melhora no seu quadro de aflição.

Lentamente a família saía das sombras da ignorância no rumo da luz felicitadora do conhecimento espiritual.

Presunçoso e ignorante acerca dos ensinamentos espíritas, mais vinculado à ritualística da doutrina que professava, sem fé legítima nem correspondente conduta moral, quando Manolo tomou conhecimento das reuniões que tinham lugar na residência da sua diva, de imediato declarou-se contrário a elas, como se pudesse interferir na conduta da família, com a qual buscava identificação e compromisso. Pensando tratar--se de feitiçaria, ou pelo menos ocultismo, não procurou sequer disfarçar o mal-estar que dele se apossou, como se tivesse condições de discernimento para tomar posição religiosa em qualquer debate dessa natureza.

Notificado pela filha adotiva, o doutor Henrique convidou-o a uma conversação direta, explicando-lhe o de que se tratava e declarando com lealdade que nunca permitiria qualquer intromissão seja de quem fosse nas atividades que se desenvolviam no seu lar. Elucidou-lhe que era muito bem recebido até o momento em que se imiscuísse nas decisões daquela família, sempre respeitável e profundamente cristã. Admoestado com severidade, sem margem à leviandade que lhe era habitual, pareceu concordar, mantendo-se interiormente indignado, por acreditar--se censurado pelo anfitrião, o que, afinal, era verdade.

Os acontecimentos afetivos, no entanto, tinham lugar dentro de um clima harmônico, aprofundando-se com o tempo os sentimentos de afeição entre os dois jovens.

Menos de cinco meses após o primeiro encontro, Manolo resolveu pedir a mão da namorada em casamento, estabelecendo data para a consumação das bodas, para alegria de ambas as famílias.

Os seus pais viram nessa decisão um motivo de calmaria no lar, já que o jovem, não poucas vezes, quando exagerava nos alcoólicos, produzia transtornos domésticos e, ante a possibilidade do matrimônio, iria ter o seu próprio, evitando-se as cenas desagradáveis, que já se tornavam habituais e irreprimíveis.

O relacionamento entre os Albuquerque e os Rodríguez fazia-se amigável e enriquecedor, embora a diferença de cultura e, por que não dizer, de educação. Mais refinados, os familiares de Eneida habituaram--se a conversações saudáveis nos meios culturais e à convivência em uma sociedade mais seleta, enquanto os seus amigos eram de formação social mais comprometida com os interesses econômicos e somente anelavam explorar os *pretos,* conforme denominavam escarnecedoramente aqueles que trabalhavam na sua indústria. Eram insensíveis e algo vulgares, não sustentando uma conversa edificante por algum tempo, antes derrapando para a maledicência, a crueldade e o deboche...

Doutor Henrique entendeu o drama que se iria desenvolver no relacionamento da filha adotiva com o jovem espanhol, porém, depois de a orientar, convocando-a à manutenção dos dotes morais e sociais, a fim de permanecer digna e preservadora dos hábitos da família em que fora educada.

Dócil, a jovem procurou corresponder à confiança familiar. Entretanto, à medida que o noivo a cercava de carícias e de presentes, demonstrava o caráter venal de que era portador, tornando-se ciumento, exigente e, em alguns momentos, cruel.

Advertida pela genitora, que sugeriu à filha fosse desfeito o compromisso enquanto era oportuno, a moça ingênua informava que através do tempo e da convivência iria modificar o futuro esposo.

Essa é uma crença muito comum entre os enamorados. Acreditam, nos seus sonhos, que poderão mudar o temperamento e os compromissos infelizes dos seus afetos mediante o amor e a ternura, sem perceberem que, passadas as sensações iniciais do relacionamento, aqueles que são viciosos e mesquinhos sempre retornam aos velhos costumes nos quais se comprazem. Certamente, uma que outra vez ocorre alguma exceção, no entanto, na generalidade, sucede praticamente o contrário.

À proporção que se aproximava o dia do casamento e se preparavam a cerimônia e a organização da futura residência, que fora construída com celeridade e capricho, os impulsos do jovem espanhol desvelavam, cada vez com maior frequência, os riscos a que a jovem seria submetida.

Nos seus delírios, acusava a futura sogra, gerando mal-estar antecipado, ou se referia de maneira rude ao doutor Albuquerque, demonstrando a instabilidade emocional de que era objeto.

Manolo era um biótipo esquizoide, digamo-lo mais uma vez, vítima de incursões espirituais negativas na sua reprochável conduta.

Percebendo-lhe o desconcerto em crescente, a noiva propôs-lhe adiamento do consórcio matrimonial, não conseguindo demovê-lo do desejo de *arrancá-la daquele lar em que ela parecia soterrada*, conforme se expressava algumas vezes.

Essa atitude a preocupava e, numa oportunidade, terminou por confidenciar à mãe que ignorava o desequilíbrio de tal monta em que o rapaz se aturdia.

Preocupada, a senhora sugeriu que fosse cancelada a boda, porquanto haveria tempo para novas experiências afetivas, evitando-se qualquer ocorrência futura que se apresentasse irreversível e infeliz.

Eneida, no entanto, após tentar dissuadir o noivo, terminou por ceder-lhe às explicações, baseadas na sua ansiedade de tê-la ao seu lado, de construir uma família ditosa, independente das limitações que lhe eram impostas pela sociedade e pelos parentes que se intrometiam no seu relacionamento.

A verdade, porém, era outra. Os sentimentos do jovem espanhol eram controvertidos: amava a moça, e não confiava no seu relacionamento com o próprio irmão, mantendo-se em tormentoso ciúme e inqualificável suspeita. Ademais, tinha uma impressão vaga e perturbadora de algum acontecimento que não podia identificar, que o arrastava aos braços da mulher amada e que o fazia repudiá-la de imediato. Como se houvera sido vítima de alguma artimanha, que não conseguia precisar, desejava retê-la aprisionada em sua gaiola de ouro, logo fosse confirmado legalmente o compromisso e ela fosse viver ao seu lado.

Quando assim pensava, sorria, colocando uma sinistra máscara na face deformada pelo ressentimento ignoto, e pensava que iria domá-la, submetê-la às suas paixões, escravizá-la...

Na sucessão dos dias, chegou a data aprazada, e, às vésperas, para surpresa dos Albuquerque, Manolo trouxe de presente de casamento para a futura esposa um colar de diamantes com outros adereços, fruto da sua obstinada ansiedade de parecer mais rico do que o era. Adquirira-o com esforços ingentes, contraindo uma dívida algo pesada, que pretendia ressarcir ao longo dos futuros meses. Esse detalhe, porém, ficou ignorado pelos familiares de Eneida, que não cabia em si de contentamento.

Segundo suas instruções, ela deveria ostentar o belo colar, acompanhado de um par de pingentes também de diamantes para as orelhas, uma pulseira e um anel, na cerimônia matrimonial.

Fiel à Igreja Católica, o ofício das bodas foi realizado no templo da sua fé e compareceu o melhor da comunidade latina. Logo depois, ali mesmo, foi realizado o contrato civil ante aplausos e promessas de felicidades. Terminadas as solenidades, houve requintada recepção na mansão dos noivos, concluída uma semana antes e adornada com esmero para esse momento máximo.

Enquanto os convidados se locupletavam no *buffet* de alta qualidade e os garçons multiplicavam as taças de *champagne,* de uísque e canapés deliciosos, chegou o momento de partir o bolo ornamental e atirar o *bouquet,* recolhido por mãos ansiosas de candidatas a futuros matrimônios. No entusiasmo e na balbúrdia que se fez, Eneida e o noivo trocaram de trajes e *fugiram* de automóvel, a fim de passarem a lua de mel num hotel de luxo e aprazível, longe dos conhecidos, adredemente programado para a oportunidade.

Aos gritos de felicidades e sob uma delicada chuva de grãos de arroz que lhes eram atirados, os nubentes partiram em direção do futuro.

Os sorrisos festivos prometiam felicidade. Manolo houvera exagerado um pouco nos tragos, o que o fazia demasiado eufórico. Eneida, no entanto, estava quase se acostumando com as extravagâncias e súbitas mudanças de comportamento do amado, não se havendo dado conta do perigo da condução do veículo por ele nesse estado. Afinal, estava embalada pelo sonho da felicidade conjugal, que todos anelam como complemento para uma vida plena em sua caminhada evolutiva na Terra.

3

Primeiras grandes aflições

As leis sul-africanas, como, aliás, todas elas pelo mundo, eram então muito severas, especialmente as que se referiam ao trânsito e, em particular, no que dizia respeito à direção de veículos com alta dosagem de álcool no organismo do seu condutor.

Enquanto o casal se dirigia a Joanesburgo, a gloriosa cidade cercada de minas de ouro, que exibem as suas montanhas de resíduos do nobre metal já retirado, dando a impressão de construções lunares, o jovem não conseguia manter o automóvel no direcionamento que seria ideal. Não poucas vezes, saía da rota estabelecida, adentrando-se pelo lado oposto, para surpresa da esposa, que se assustava, enquanto ele sorria eufórico, dando a entender que o fazia por prazer. A realidade, porém, era bem outra. Encontrava-se o insensato semialcoolizado, entrando em um estado de torpor. Um pouco antes de alcançar a grande urbe, sem dar-se conta da mudança do semáforo, atravessou-o em sinal proibido, chamando a atenção de um policial vigilante, que o seguiu acelerado, percebendo que algo de equivocado se passava. Acionando a sirene, deu-lhe indicação para que parasse, no que foi atendido, iniciando-se um momento desagradável para a jovem senhora, desacostumada a cenas de tal natureza.

Irritado e presunçoso, tentou discutir com o representante da lei, que exigiu o acompanhasse à delegacia mais próxima, com grande constrangimento para Eneida. Não podendo ocultar a ira e acostumado às concessões da família, que havia passado a temer-lhe as fases de mau humor, defrontou a autoridade com soberba e atrevimento, sendo repreendido duramente e admoestado a calar-se. Foi-lhe exigido o teste sobre ingestão de álcool, constatando-se que ele o houvera ingerido acima do limite permitido pela legislação vigente.

A jovem senhora, debulhada em lágrimas, narrou ao delegado que se tratava de uma viagem de núpcias, intercedendo em favor do marido aturdido, que foi constrangido a assinar as multas que lhe foram impostas, por violação de sinal, excesso de velocidade e desrespeito à autoridade... Demais, o automóvel ficaria retido na delegacia até que o infrator se recuperasse, e, enquanto isso não ocorresse, não poderia seguir adiante no comando da direção do veículo.

Graças à compreensão do representante da lei, o casal teve permissão de chamar um carro de aluguel e prosseguir na direção do hotel de luxo onde havia sido reservado um apartamento especial dedicado invariavelmente a recém-casados.

Compreensivelmente, a emoção de alegria do inusitado matrimônio desapareceu, sendo substituída pelo cansaço nervoso após o incidente que poderia ter sido evitado, caso as condições morais do jovem fossem diferentes.

Assim mesmo, não se pode negar, ele esforçou-se por amenizar as consequências lamentáveis, tratando a querida consorte com bondade e entusiasmo; após um banho restaurador de energias, prometeu-lhe mudança de conduta para melhor, de forma que a sua seria uma comunhão feliz para sempre.

Infelizmente, na Terra, tudo que é para sempre tem duração efêmera, mesmo quando se refere ao amor, que para muitos são sensações constantes e paixões desgovernadas que se fazem saciar. Enquanto vigem interesses recíprocos e agradáveis na economia dos relacionamentos, esse sentimento perdura até o momento em que novos desejos acossam o indivíduo, e ei-lo de transferência para outros patamares de gozos, tão sequioso pela novidade quanto esteve pelo antes vivenciado...

Embora Manolo se apresentasse bem-disposto, a discussão injustificada, já que não tinha razão, com o policial e a agressividade de que dera mostras assustaram a esposa, tisnando-lhe um pouco a ilusão de paz.

A noite nupcial revestiu-se dos encantamentos terrenos, com violinos ao jantar iluminado por velas na antecâmara do luxuoso apartamento e também em face do excelente serviço atendido por hábeis camareiros.

Atraída à nova realidade, ela deixou-se rodopiar fascinada pela música da fantasia e dos sonhos, como é natural, terminando por adormecer com a alegria vivenciada pela fada recém-despertada do demorado letargo que lhe fora imposto pelo sortilégio da bruxa má.

No dia seguinte, os nubentes preferiram esquecer os acontecimentos desagradáveis da véspera e retornaram à delegacia de polícia onde houvera o incidente, a fim de retirarem o próprio veículo. Por sugestão da esposa, Manolo desculpou-se com o delegado, que o recebeu com gentileza, compreendendo que muitas atitudes infelizes são impostas aos indivíduos pelo álcool que os desequilibra, terminando bem o que se poderia transformar em algo profundamente perturbador.

À tarde, saíram às compras, que normalmente fazem parte do carnê social de muitas mulheres. Diga-se que não necessitavam de nada, ainda mais, nem sequer tiveram tempo de examinar os inúmeros presentes que receberam por ocasião da boda, na véspera, mas uma necessidade emocional muito grande levou-os a caminhar pelas bem cuidadas ruas da cidade, adentrando-se pelas lojas caras e especializadas em *griffes* famosas.

Uma espécie de sortilégio negativo, até então desconhecido, acompanhava o casal sonhador.

Enquanto se detinham em uma famosa joalheria onde Manolo adquirira o colar de diamantes que Eneida usara na boda, discutindo valores e beleza de outras pedras famosas, adentrou-se uma jovem modelo de rara beleza que se acercou dos recém-casados e, sem o menor pudor, beijou-o na face, surpreendendo a vendedora e a esposa.

Desembaraçando-se da situação afligente, empurrou-a antes de fitá-la, o que logo fez, para ser tomado por terrível palidez.

A moça atrevida, sorrindo zombeteiramente, propôs-lhe sem pudor:

– *É esta a felizarda por quem você me trocou? Apresente-ma. Aliás, não é necessário. Eu mesma o faço.*

E, distendendo a mão direita com sarcasmo, esclareceu:

– *Eu sou a sua amante de preferência. Sempre o atendo, quando das suas sortidas a esta cidade. Como ele me avisou que estava de matrimônio programado, via-se constrangido a alterar o nosso compromisso. Fico feliz pela coincidência de encontrá-los e desejo-lhe boa sorte, a mesma que ora desfruto...*

Eneida, petrificada, não teve como dizer algo ou mover-se. Estava estarrecida.

Manolo deblaterou e, não fosse a interferência da gerente do estabelecimento, que se acercou, acalmando os ânimos, teria ocorrido um grave incidente, além daquele de natureza moral.

A senhorita, visivelmente perturbada e interessada em produzir uma cena, foi retirada habilmente do local, enquanto os consortes ficaram mudos, profundamente constrangidos.

Há situações nas quais as palavras somente complicam os acontecimentos.

A esposa, sentindo-se ultrajada, levantou-se trêmula, apesar de amparada pela funcionária, que lhe ofereceu um vaso de cristal com água refrescante, e dirigiu-se ao automóvel estacionado à frente da casa comercial.

Ele, igualmente calado, tomou a direção e rumou ao hotel.

Uma nuvem de dor e angústia cobrira as alegrias da véspera e diminuíra as expectativas de felicidades para o futuro.

Eneida gostaria agora de voltar ao lar, de sentir o calor da família, a bondade reconfortante do irmão e a orientação segura da genitora. Não pretendia, porém, piorar a situação, permanecendo no hotel durante os dias que foram reservados para a lua de mel.

O dia não poderia transcorrer de maneira pior. Foi o marido quem, num momento de lucidez, acercou-se da jovem e justificou-se:

– *Rogo-lhe que me perdoe. Tenho sido um desequilibrado e o reconheço. No entanto, não tenho culpa no incidente. A infeliz, que certamente nos seguiu, eu houvera despachado muito antes do nosso casamento. Na minha condição de homem viciado, à semelhança de outros, mantinha um relacionamento sexual com a aventureira, de que me procurei libertar com dignidade, inclusive a remunerando pelos favores de alcova que me houvera concedido. É natural que não lhe fosse narrar acerca da minha conduta execrável até então. Não tinha ideia da excelência do amor, que para mim tem sido sempre o desejo, o prazer e a frustração...*

Após alguns segundos de silêncio, prosseguiu, sensibilizado:

– *Não a desejo perder em razão do passado, dispondo hoje do presente e do futuro para tornar nossa vida compensadora e feliz. Se lhe for possível entender-me e desculpar-me, ficarei muito reconhecido.*

Tinha os olhos nublados e a voz se lhe tornara menos arrogante.

Eneida entendeu que aquele era um momento fundamental do seu consórcio matrimonial e, embora magoada, aproximou-se do marido, tomou-lhe as mãos, que também estavam frias e úmidas, respondendo-lhe com ternura:

– *Amo-o tanto que me senti tombar de uma alta montanha em abismo sem fundo... Rodopiando no ar sem amparo, desejei desaparecer para sempre ou voltar para casa, onde sempre me senti segura.*

Calou-se por um pouco, e depois prosseguiu:

– *Que nos está acontecendo? Que mal fizemos à vida, a fim de estarmos sendo perseguidos, quando mais desejávamos ser felizes? Sinto que algo ou que alguém se encontra oculto, provocando os insucessos de que temos sido objeto nos dois últimos dias após as alegrias da nossa união. Embora lhe reconheça a rebeldia, creio que deveríamos orar, já que ambos acreditamos em Deus e temos fé religiosa.*

Convidado diretamente à comunhão com Deus, ele, que se dizia católico fervoroso, mas o era apenas socialmente, desejou evadir-se com uma desculpa, mas ela insistiu e terminou por pronunciar sentida oração, em que as palavras traduziam queixas, esperanças e suplicava socorro a Deus.

Nenhuma rogativa ao Pai fica sem resposta imediata. Atendendo-a, veneráveis amigos espirituais acercaram-se e os envolveram em uma psicosfera amena, diluindo as vibrações perversas e doentias que tentavam dominá-los, provocando-lhes um estado de torpor agradável, que terminou por levá-los a um sono especial.

Eneida, durante o transe do sono fisiológico, sentiu-se, pela primeira vez, sair do corpo e pôde beneficiar-se da presença austera e doce de uma dama espiritual, aureolada de peregrina luz, que lhe disse, em tom bondoso, mas enérgico:

– *Começas um largo período de sublimação. Tem cuidado com os teus pensamentos e atos, envolvendo o companheiro em constantes ondas de paz, mantendo paciência e compaixão... Sois ambos muito comprometidos com este povo sul-africano, em razão do mal que já lhe fizestes e de que agora tendes necessidade de recuperação.*

Vem comigo!

Tomando-lhe a mão, flutuou no ar, levando-a a uma paisagem ridente e verdejante, cortada pelo rio Vaal.

A certa distância, planando no ar, movimentou a destra, e, como num passe de mágica, sucederam-se cenas terríveis de guerra, de crueldade, de destruição... Os brancos, dominados pela fúria das paixões mais hediondas, matavam os autóctones, que tentaram impedir-lhes o avanço pelas suas terras, e ela podia ver um dos conquistadores holandeses e sua mulher, que estripavam crianças e idosos, perseguindo em fúria todos quantos surgiam à frente. No furor da batalha, subitamente viu o campo juncado de cadáveres, que foram amontoados e queimados, enquanto as hordas de perversos estrangeiros seguiam adiante, esfaimados de ambições para consumirem as suas riquezas...

Logo após, tudo voltou ao normal, ao silêncio da Natureza, quebrado pelo som do colear do rio e pela brisa branda que o dia espalhava antes do arder do Sol.

Reconduzida ao leito, Eneida despertou ainda ouvindo a dúlcida voz, que lhe recomendava:

– *Veste, agora, a* armadura da fé *e põe o* capacete da coragem, *equipando-te com muito amor, a fim de superares as aflições. Não te deixaremos a sós e, sempre que nos busques através da oração, estaremos falando contigo.*

Eneida acordou com expressiva alegria interior, como se houvesse sido liberada de uma pesada carga de aflições, narrando ao esposo emocionado a ocorrência onírica, qual se fora visitada por um ser angélico disposto a ajudá-los na jornada que fazia pouco iniciavam juntos.

A partir desse momento, uma calma especial pairou sobre os nubentes, que puderam desfrutar da alegria e das expectativas de bênçãos para o futuro.

Concluindo o período estabelecido, retornaram a V., onde as famílias os aguardavam com sinceros júbilos.

Haviam combinado recebê-los com uma refeição íntima na sua própria residência, onde as respectivas mães se preocuparam em desembrulhar os presentes e dispô-los em uma das recâmaras, a fim de que lhes fosse facilitada a admiração pelos mimos e, mediante os cartões que os acompanhavam, pudessem agradecê-los posteriormente aos gentis amigos que os ofereceram.

A residência, quase faustosa, deveria ter desbaratado as economias de Manolo, assim como o colar e os brincos de diamantes. Mas essa parecia-lhe uma questão secundária, que se encarregaria de estudar depois. No momento interessavam-lhe os júbilos, o desfrutar de todas as sensações e emoções com que a vida lhe brindava.

Enquanto a indústria do genitor, da qual fazia parte, escorchava os empregados, na maioria autóctones e mais alguns emigrantes, mediante salários injustos e pesado fardo de sacrifício nas fundições de peças, a extravagância familiar consumia altas importâncias em futilidades e autopromoção dos seus proprietários.

A injustiça social parece fazer parte da criatura humana, especialmente daquela que vê o seu próximo conforme a sua posição econômica, a sua origem, a sua raça, a sua crença, a sua situação política. Para uma grande fatia da sociedade, o pobre, o negro, o índio, o amarelo, o ignorante constituem carga desagradável, de que se gostaria de libertar. A sua presença causa-lhe mal. No entanto, nada se faz para promovê-los, mantendo-os nos grilhões da miséria moral e de todas as suas manifestações, a fim de os submeter sempre, deles utilizando-se com escárnio e desinteresse.

O fermento, porém, do ódio que a situação produz faz que a massa se torne cada vez mais agressiva, perversa também por sua vez, numa forma inconsciente de desforço, aguardando somente o momento hábil para demonstrar sua ojeriza e horror. Por isso a ingratidão se alarga, o desrespeito se agiganta e o mal predomina.

A Lei de Progresso, porém, é imposição da Divindade, e ninguém a pode deter. Através dos processos históricos e sociais, os fenômenos de renovação da Humanidade se operam graças a missionários e heróis que, periodicamente, aparecem para conduzir o pensamento, ou por meio de sangrentas guerras civis, guerrilhas perversas, combates entre e contra nações... À rebeldia sistemática segue a violência insana e devastadora.

Manolo, fascinado pelo encanto de realizar bodas acima das suas possibilidades econômicas, de forma que lhe fosse factível exibir um poder que estava longe de possuir, comprometeu-se gravemente.

Esta insensatez humana, a que decorre do orgulho doentio, responde pelos disparates a que o indivíduo se vê arrojado no futuro, quando chegam as responsabilidades que devem ser resgatadas e não dispõe dos valores próprios, dando início a distúrbios internos e externos que consomem a paz pessoal e o equilíbrio social.

Desse modo, tombou na armadilha de hábil, exorbitante e vigoroso agiota português, conhecido da comunidade, que se lhe transformaria em impiedoso cobrador.

Naquele instante, porém, todas as preocupações deveriam ser postergadas, a fim de que nada mais complicasse o período de radiantes prazeres.

A recepção, portanto, revestiu-se de cuidados especiais que fascinaram os homenageados. Somente alguns poucos convidados, escolhidos com muito apuro, e os familiares em clima de algazarra e de ilusão participaram do ágape refinado.

Lentamente, porém, a normalidade foi tomando conta das famílias, que pareciam comprazidas pelos vínculos de amizade que se estreitavam.

Um mês, mais ou menos, havia transcorrido, quando o país foi abalado por um movimento de rebelião na cidade de Soweto, em Joanesburgo, cruelmente enfrentado e esmagado pelo sistema vigente.

A miséria dominante havia atingido índices insuportáveis de resistência: fome, droga, prostituição, doenças e a indiferença dos brancos, que nem sequer suspeitavam das desgraças sofridas pelos seus irmãos de epiderme negra, aos quais espoliavam, constituindo o barril de pólvora que voltou a explodir, porém com mais impacto do que das outras vezes...

A reação policial comoveu o mundo, em razão do espetáculo de crueza e perversidade dos bem equipados representantes da lei – de qual lei? A humana certamente – e pedras, troços de madeira, coquetéis molotov de que se utilizavam crianças, adolescentes, mulheres e homens desesperados. Como consequência, o número de presos, de mortos e de feridos foi além das expectativas mais pessimistas.

A partir de então, a situação não voltaria mais a ser a mesma, em razão dos ressentimentos, dos ódios malcontidos.

Não se esmagam ideais de humanidade sem que ressurjam, à frente, mais graves e odientos, em razão dos efeitos danosos em que se originam, como resultado da crueldade dos seus dominadores.

O *apartheid* não seria mais a exclusão para o falso desenvolvimento separado, mas uma reação do negro contra o branco, do autóctone contra o invasor, do seu idioma contra o do estrangeiro, das suas contra as crenças que lhes foram impostas pela presunção dos ímpios.

Naturalmente que os resultados danosos da ocorrência se estenderam pelos aldeamentos e pelos *povos* excluídos que residiam nos seus *guetos* vergonhosos.

Somente se utilizavam dos mecanismos de comunicação impostos quando sob as injunções da necessidade.

Embora divididos também por etnias, o que dificultava resultados mais positivos contra os dominadores arbitrários, em razão da prevalência dos ódios ancestrais, que sempre estouravam em crimes hediondos e perseguições insanas, ante o inimigo comum sentiam agora necessidade de unir-se, para os futuros resultados do bem comum.

Os que chegaram de Moçambique e de outros países fronteiriços para disputar trabalho nas minas de carvão, ouro, brilhantes, urânio eram igualmente discriminados e perseguidos, tentando-se impedi-los de ficar, já que constituíam, na miopia local, competidores que lhes tomariam o lugar, embora o largo efeito da *asbestose* tanto quanto da *silicose*, que então destruíam vidas numerosas, que estorcegavam distanciadas de qualquer sentimento de humanidade ou mesmo de compaixão por parte dos seus patrões.

Como mecanismo de vingança, muitos indivíduos discriminados e de compleição moral hedionda utilizavam-se do falso pretexto para se entregarem a roubos, agressões e assassinatos, que poucas vezes eram solucionados, embora a vigência da pena de morte através da forca na cidade de Pretória.

Enquanto os Albuquerque mantinham-se em processo de ascensão econômica, pensando na montagem da sua própria indústria, os Rodríguez entregavam-se a transferências de valores para a Espanha, planejando, em longo prazo, abandonar as terras generosas que os acolheram e facultaram prosperidade.

Através de recursos escusos enviavam com periodicidade altas somas em moedas de ouro – krugerrands – e mesmo em rands – a moeda nacional –, que eram depositadas em contas especiais mantidas em bancos e caixas-fortes do seu país natal.

Ao terceiro mês de matrimônio, o jovem espanhol não escondia um certo tédio defluente da vida que levava. As suas visitas ao clube latino foram suspensas, como seria normal, em razão da desnecessidade de divertimentos, já que o lar deveria constituir-lhe razão para a felicidade; no entanto, os amigos de festejos e alucinações tanto instaram que ele resolveu retornar para participar de uma comemoração num sábado à noite.

Depois de convencer a jovem esposa de que não poderia estar ausente da celebração e que não era recomendável que lá também ela estivesse, parecendo um pássaro livre da gaiola dourada, mas asfixiante, partiu na direção da alegria, prelibando o prazer que iria *reexperienciar* ao máximo. As chamadas surpresas do inusitado sempre o agradaram de forma especial e voltar a vivenciá-las era um verdadeiro prêmio da vida.

A comemoração extravagante dizia respeito à eleição dos novos diretores do clube, que pretendiam equipará-lo aos denominados *fechados*, reservados aos prepotentes donos do país. Isto revelava, a olhos vistos, o conflito de inferioridade de que se sentiam possuídos ante outros indivíduos que os olhavam com não oculto menosprezo.

Assim sendo, após a celebração entre aplausos e júbilos, os aperitivos transformaram-se em bebedeira desenfreada, e o baile, normalmente agradável, fez-se atordoante pelo esfuziar das paixões.

A seguir, o desbordar da sensualidade prorrompeu voluptuoso, transformando o ambiente familiar e social, de alguma forma expulsando as pessoas responsáveis que não compactuavam com as extravagâncias e excessos dos falsos ricos, ora entregues à luxúria.

Manolo volveu, então, aos dias que precederam o consórcio matrimonial e, iniciada a viagem de regresso ao primarismo, deixou-se arrebatar pelos desmandos perturbadores. Somente horas altas, quando a madrugada se preparava para vencer a noite, resolveu-se, quase que embriagado, retornar ao lar.

Conduzindo o próprio veículo com dificuldade, mais guiado pelo instinto do que pela lucidez, quando se acercava da residência, percebeu alguns vultos que se movimentavam na sua direção, dando-lhe sinal para que parasse. Num átimo percebeu que poderia tratar-se de uma cilada. Aturdido, avançou na direção das sombras em tentativa alucinada de libertar-se, chocando-se, porém, contra uma árvore que bloqueou o avanço do automóvel.

Acidentando-se, pois que a cabeça fora golpeada pela direção do carro, procurou sair, cambaleante, quando dois homens de má catadura se aproximaram e golpearam-no com vigor. Pareciam conhecê-lo e, utilizando-se do seu idioma nativo, descarregaram a ira que os acometia, por pouco não o assassinando.

Felizmente, nesse ínterim, outro noctívago, que vinha na mesma direção em automóvel, percebeu a ocorrência infeliz e avançou buzinando fortemente, o que afastou os malfeitores e permitiu-lhe oferecer ao desfalecido jovem os primeiros socorros, conduzindo-o ao hospital próximo.

Eneida, em casa, desperta, aguardou pelo marido, que não retornou, sendo tomada pelo pavor, em prenúncio de alguma tragédia. Às primeiras horas da manhã, indormida e cansada, comunicou-se com a família Albuquerque, que logo foi acionada e descobriu o jovem internado em uma Unidade de Terapia Intensiva, ainda inconsciente, vítima de uma concussão cerebral.

Aquele que o houvera socorrido deixou anotações a respeito do que houvera presenciado, colocando-se às ordens para quaisquer esclarecimentos que se fizessem necessários.

Dessa maneira, foi fácil a ambas as famílias tomarem conhecimento do desastroso acontecimento, sendo encaminhadas providências às autoridades policiais para identificar e punir os meliantes responsáveis.

Tomada de grande sofrimento, a jovem esposa acorreu ao hospital, embora não pudesse ver o esposo, ali permanecendo em sala especial, aguardando notícias inquietantes acerca do seu possível ou não restabelecimento.

Os familiares foram surpreendidos pela ocorrência infeliz, que não era inédita, já que se vinha repetindo em diferentes partes do país, especialmente na região do Transvaal, mais no foco das agitações políticas e raciais.

A força da juventude e a cuidadosa vigilância médica conseguiram arrancar o paciente do coma, e ele logo foi transferido para uma Unidade Intermediária de Assistência, facultando que a esposa e os familiares pudessem visitá-lo. Muito abatido, em decorrência da perda de sangue e dos traumatismos das pancadas, Manolo não se recordava exatamente de como tudo acontecera. Infelizmente, porém, ficara-lhe na lembrança o rosto de um dos agressores, o que parecia mais impiedoso; nele reconhecia um dos empregados demitidos recentemente, que houvera jurado vingança... Tudo, porém, permanecia-lhe na memória de maneira vaga, imprecisa...

Cercado pelo carinho dos seus e o devotamento especializado da equipe médica, duas semanas após se encontrava bem instalado em confortável apartamento do mesmo hospital, onde se recuperava com facilidade.

Nada obstante, o temperamento, antes agressivo, agora o tornava fechado em si mesmo, levando-o a longos momentos de silêncio, mesmo quando convidado à conversação, que evitava, embora fosse anteriormente loquaz e inquieto.

A esposa buscava distraí-lo, retirar-lhe a lembrança amarga da noite de sofrimentos, sem resultado positivo.

A Divindade, porém, diminuindo o fardo de aflições, providenciou uma solução ditosa. Eneida, agora no quarto mês de matrimônio, descobriu encontrar-se grávida, e a notícia foi transmitida com júbilo ao marido, que não pôde ocultar a felicidade.

A surpresa foi de tal monta que ele se permitiu dominar por grande euforia, atraindo a esposa a um abraço afetuoso e um beijo efusivo de gratidão e de amor.

Não se imaginava pai, apesar do imenso desejo de tornar-se. Assim, submeteu a companheira a várias perguntas, propôs-lhe repouso e cuidados especiais, na precipitação que lhe caracterizava o comportamento. Era a sua maneira de exteriorizar a felicidade, diminuindo o impacto da agressão covarde de que fora vítima.

Desenhavam-se agora, por fim, novos rumos para o futuro da família Rodríguez, que se desdobraria em diferentes direções.

4

AS PAIXÕES ASSELVAJADAS E AS OPORTUNIDADES FELIZES

O s dias transcorriam ensejando ao enfermo a recuperação, que ora se dava em largo período de convalescença na intimidade do lar formoso.

Embora feliz com a perspectiva de ser pai, Manolo não podia esconder o rancor que o dominava em relação à agressão de que fora vítima, planejando uma forma de desforçar-se do bandido que o atacara covardemente acompanhado por outro facínora.

Recordando-se vagamente do empregado demitido, logo lhe foi possível entrar em contato com outros operários da sua empresa, convidando um deles, que lhe era afeiçoado, a visitá-lo, em cuja oportunidade propôs-lhe uma generosa compensação caso descobrisse o paradeiro do seu inimigo e a confirmação do crime de que suspeitava.

Como normalmente os infelizes são incapazes de manter-se em serenidade, o agressor andara exibindo a audácia e delatando-se, o que não demorou em chegar ao conhecimento do informante do antigo patrão.

Evitando denunciá-lo às autoridades competentes, o jovem maiorquino desenhou um projeto de vingança bem elaborado, que colocaria em prática assim as circunstâncias o permitissem.

Expliquemos que os Rodríguez, senhor Giménez e dona Santiaga, procediam da ilha de Majorca ou Mallorca [Maiorca], nas Baleares, situadas no leste da Espanha. Sendo umas das maiores do arquipélago, a sua capital, Palma de Maiorca, é visitada pelo turismo internacional, em razão do seu clima agradável e da sua posição geográfica. Ali haviam nascido os Rodríguez, que procediam de um clã modesto. Também em nasceram os seus filhos, que foram trazidos para a África do Sul quando crianças, radicando-se no país, como outros tantos, na esperança de empreendimentos promissores, o que, afinal, conseguiram.

Nem sempre se utilizando de meios nobres, o senhor Giménez anelava pelo retorno à sua cidade, logo pudesse libertar-se da indústria, que pretendia passar adiante, já que houvera auferido os melhores resultados da empresa, mesmo receando a crescente onda de descontentamento dos *negros*, que anelavam, com toda justiça, pelo direito de posse da sua terra, da sua nação.

Viajando periodicamente com a esposa à Espanha, e, por extensão, ao berço natal, encontrava-se, após os lamentáveis acontecimentos com Manolo, em larga jornada de espairecimento e preparação para a transferência definitiva.

Embora enfermo, os negócios ficaram por conta do jovem, que, mesmo do leito, conseguia administrar bem a fundição metalúrgica.

Agora, quando os meses se sucediam e as contas chegavam, aumentadas por juros exorbitantes, o moço espanhol começou a somar ao mau humor que o dominava o aborrecimento pelos compromissos que não poderiam ser transferidos. Entre os importunos cobradores, destacava-se o agiota Português, conforme era conhecido, qual se não possuísse nome próprio. Temido pelas arbitrariedades que sabia cometer e pela desonestidade em que se locupletava, especialmente no que dizia respeito à maneira de enviar divisas e proceder a lavagem de dinheiro mediante depósitos no exterior, conhecia o caráter de muitos que lesavam o país, e não escondia de ninguém a propensão que tinha para a delação, caso os seus empréstimos e serviços não fossem compensadoramente remunerados, atendidos conforme estabelecido no momento das negociações.

Sob outro aspecto, os Albuquerque, capitaneados pelo doutor Henrique, procediam, a senhora e os filhos, da cidade de Luanda, a antiga bela capital de Angola, enquanto ele era nascido no norte de Portugal Continental, onde tivera oportunidade de estudar, completando os seus cursos na veneranda Universidade de Coimbra. Fluente em diversos idiomas, era cultor da Filosofia e da Religião, que o fascinavam. Embora a situação confrangedora em que chegara ao novo país, igualmente anelava em retornar à pátria, confiando nas imensas possibilidades de que se via possuidor, podendo também ser útil no processo de transformações políticas e sociais por que passava o país. Nada obstante, compreendia que isso somente seria possível no futuro, quando se encontrasse em segura situação econômico-financeira. É lógico que também receava a situação sul-africana, procurando transferir todos e quaisquer recursos adquiridos para a velha terra lusa, onde pensava encerrar os dias da existência física com a família.

O matrimônio de Eneida surpreendeu-o agradavelmente, porque podia perceber que a filha adotiva não teria necessidade de trabalhar, podendo viver algo regaladamente em companhia do seu eleito.

É claro que, não podendo penetrar nos arcanos do destino, jamais imaginaria as tragédias e dores que viriam mais tarde, alterando a sua e a programação da família em relação à felicidade.

É digno de narrar-se que, aparentemente, uma certa calmaria reinava nas respectivas famílias.

Manolo a pouco e pouco retomou as rédeas da administração da empresa familiar, podendo já movimentar-se em direção à indústria, que agora se encontrava em suas mãos...

Sem dúvida, não era mais o mesmo. Provavelmente, os golpes sofridos na cabeça abalaram-lhe a conduta mental e emocional, já alterada desde antes.

A ideia fixa de vingança fez que ele conseguisse organizar um grupo de empregados que capturou o infeliz agressor, trazendo-o, oportunamente, à noite, à sede da indústria, onde foi duramente castigado pelos companheiros a soldo do chefe e por ele mesmo, que não trepidou em desforçar-se com impiedade, ameaçando-o de morte caso voltasse a encontrá-lo em qualquer circunstância. Ademais, prometia-lhe uma corrigenda ainda mais vigorosa caso o entregasse à polícia com recomendações especiais.

O desditoso padeceu a rude refrega e foi atirado fora dos limites da cidade, totalmente quebrado, e, sem assistência, veio a desencarnar em lamentável estado de rancor e ódio.

Quase ninguém lhe notou a ausência no mundo. Descoberto quase casualmente por transeuntes quando o corpo se encontrava em decomposição cadavérica, o crime não despertou muito interesse nas autoridades policiais, que já se acostumavam aos processos nefandos de *justiça pelas próprias mãos*, agora correntes no país.

Embora ficassem impunes o criminoso e seus asseclas igualmente infames, a partir de então pesaria na consciência irresponsável do jovem maiorquino o hediondo crime que preferira cometer.

Assim mesmo, o transtorno de comportamento não lhe desapareceu, induzindo-o ao reinício do alcoolismo, que nem a esposa nem a família conseguiam impedir.

No aniversário de casamento, ainda fascinado pelas vaidades que o caracterizavam, exigiu que Eneida colocasse o colar e os brincos de diamantes, demonstrando o fascínio que a joia exercia sobre ele. A esposa, quase à hora do parto, apresentava-se radiosa, com esse esplendor que a maternidade confere à mulher, adornando-a de especial beleza.

A celebração, apesar de cansativa para a gestante avançada, foi uma compensação para o reencontro com a alegria, que escasseava no lar, e uma convivência agradável com os familiares, lentamente distanciados pelo esposo que apresentava a deficiência moral expressa em forma de ciúme doentio.

É certo que não se escusava de oferecer todo o conforto material à consorte, no entanto, havia-se tornado agressivo, de trato difícil, exceto quando estimulado pelos licores, fazia-se entusiasta demasiadamente, tornando-se quase irreverente e inoportuno.

Júlio, o cunhado paciente, conseguia acesso à sua amizade, lutando, não poucas vezes, contra as suas reações injustificáveis. Também jovem, tornava-se uma companhia agradável, podendo compartir de alguma convivência com o casal, sem despertar nele os ressentimentos que se lhe faziam habituais. Dessa maneira, vez que outra, acompanhava-o aos jogos de golfe, de cartas e à piscina, onde se compraziam, e de cujos prazeres a senhora, em razão da gestação, era impedida de desfrutar. Uma que outra vez, fazia-se presente, permanecendo protegida, a distância, dando-se conta lentamente do afastamento emocional do companheiro desorientado.

Irrequieto, porém, acreditava-se um verdadeiro *latin lover*, permitindo-se leviandades incompatíveis com o seu compromisso matrimonial.

Numa dessas jornadas de divertimento, estimulado pelo álcool, referiu-se ao desforço a que se entregara quando houvera disciplinado o bandido que o excruciara na escuridão. É certo que ignorava as consequências do seu ato, igualmente covarde, o que não justificava havê-lo praticado.

A vítima, N'Bondo, logo que passou o período de tormentos espirituais, alucinado pelo ódio, sentiu-se atraído psiquicamente para aquele que fora responsável pela sua morte, passando a fazer parte do grupo infeliz de desencarnados que o assessoravam, aguardando oportunidade para os lamentáveis processos de vingança espiritual.

N'Bondo descendia dos zulus e encontrava-se na região, como milhares de outros, em busca de melhor qualidade de vida, residindo na periferia da cidade, em zona miserável, sem higiene, sem água encanada nem esgoto. A sua não era uma casa, mas uma verdadeira cubata infecta, onde viviam na mais triste promiscuidade a mulher e os três filhos pequenos. O seu desaparecimento, a princípio, foi tido como fuga das responsabilidades familiares, como sempre ocorria, somente esclarecido mais tarde, quando o cadáver, com muita dificuldade, pôde ser identificado pela pobre viúva, que somava à miséria e ao abandono que experimentava agora a falta do companheiro. Não se tratava, é certo, de alguém portador de caráter ou possuidor de princípios morais; antes, em decorrência da própria existência, tornara-se alcoólico, gastando os poucos rendimentos no essencial para atender aos familiares e no vício...

Essa, sem dúvida, é uma das mais graves consequências da miséria moral, a total ausência de interesse por uma existência melhor, por mudanças para outros patamares de comportamento, nos quais se podem experimentar menos agruras. A pobreza, a ausência de quaisquer estímulos e de expectativas para uma situação menos infeliz mantêm o ser humano em estágio primário, desinteressando-se de outras conquistas além daquelas que lhe atendem o imediatismo do dia a dia: nutrir-se, repousar, fazer sexo, embriagar-se, na busca de algum prazer que diminua a aspereza em que se debate.

Ainda estão distantes os dias em que a justiça social terrena compreenderá que a felicidade é resultado da união dos sentimentos humanos em favor de todos reciprocamente e que, enquanto houver na sociedade o desvalor pelo próximo e a indiferença pelas suas necessidades, campearão a desordem, a alucinação e o sofrimento.

O avanço do conhecimento nas suas diversas áreas demonstra que a evolução é processo coletivo no qual se encontram imersos todos os seres, que se devem ajudar em favor da causa comum. Felizmente já se experimentam esses anseios através de movimentos múltiplos, que convocam os governos e os cidadãos a uma mudança de óptica em torno da vida e das suas finalidades existenciais.

À medida que, eufórico, Manolo narrava a sova que aplicara no infeliz N'Bondo, Júlio não se pôde furtar à revolta contra o cunhado, venal e soberbo. Descobrindo-lhe essa faceta do comportamento, que o dinheiro facilitara o desdobramento, começou a recear pela segurança da irmã, entendendo que ela se houvera consorciado com um psicopata agressivo e dissimulador.

Gabola por excelência, sem o controle da razão, o semiébrio expôs-se a céu aberto para o cunhado quase estarrecido, sem dar-se conta, é claro, da confissão que fazia.

Ainda no paroxismo da ebriedade, deixou escapar que estava providenciando um golpe oportuno contra aquela sociedade hedionda que detestava, e, por isso mesmo, ao adquirir o colar e os brincos de diamantes para a esposa, fizera-o por amor, mas também como medida de precaução para o futuro... Não ocultava o fascínio que aquelas pedras exerciam sobre a sua cobiça, mas lamentava a alta soma que ainda deveria desembolsar para tornar-se o seu proprietário real.

Porque continuasse em suas narrações liberadoras da consciência de culpa, prosseguiu nas libações até que o sono o prostrou, exigindo que Júlio o levasse de volta ao lar, totalmente entorpecido.

O moço angolano, não sopitando o assombro que dele tomara, nessa mesma noite narrou a ocorrência à genitora e ao padrasto, desvelando parte da paisagem sombria e degradante do cunhado, pensando em como defender a irmã no futuro. O futuro, no entanto, é imprevisível e, muitas vezes, chega antes que o presente conclua o seu programa...

O nascimento da pequenina Esperanza foi uma bênção no lar Rodríguez, pois que novamente conseguiu reunir as famílias que se encontravam algo distanciadas. Após as celebrações no hospital onde ocorrera o parto natural, chegando a casa, mãe e filha foram recepcionadas pelos avós e tios da pequerrucha, sinceramente felizes.

Esperanza era um Espírito dócil, portador de valores morais expressivos, no entanto, possuidora de uma alta carga de necessidades morais a resgatar. A sua chegada à Terra fora carinhosamente preparada, de forma que pudesse recuperar-se de delitos graves cometidos anteriormente, ao mesmo tempo abrindo espaço para que os corações que a cercavam no lar pudessem traçar diretrizes de segurança para o futuro.

Nem sempre, porém, as criaturas humanas submetem-se aos desígnios divinos, penetrando nos arcanos das ocorrências, a fim de retirar-lhes o melhor benefício, que sempre deflui das experiências e acontecimentos iluminativos.

Crê-se, indevidamente, que a vida física deve transcorrer sempre em clima de euforia e de júbilo, distante dos fenômenos doença, insucesso, angústia, morte... Ainda não se deu conta o ser humano da transitoriedade do carro físico e, por isso mesmo, mantém-se distante das reflexões profundas em torno do processo espiritual de evolução. Anela-se pelo prazer como se não houvesse outros valores a serem vivenciados e pelas facilidades como se tudo devesse transcorrer em clima primaveril, não obstante os desastres de toda ordem, que decorrem das paixões, dos sentimentos servis, do egoísmo e de todos os seus sequazes. Conduzisse-se com equilíbrio, obedecendo às Leis Naturais do Universo, não tropeçaria nos desastres morais que desenvolve enquanto cuida dos interesses pessoais, sem consideração pelos que dizem respeito aos demais.

Somente a conscientização da responsabilidade pessoal e coletiva em relação à vida concederá medida de equanimidade para um comportamento menos afligente e uma caminhada mais exequível com a felicidade.

Esperanzita conseguiu despertar no pai sentimentos que ele próprio ignorava. Em razão da sua cultura machista, houvera anelado por um filho varão e, ao primeiro momento, ficou decepcionado com o nascimento da menina. Não obstante, após vê-la e senti-la no regaço, conseguiu superar completamente a frustração, não ocultando a emoção de felicidade que o assaltou. Aquela presença infantil tornou-se uma aragem de paz na ardência dos conflitos que assolavam o ser destrambelhado, conforme se encontrava Manolo.

É compreensível que a doçura da recém-nascida, a sua total dependência, a fragilidade constituíssem instrumento de segurança para o pai aturdido, que, dessa forma, sentia-se indispensável, poderoso, portador de valores que iriam proteger a pequenina em relação ao mundo hostil e aos seres humanos perversos.

Na embriaguez dos sentidos, acreditando ser a felicidade uma intérmina sucessão de alegrias e de gozos, o jovem esposo voltou a cercar a consorte com o carinho que lhe vinha negando ultimamente.

Mais ou menos um mês após o nascimento da filhinha, teve a ideia de realizar uma festa de batismo, fiel às tradições da sua fé religiosa, o que ocorreu em clima de muita emoção e festividade, convidando os familiares de ambos os lados e pouquíssimos amigos para um jantar comemorativo na sua residência, parecendo desejoso de restabelecer os laços de amizade e de compreensão, indispensáveis para a manutenção de um grupo social harmônico.

No dia e hora aprazados, enquanto os convidados bebericavam refrescos, uísque e serviam-se de canapés, Manolo solicitou à esposa que a todos deleitasse com um número ao piano, em que era mais ou menos exímia.

Desde o casamento, somente uma que outra vez ela buscara o instrumento musical, a fim de não perder a habilidade.

Os convidados anuíram efusivamente, e, sem fazer-se demasiado rogada, após todos se haverem sentado na ampla sala, cujas portas largas abriam-se na direção de bem desenhado jardim, ela preparou-se para a apresentação.

Era o mês de fevereiro, e sopravam alguns ventos frios que, não obstante, tornavam-se agradáveis ao grupo especial.

Tratava-se de uma noite formosa, em que o céu se encontrava salpicado de estrelas e uma Lua esfuziante envolvia a Terra em prata. O sonolento rio Vaal deslizava suavemente, coleante, enquanto de longe a brisa trazia sons próprios dos infelizes residentes nas cubatas dos bairros periféricos e desditosos.

Assinalada por uma inspiração poética, Eneida começou a tocar a *Sonata ao luar,* de Ludwig van Beethoven, inundando a sala e os arredores com a música poética e reveladora.

Manolo, sensibilizado, tomou de um castiçal de prata com três braços e velas esguias, acendeu-as e colocou-o sobre o piano, apagando a luz elétrica.

O ambiente carregou-se de vibrações inabituais, comovendo os assistentes.

Parecendo tomada por estranha força espiritual, a jovem pianista conseguiu repetir a cena comovedora, quando o notável compositor escreveu a partitura e tocou a música a fim de que uma cega, que lhe perguntara como era uma noite de luar, pudesse ter ideia da majestade de Selene reinando no zimbório estrelado.

As criaturas humanas necessitam, com frequência, de momentos de beleza e de reflexão, a fim de sintonizarem com o amor que esplende em toda parte. Na azáfama das buscas desnecessárias e no resfolegar das paixões inferiores, perdem o contato com a própria realidade, deslocando-se em fugas espetaculares para conseguir coisas e esquecer responsabilidades e deveres, anestesiando os sentimentos, maquiando as ocorrências e experienciando torpes alegrias desgastantes.

Qualquer fator que induza à meditação, à viagem interior, a uma parada na corrida desenfreada dos sentidos sensoriais propicia o enternecimento, o encontro com a harmonia interna, a satisfação íntima, o bem--estar, que contribuem em favor da recomposição emocional e espiritual.

É lamentável, no entanto, constatar-se que escasseiam esses momentos nas famílias, que raramente se encontram, e, quando isso acontece, quase sempre é para discussões agressivas, justificações tormentosas, acusações indébitas.

Quando o lar converter-se realmente em reduto de amor e aqueles que nele se encontram sentirem necessidade de ajudar-se mutuamente, haverá uma radical mudança de comportamento nos grupos sociais não consanguíneos, nas oficinas de trabalho e em todos os lugares, porque, harmonizado em si mesmo, o indivíduo estará sempre de bem com a vida, irradiando essa conquista valiosa.

Quando Eneida terminou, houve um grande silêncio. Nenhum aplauso, que seria desnecessário e quebraria a majestade do momento.

Ainda envolta pelo mesmo *élan*, deslizou os dedos pelo teclado e começou a tocar a *Ave Maria* de Schubert, que envolveu os sensibilizados amigos e familiares em ondas de mágica ternura.

Nesse enlevo espiritual, quase sagrado, repentinamente se ouviu a voz de Margarita, a irmã de Manolo que estudava canto, cuja voz de soprano estava sendo educada, procurando completar a peça incomparável, exaltando a Mãe do Nazareno na tradicional composição em latim.

Sem que se dessem conta, os presentes umedeceram os olhos e experimentaram o júbilo da verdadeira comunhão com a Imortalidade, porque Espíritos generosos acercaram-se e envolveram todos nas suas dúlcidas vibrações de paz e de esperança.

Quando terminou e foram acesas as luzes, um aplauso espontâneo e comovido coroou o espetáculo improvisado.

Nesse momento, o mordomo convidou-os todos para o jantar que estava servido em sala contígua, atendendo aos rigores e exigências dos *nouveaux riches*.

Quatro mesas – com assentos para quatro pessoas cada uma – situavam-se em volta da mesa central, que se encontrava adornada por uma toalha de linho branco da ilha da Madeira, toda bordada, sobre a qual dois castiçais de prata com velas acesas compunham o ambiente e enriquecida com um centro de flores frescas, no qual se haviam colocado algumas próteas formosas, típicas e regionais do país. Os talheres de prata trabalhada, a louça e os cristais finos de Sèvres ostentavam as iniciais do casal, caracterizando bom gosto e refinamento.

O desfile do jantar opíparo fez-se a seguir. Logo após os frios, acompanhados por delicado vinho tinto, foram servidos pratos quentes, com destaque para a sopa de lentilhas, o faisão e o *cordon-bleu*, acompanhados de arroz, *purée* de batata-inglesa e outros complementos.

Os vinhos variavam de acordo com a exigência de cada enólogo real ou imaginário. Em seguida vieram *mousses* de chocolate, de frutas e sorvetes especiais, flambados alguns, terminando-se o lauto banquete com taças de conhaque, café e chá da China.

As pessoas se encontravam inebriadas pela excelência da refeição, e os cavalheiros não cessavam de comentar a qualidade e a delicadeza da recepção, enquanto enviavam baforadas de fumo ao ar, denotando a satisfação de que se viam objeto. As senhoras e senhoritas, por sua vez, igualmente exaltavam o bom gosto de Eneida e do seu esposo, homenageando, dessa forma, a filhinha, que passava agora a ser considerada cristã, desde a manhã, quando fora batizada, portanto, fazendo parte da nova sociedade.

Nesse clima de emoções e júbilos, os convidados começaram a despedir-se, enquanto a noite sonhadora e misteriosa dominava a Natureza.

5

AS TREVAS SE ADENSAM
SOBRE OS DESTINOS

Inter pocula,[4] os acontecimentos tinham lugar dentro de um aparente equilíbrio, que não permitia acreditar-se, nem sequer supor-se, que subterraneamente corria um volumoso rio de lama, pois que Manolo, para poder manter o *status* que se atribuía, começou a desviar valores da empresa, prejudicando a sociedade, sem que a família o percebesse, o que ocorreria, sem dúvida, na primeira oportunidade. Concomitantemente, passou a aumentar os empréstimos com o *Português,* que, ave de rapina impiedosa, mais se locupletava com os juros exorbitantes.

Para qualquer avarento agiota, quanto mais se complica a vida do cliente, melhor lhe parece a colheita de frutos da hedionda negociação.

Como a soma da dívida fosse já expressiva, somando um total de algumas dezenas de milhares de rands, o credor ambicioso e sem escrúpulos propôs ao moço irrefletido que lhe resgatasse uma boa parte, evitando o acúmulo de juros, que certamente o levaria a situação penosa.

A verdade, porém, é que o Português tomara conhecimento de que a empresa dos Rodríguez atravessava uma situação algo perigosa, como, aliás, todos os empreendimentos industriais e comerciais naqueles dias difíceis de insegurança.

---

4. *Inter pocula* – Entre taças, em caráter de intimidade (nota do autor espiritual).

Em razão do temperamento presunçoso do jovem inconsequente, ante a proposta do explorador, que denotava ausência de confiança, a altercação fez-se inevitável. O agiota, sentindo-se desrespeitado, ferido nos seus brios, pois que ele se atribuía valores que, em realidade, não possuía, desabafou, irado:

— *Afinal, somente podem oferecer festas suntuosas aqueles que têm condições para fazê-lo. Não será com o meu dinheiro que lhe é emprestado que você poderá manter uma situação invejável, mas totalmente falsa.*

Havia arrogância e destempero no cobrador, que, afinal, ainda não fora prejudicado pelo seu cliente, desvelando, talvez, sem o querer, a inveja dos gozos que ele se permitia. Igualmente, não existia uma simpatia de um para com o outro lado, pelo contrário, existindo uma inexplicável animosidade bem disfarçada.

Manolo, encolerizando-se, revidou, sem meias-palavras:

— *Lastimável é a sua profissão, que repete a façanha de Judas, tornada execrável através dos milênios. Eu faço da minha vida o que melhor me aprouver, e não lhe permito a ingerência no meu comportamento. Afinal, o dinheiro que lhe tomo e que você cobra até a última gota de sangue do meu trabalho deixa de pertencer-lhe a partir do momento em que o retribuo com os escorchantes juros que me impõe.*

— *Não esqueça, porém, que eu o adverti! Estarei à espera do seu fracasso, mas não serei vítima da falência fraudulenta que você está arquitetando. O meu me será devolvido de qualquer forma, e não brinque comigo...* — blasonou o cínico e odiento cobrador.

— *Nunca me olvido dos meus deveres, especialmente em relação à escória da sociedade muito bem representada por você* — retrucou o espanhol, com o mesmo atrevimento.

Equivaliam-se no comportamento moral, por isso mantinham negócios, em face dos interesses inferiores que facultaram idênticas vibrações espirituais.

— *Não há dúvida* — redarguiu, colérico, o cobrador — *que a ralé somente existe na sociedade porque é a sua mantenedora, qual ocorre em nosso caso. Sem você, eu não teria como sobreviver. No entanto, sem mim, você estaria resfolegando na lama de onde se originou. Tenha em mente que a sua dívida soma, na atualidade, o valor do colar e demais adereços de diamantes que, certamente, pertencem-me por direito, mas que poderiam liquidar todo o seu débito com facilidade caso você tivesse a dignidade de reconhecer a sua condição de pelintra.*

A ofensa fora demasiado forte. Acometido por um riso nervoso, irônico e algo alucinado, Manolo explodiu:

— *Então, é isso! A sua ambição desmedida anela pelo colar e pelos brincos de diamantes!... Pois tenha por definitivo que jamais lhe pertencerão. Mesmo que eu venha a ser vítima da maior surpresa da miséria, preferirei atirá-los ao fundo do mar a entregá-los a um miserável como você...*

Tremendo como varas verdes, o moço levantou-se de trás do *bureau*, empurrou com violência a cadeira e avançou com expressão agressiva, transtornado, como se fosse esbofetear o atrevido, que teve o reflexo de afastar-se e gritar:

— *Eu voltarei, talvez antes do tempo, para desmascará-lo, velhaco.*

E saiu rispidamente, como se estivesse transtornado.

Manolo, porém, a plenos pulmões esbravejou:

— *Estarei esperando-o, bem como as providências que irá tomar, covarde!*

O incidente totalmente inexplicável surpreendeu o cliente de maneira chocante. Sabia que o usurário era inclemente, no entanto reconhecia que se vinha desobrigando mensalmente do compromisso de resgatar as promissórias que assinara como garantia dos valores recebidos e, sem entender o que houvera acontecido, concluiu que se tratava da ambição pela posse dos diamantes que, sem dúvida, valiam uma fortuna. Ele próprio os houvera adquirido pensando nos dias difíceis que por acaso viessem a surgir no futuro, sendo muito fácil levá-los ao exterior, onde encontraria bom preço para as pedras preciosas.

Depois dessa conclusão, Manolo deixou-se acometer por uma ira que o fez estertorar. Incapaz de resistir aos embates naturais de quaisquer lutas, abriu um armário no escritório e sorveu boa dose de uísque, pensando em recuperar a calma, o que mais o desnorteou, passando a perturbá-lo por todo o dia.

Chegando a casa para o jantar, era visível no seu rosto e no comportamento a contrariedade que o assaltava. Não havendo comentado com a esposa a respeito dos compromissos que vinha assumindo, Eneida não tinha a menor ideia das ocorrências infelizes a que ele se entregava. Nada obstante, percebendo-lhe o transtorno emocional, procurou animá-lo, trazendo-lhe ao regaço a filhinha, que sempre o acalmava quando qualquer tipo de tormento o afligia.

A resolução foi muito feliz, porque, alguns minutos após, já se encontrava refeito, havendo aceitado a sugestão de banhar-se e relaxar antes da refeição.

Superada por enquanto, a ocorrência perturbadora cairia no esquecimento não fosse um trágico acontecimento que teria lugar poucos dias depois.

Em razão da sua função de empresário e guardador de bens, Manolo conseguira das autoridades policiais permissão para porte de arma, com o objetivo de defender-se em alguma situação perigosa. O país passava, então, por momentos graves de natureza perigosa, assaltos, agressões, crimes... Assim, mantinha na gaveta da *table de nuit* um revólver carregado para alguma emergência, o que era do conhecimento da esposa. Embora a resistência da construção e os aparatos de segurança, bem como o guarda permanente, a medida era acautelatória, conforme agiam praticamente todas as pessoas mais abonadas economicamente.

Certa noite, avançadas horas, o jovem ouviu barulhos suspeitos no quarto. Sem acender a luz, pôde perceber dois vultos que se esgueiravam, saindo das cortinas na direção do guarda-roupa, dentro do qual se encontrava o cofre onde estavam as joias, moedas e documentos sigilosos da família. A claridade suave que entrava pelos vidros da ampla janela, através da cortina leve, permitia distinguir as sombras que deslizaram e abriam o imenso armário embutido na parede. Usando uma lanterna, um deles conseguiu destrancar a porta do imenso móvel, que cedeu com certa facilidade, e começou a remexer as roupas, deixando visível a caixa metálica...

À semelhança de um felino ardiloso, o jovem, que seguia a ação do bandido, abriu com muito cuidado a gaveta onde se encontrava a arma e, ato contínuo, disparou dois tiros, um dos quais acertou em cheio o meliante, que tombou numa poça de sangue, enquanto o outro evadiu-se, correndo e gritando...

Estabeleceu-se o pânico. Eneida despertou assustada, a pequena Esperanza pôs-se a chorar, o vigia noturno correu na direção da alcova, as luzes foram acesas e a tragédia estava consumada.

Estertorando, com a mão ao peito, de onde jorrava o sangue em abundância, o bandido chorava com dor insuportável.

Manolo aproximou-se, enquanto o vigia chamava a polícia, e começou a submetê-lo a confissão, esbofeteando-o sem clemência. Impossibilitado de raciocinar, o infeliz somente pedia socorro no seu dialeto, com medo da morte que se lhe avizinhava. Mais de uma vez desmaiou, para logo retornar ao desespero, quando chegou uma viatura policial e os militares se adentraram pela residência luxuosa alcançando a recâmara, agora ensanguentada. Uma ambulância, que também fora solicitada, chegou com médicos e assistentes, que colocaram o moribundo na maca para transportá-lo à emergência do hospital.

Totalmente transtornado, Manolo interrogava a respeito do que lhe estava acontecendo e, quando o ferido foi erguido à luz das lâmpadas fortes, perguntou, talvez pela última vez:

– *O que é que vocês desejavam, desgraçados?! Quem era o seu companheiro?*

Quase num delírio, o desditoso balbuciou:

– *... Os diamantes!...*

Como um relâmpago fulminante, passou pela mente do dono da residência que aquela havia sido uma trama forjada pelo infame Português, que certamente contratara os *pretos* infelizes no vão desejo de assenhorear-se das pedras preciosas e vingar-se da discussão que haviam mantido. Com esse pensamento perturbador, procurou acalmar-se, deixando que a imaginação excitada se encarregasse de delinear um plano de vingança bem programado.

A caminho do hospital o desconhecido faleceu, permanecendo em segredo o nome do comparsa, bem como outros detalhes.

No dia seguinte, Manolo foi convocado à delegacia de polícia a fim de explicar a ocorrência, justificando o acontecido, que não foi considerado como crime em razão da presença do bandido na intimidade da alcova, surpreendido no ato do furto audacioso.

Terminada a audiência preliminar, foi marcada uma nova para posterior ocasião, quando o processo ficaria encerrado por definitivo.

O trauma decorrente do infausto acontecimento afetou a família, que não poderia imaginar algo de tal monta na intimidade doméstica.

Com permissão do esposo, Eneida e Esperanzita foram passar alguns dias com os familiares, enquanto ele procedia à limpeza e substituição do imenso carpete azul que cobria o piso do quarto.

Embora houvesse mandado repintar as paredes e alterar a posição de alguns móveis, ficaria, por largo tempo, a impressão desagradável da tragédia.

Manolo, porém, com a ideia fixa acerca da origem do furto, deu largas à imaginação, buscando uma forma ideal para o desforço.

Ora bem, o Português era uma criatura desvairada. Procedente de Moçambique, onde cometera diversos deslizes morais e financeiros em Lourenço Marques, de onde praticamente fora expulso, logo após a libertação da colônia, transferira-se para a África do Sul, com uma leva de imigrantes, para tentar a vida. Residindo, a princípio, em Joanesburgo, depois em Pretória, não encontrou o campo próprio para instalar-se, havendo-se mudado para a cidade em que ora residia e onde, graças à proteção inicial de uns generosos compatriotas, conseguiu amealhar algumas moedas, encontrando meios legais para transferir dinheiro para Portugal Continental através de uma agência que foi montando, a pouco e pouco, e que passou a servir de ponto de referência para ocultar a profissão hedionda de agiota.

A sua ascensão no mundo dos negócios foi muito controversa. Dizia-se mesmo que trabalhava também no tráfico de imigrantes moçambicanos, que *vendia* a exploradores de minas de ouro, de carvão, de diamantes... Exigia das suas vítimas altos estipêndios para conseguir-lhes empregos, se aquilo podia ser chamado trabalho livre, antes se constituindo uma escravidão que exauria as suas vítimas em pouco tempo, enquanto também ganhava uma boa porcentagem dos seus novos patrões. Atirados a verdadeiros campos ditos de *refugiados,* ali viviam discriminados pelos brancos e pelos autóctones, em barracões separados, sofrendo perseguição geral.

Por outro lado, comentava-se que, a fim de cobrar os seus juros extorsivos, não trepidava em mandar eliminar aqueles que não resgatassem as dívidas, utilizando-se de alguns desses miseráveis moçambicanos, que explorava sem piedade e viviam-lhe a soldo da perversidade, sob a recompensa de migalhas.

Havendo atingido um estado de independência econômica, embora procurado por seus compatriotas, que desejavam transferir ilegalmente valores para o seu país de origem, bem como moedas de ouro e outros haveres, sempre temendo a revolução de que muito se falava, não era respeitado, como nunca o são os exploradores, os verdugos da sociedade. Aceitos e temidos, eles nunca são amados ou tidos em consideração. A chaga moral de que se fazem portadores assinala-os de forma irreversível, tornando-os execráveis. A sua é sempre uma fortuna miserável, porque reunida através dos suores e das lágrimas de muitos que foram esfacelados pelas circunstâncias de que eles se beneficiaram.

A criatura não foge das suas aspirações mentais e ambições de qualquer qualidade. Conforme a estrutura do pensamento, do sentimento, assinalam-se no comportamento as características do ser oculto que é.

O Português houvera-se casado ainda quando se encontrava em Moçambique e enviuvara poucos anos depois, embora se dissesse, na época, que fora uma viuvez forjada, isto é, que ele fora responsável pela morte da esposa, em razão de um relacionamento extraconjugal que vinha mantendo com aquela que hoje compartia a sua tortuosa existência. Não tivera filhos, o que o tornava ainda mais cruel. Não conhecendo a doçura da paternidade, não podia compreender o significado da progenitura, através da qual o sentimento de amor se engrandece, atingindo patamares elevados de felicidade.

Houvera granjeado muitos inimigos, que lhe desejavam a morte, solução feliz para muitas dívidas difíceis de serem resgatadas. Mais de uma vez fora *jurado* por diversos clientes, que a sua impiedade *não ficaria assim,* isto é, distante da lei e da justiça, através de denúncia às autoridades, que, digamos honestamente, sabiam, sim, do seu comportamento, mas que ele também dispunha de recursos monetários para silenciar. Em suma, a morte do vampiro explorador de vidas seria uma bênção para essas vidas em pendência.

O Português, é claro, acautelava-se, senhor do seu ofício, que reconhecia ser perigoso, e por isso mesmo fazia-se acompanhar por discretos amigos, que em realidade eram seus truculentos guarda-costas.

Português era o epíteto que lhe deram os amigos, mas o seu nome legítimo era Antônio Manuel de Alcântara e Silva, nascido em uma pequena aldeia, próximo de Bragança, num concelho da província de Trás-os-Montes e Alto Douro...

6

O DESENCADEAR DE NOVA TRAGÉDIA

Apesar de atormentado e portador de conduta irrefreada, Manolo vez que outra era tomado por arroubos de generosidade, que davam diferente impressão do seu caráter.

É sempre válida a prática do bem sob qualquer forma em que se apresente, pois que confere dividendos positivos àquele que o realize.

Entre os funcionários da metalúrgica, um havia que mantinha imensa dívida de gratidão com o patrão, chamado Mayuso. Meses antes, a filhinha encontrava-se enferma, em situação muito afligente, de miséria, desnutrição e pneumonia. Sem encontrar internamento para a debilitada, ele acorreu ao auxílio do patrão, que, sensibilizado, mobilizou recursos e amigos, conseguindo uma vaga no hospital e imediatamente transferindo-a para um leito de segurança e de conforto. A pequena contava dez anos apenas e teria morrido, não fosse a providência salvadora. Duas semanas após, recuperando-se, teve alta, com permissão para retornar ao modesto lar na periferia da cidade, o que foi realizado sem constrangimento nem dificuldade. O patrão prontificou-se a levá-la à residência e ficou profundamente consternado com a situação de miséria em que a família se debatia.

No dia seguinte, chamou ao escritório o empregado comovido e ofereceu-lhe recursos amoedados, a fim de que nada faltasse à menina, ao mesmo tempo que pudesse melhorar a situação da casa miserável onde residiam.

Tomado de espanto diante da generosidade inusual, o cafre agradeceu ao patrão, beijou-lhe a mão em gesto de profunda humildade, asseverando-lhe:

— Boss,[5] *a partir de hoje o senhor não tem um empregado, senão um escravo, que não medirá esforço para servi-lo, mesmo que seja com a própria vida.*

As lágrimas escorriam-lhe abundantes pela face e os olhos estavam injetados de sangue pela emoção que o dominava.

A cena impressionou Manolo pela intensidade de que se revestiu, produzindo-lhe indizível bem-estar. A alegria do bem é como néctar precioso que, fruído, proporciona incontido prazer.

Após o incidente com o Português, Manolo passou a apresentar um comportamento mais estranho, caracterizado pela ira e pela revolta, agora mais acentuadas, que gerou comentários generalizados.

Ao anoitecer de um dia de trabalho, o cafre pediu licença ao senhor para uma entrevista, logo elucidando:

— *Eu sei que algo de muito perturbador vem acontecendo com o* Boss, *que o tem magoado. Embora deva ser de caráter particular, em que eu não deveria intrometer-me, desejo recordá-lo de que sempre estarei ao seu lado, especialmente para resolver qualquer questão quando outrem não possa fazê--lo, nem mesmo o patrão...*

Depois de uma pausa, em que o chefe permaneceu em silêncio, ele prosseguiu:

— *Tudo se sabe, de uma ou de outra forma. Diz-se que um outro branco de nacionalidade portuguesa, que é agiota e canalha, refere-se ao* Boss *de maneira zombeteira, desrespeitosa, procurando desmoralizá-lo... Entre nós, os cafres, quando alguém fala muito e diz o que não corresponde, a atitude a tomar-se é silenciá-lo, para que os demais continuem respeitando aquele que lhe foi a vítima e resolveu a questão com honra.*

Encolerizando-se ante a informação de que o adversário zombava dos seus valores, Manolo extravasou toda a revolta que o acometia e interrogou:

---

5. *Boss* – Chefe (nota do autor espiritual).

— *Como poderíamos silenciar o palrador, se ele está sempre acompanhado de outros do mesmo quilate?*

— *Descobrindo-se o melhor momento, a circunstância mais propiciató-
ria. Sem que o* Boss *me houvesse solicitado nada, resolvi, por conta própria,
informar-me do comportamento e dos hábitos do perverso cidadão. Descobri que ele mantém um relacionamento com uma* negra, *que lhe serve de
concubina, também emigrada de Moçambique e viúva de um dos que ele
trouxe para cá e, quando vai visitá-la, encontra-se sempre a sós. Permanece até altas horas da madrugada, após o que retorna atrevidamente ao lar,
que desmoraliza com a conduta vulgar que mantém. Com cautela e preci-
são, teremos aí uma excelente ocasião de disciplinar o caluniador...* — e riu
com alegria natural, quase ingênua.

Acometido de grande surpresa, pois que era exatamente o que desejava o espanhol, pediu-lhe tempo para pensar, estudar planos, voltando ao assunto na primeira oportunidade.

Logo se lhe modificou o ânimo, num arroubo, tomou as mãos do
empregado e estreitou-as como que selando um pacto muito grave em
que ambos se envolviam.

Sentindo-se honrado pela oportunidade de retribuir o bem que recebera, sem consciência do que isso significava, mas orgulhoso pela oportunidade de recompensar o amo, Mayuso seguiu para a cubata canta-
rolando no idioma *gloss* uma velha canção tribal, que evocava a guerra
e a vitória depois dela.

A gratidão é um sentimento muito raro no coração das criaturas
humanas, que somente pensam em receber dádivas, em serem servidas,
raramente retribuindo o gesto de amor com a dimensão de que se deve
revestir. Por isso medram as animosidades, a indiferença ante a dor e
dilaceração das emoções, dando lugar ao exorbitante e perverso indivi-
dualismo que impede o avanço da solidariedade, que abre espaços muito amplos para os voos do amor.

Nada obstante, na constituição moral do humilde servidor cafre havia um tesouro de gratidão que infelizmente se converteria em uma adaga de infelicidade prestes a ceifar-lhe também a vida. Ao comprometer-se
com o chefe, ele sabia da gravidade do cometimento e das suas consequências, porém, na sua forma de encarar a vida, nenhum sacrifício era

suficiente para demonstrar o reconhecimento que lhe dominava as paisagens íntimas.

Manolo sentiu-se surpreendido muito agradavelmente com a oferta espontânea do seu empregado, começando a antegozar as alegrias que deveria fruir com o desaparecimento do impiedoso algoz.

Por sua vez, Mayuso se entregaria à observância dos movimentos daquele que deveria ter a existência cessada.

Apresentando ao patrão o plano de seguir o inimigo, pois que, a partir daquele momento, foi assim transformado, solicitou permissão para dispor de um horário com maior liberdade de movimento, sem a constrição do relógio, de forma a inteirar-se dos hábitos do Português, por cujo comportamento poderia elaborar o plano da infame traição.

A partir de então, repetindo a *lei da selva*, a leoa faminta seguiria a gazela célere até o momento hábil para abocanhar a presa e ceifar-lhe a existência.

O espanhol sabia que o seu credor, de posse das promissórias que assinara, poderia recorrer à cobrança quando bem lhe aprouvesse, embora houvesse um compromisso de cavalheiros, caso o fossem, para somente fazê-lo mensalmente, evitando colocá-las em bancos, o que seria desagradável para futuras explicações por parte do beneficiário.

Menos de um mês transcorrido, parece que os fados conspiraram a favor dos desalmados perseguidores. Em um encontro casual na cidade, devedor e credor defrontaram-se e, ao invés de o agiota postar-se agressivo ou rancoroso, este procurou ser amável e propôs-se à reconciliação. Afinal, acreditavam-se amigos, perfeitamente passíveis de momentos infelizes de discussão improcedente. Era uma boa ocasião para *pôr uma pedra em cima do ressentimento*, com o que o jovem concordou de boa mente, sentindo-se regozijado pela ocorrência que lhe abriria possibilidades para a consumação do plano.

Prolongando a conversação, sugeriu ao credor um amortecimento da dívida, resgatando algumas promissórias, em razão de inesperados resultados positivos na empresa, em face de uma expressiva encomenda governamental.

A cobiça do Português expressou-se no brilho fulgurante dos olhos, e ele volveu à indagação:

– Não gostaria o amigo de ver-se livre dos diamantes? Não se enfureça ante a minha pergunta. Sucede que temos joias para momentos de dificuldade. Poderemos liquidar toda a negociação, liberando-o do resgate do valor que lhe emprestei, bem como dos juros, que sempre constituem um pesado ônus para ressarcimento de qualquer dívida.

Picado pela revolta, porém sob controle, Manolo respondeu:

– Confesso que irei pensar sobre o assunto – deu à voz um tom de humildade e de reflexão. Constatava, mais uma vez, que o assalto fora planejado pelo nefário, que ainda mantinha o desplante de surrupiar-lhe, através da proposta, as pedras valiosas, que cobiçava com desmedido fascínio.

Assim, propôs com aparente anuência:

– Convido-o a que vá ao meu escritório depois de amanhã, quando encerrado o expediente, levando suas anotações e os documentos para que, em clima de calma, possamos negociar a liquidação total da dívida, sem testemunhas ou interrupções de funcionários.

E, mantendo o tom natural, elucidou:

– Desnecessário informar que isso ficará apenas entre nós. Nada informarei à minha mulher ou aos meus familiares, deixando transparecer, quando ela procurar o colar e os pendentes, que devem ter sido roubados pelos canalhas que invadiram a nossa alcova, há pouco tempo, como deve ser do seu conhecimento...

– Sim, sim... – tartamudeou o outro. *– Sim, ouvi referências, que não levei muito a sério. Afinal, nestes dias o crime anda abraçado à desesperação, gerando insegurança e cobrando os males que se têm abatido sobre este país, desde quando conquistado pelos europeus. Parece-me que chegou o momento do desforço da* negrada *com o escravizador...*

Era, sem dúvida, um cínico – pensou o interlocutor, que se deliciava com o embaraço do criminoso –, porquanto ele houvera sido o autor do assalto que resultava na morte de um dos bandidos e no desaparecimento do outro. Provavelmente, ele sabia onde se encontrava, pois o tinha aliciado para as suas tramoias e torpezas.

Ambos ficaram, pelo menos aparentemente, muito contentes e apertaram-se as mãos, cada qual pensando na melhor maneira de selar o destino do outro, claro que com o sinete da crueldade.

Afirmemos que o Português anelava a posse das joias, que lhe exerciam estranho fascínio, o que a ele próprio surpreendia. É claro que amava as pedras preciosas, o ouro e a platina, tudo aquilo que pudesse constituir valor elevado para acalmar a sua desordenada paixão pela fortuna de moedas e assim desfrutar, ao máximo, a glória do poder social, político e econômico.

Não possuindo ideais de enobrecimento, somente ideias astuciosas, e sendo pobre de valores intelectuais, sem qualquer destaque na cultura ou nas artes, o dinheiro e a força econômica representavam-lhe os meios únicos para a grandeza social e a felicidade terrena, porquanto jamais reservara qualquer tempo àquela de natureza espiritual e eterna... Não lhe interessava a questão da sobrevivência, nem das conquistas internas do ser espiritual, ascendendo para Deus. O seu era o Deus convencional das doutrinas do passado, que não conseguiam transformar a criatura para melhor, nem acenavam com a Imortalidade, senão com os paradoxais destinos futuros sob penas absurdas e recompensas destituídas de significado.

Nesse mesmo dia, Manolo convocou o empregado a um encontro cuidadoso após o expediente, quando poderiam estar a sós, e explicou ao futuro sicário o que lhe houvera passado pela mente.

Atraindo o sórdido inimigo ao escritório à noite – tudo indicava que ele não se faria acompanhar dos guarda-costas, e mesmo no caso de estar acolitado –, seria entabulada a negociação, quando voltaria a tomar posse das promissórias e entregaria o colar e os adereços de diamantes, coroando o evento com um drinque cuidadosamente preparado, no qual se colocaria diluída forte substância sonífera, de efeito algo retardado. Despedir-se-iam e sairiam felizes ou pelo menos aparentando felicidade. Ele seguiria para casa, e a parte final caberia ao cafre, que a este tempo houvera-se adentrado no automóvel, escondendo-se na parte de trás, caso ele viesse a sós...

Fez uma pausa, prelibando os resultados, que esperava ditosos.

Logo prosseguiu:

– *A distância regular, eu acompanharei o miserável e estarei disposto a auxiliá-lo no que se fizer necessário. Todo cuidado, porém, com o estojo onde se encontrarão o colar e os adereços de diamantes, que são patrimônio da família, e eu nunca teria como explicar o seu desaparecimento.*

O infeliz ignorante, sentindo-se profundamente honrado com a oportunidade que lhe era apresentada, agradeceu ao patrão, comprometendo-se a tomar todas as medidas acautelatórias que lhe fossem possíveis, pois que o plano não poderia falhar.

Apertaram-se as mãos, num gesto inabitual entre patrão e empregado, mas comum entre facínoras, e tomaram a direção dos respectivos domicílios, fixados nas ocorrências do futuro.

Na noite aprazada, após o encerramento do expediente normal na empresa metalúrgica, Manolo conseguiu permanecer no recinto, acolitado pelo comparsa. Era primavera e a claridade do Sol ainda deixava manchas de luz entre as nuvens do poente, enquanto o prognóstico da tragédia pairava no ar, que lentamente tendia ao aquecimento no rumo do verão.

Como se assinalado pela fatalidade, o Português, confiando na própria astúcia e no poder de sedução verbal de que se acreditava possuidor, dispensou os curimbabas, porquanto planejava, após a negociação, levar as joias para a casa da amante, onde as guardaria até posterior transferência para a sua caixa-forte no banco X.

Levando a pasta com as promissórias que comprometiam Manolo e sem ter dado ciência a ninguém da ambicionada transação comercial, saltou alegre, sobraçando-a, e adentrou-se pelo escritório, onde foi recebido jovialmente pelo não menos astucioso patife.

De início conversaram sobre banalidades, para logo depois se adentrarem na apreciação do que interessava.

Foi o agiota quem apresentou os documentos cujos débitos somavam mais de 180 mil dólares, uma verdadeira fortuna, e avaliou que os diamantes foram adquiridos por 120 mil dólares, ficando em dívida uma diferença que correspondia a um terço do valor total e que poderia ser resgatada ao primeiro ensejo, mediante o pagamento dos juros correspondentes.

Manolo ofereceu 20 mil dólares para amortizar a diferença, e foi feita a transação entre sorrisos e expectativas, que escondiam as habilidades criminosas de ambas as partes, cada qual desejando lesar a outra, como ocorre entre pessoas desonestas.

Manolo entregou o dinheiro e o estojo de veludo azul-marinho com as joias, e, ao recebê-lo, o agiota abriu a caixa delicada e não pôde esconder o impacto que o brilho fulgurante das pedras lhe provocou imediatamente. Manolo também foi acometido de estranho pressentimento, mas não escondeu o fascínio que o dominou.

Ambos os valores foram depositados na valise, que estava repleta com outros documentos de devedores, apertaram-se as mãos, e, quando o cobrador se ia afastar, o espanhol propôs-lhe coroar a negociação com uma taça do bom vinho do Porto, naturalmente preferido pelo Português.

Em duas taças de precioso cristal sobre uma delicada bandeja de prata, Manolo derramou o capitoso licor cujo buquê foi logo captado pela pituitária, produzindo inefável agrado.

Depois de uma homenagem ao ato celebrado, o agiota sorveu até a última gota o precioso néctar da uva, enquanto o seu comparsa, com habilidade, num gesto natural, trocou a taça que repletara por outra que se encontrava discretamente atrás da garrafa e que não recebera a substância entorpecente.

Logo se despediram, o espanhol fechou o escritório e saíram em rumos opostos.

Nesse comenos, Mayuso se ocultara na parte de trás das poltronas dianteiras. O Português adentrou-se no veículo, experimentou um como que vágado muito rápido, deu partida e seguiu em direção à periferia da cidade, onde residia a concubina. Quase que subitamente, o tóxico fez o efeito esperado e ele parou o automóvel, em tentativa inútil de recompor-se. O trânsito na área era escasso e não havia quem lhe pudesse oferecer socorro.

O bandido, percebendo haver chegado o momento, estrangulou-o vigorosamente, utilizando-se de uma corda de náilon. Aturdido pelo tóxico, a vítima não teve qualquer reação, morrendo incontinente após alguns estertores. Ficou de cabeça tombada para trás, a boca terrivelmente aberta, com a língua projetada para fora, na ânsia de buscar mais ar, na agonia de breve duração. O criminoso, sorrateiro como um felino, tomou da pasta onde estavam o dinheiro e as joias, abriu a porta traseira do veículo e fugiu, para logo ser recolhido pelo amo que o seguia a regular distância.

Imediatamente rumaram de volta ao escritório, onde Manolo se apossou do estojo com as pedras preciosas e do dinheiro. Limpou a pasta volumosa com muito cuidado, retirando vestígios de impressões digitais, envolveu-a em um saco de plástico e recomendou ao comparsa que a enterrasse em qualquer lugar no mato, em área distante da cidade.

Manolo derramou na pia do banheiro o restante do vinho do Porto, espalhando sobre o vaso um forte detergente e limpou cuidadosamente o recipiente. Teve o cuidado de guardar a garrafa, a fim de atirá-la em algum monte de lixo da periferia urbana, destruindo o que poderia ser prova do crime, embora o uso da droga se estivesse generalizando por quase todo o mundo, para facilitar a hediondez do delito.

Antes de despedir-se do cúmplice, recomendou-lhe:

– *Deveremos manter as nossas atividades normais, para não chamarmos atenção. O silêncio será a nossa arma de defesa. Como tudo indica, não tendo havido testemunhas, será quase impossível que a polícia chegue à autoria do homicídio.*

Ao ser encontrado, no dia seguinte, o cadáver do agiota, a cidade agitou-se. De imediato, as autoridades procederam-lhe à autópsia, constatando o estrangulamento, mas também a presença da substância entorpecente nas vísceras, o que demonstrava haver sido um crime premeditado. A casa de câmbio manteve as suas portas cerradas, a viúva foi convidada a prestar algumas informações à polícia, que passou a interessar-se em descobrir o provável assassino ou mandante do terrível latrocínio, já que, em face do desaparecimento da pasta de documentos, ficou configurado tratar-se de roubo e homicídio.

Interrogada sobre algum possível inimigo do marido, ela foi muito franca ao declarar:

– *Quem não tem inimigos, neste momento, em todo lugar? Ademais, o meu marido era responsável por inúmeros negócios de compatriotas, enviando valores e documentos, transferindo moedas e atendendo a muitas transações em dinheiro* – evitou pronunciar a palavra agiotagem, mais compatível e mais conhecida por todos.

– *Por acaso* – interrogou o delegado – *ele teve alguma altercação com algum cliente que se houvesse apresentado insatisfeito com os negócios ou tivesse entrado em área de litígio com algum concorrente, que justificasse a programação do desforço?*

Ela respondeu com desembaraço:

– *Embora eu conheça muitos devedores da nossa empresa, outros não me eram informados, mesmo porque ele sempre temeu ser vítima de algum crime e preferia deixar-me desinformada, a fim de que eu não corresse equivalente risco. Sempre fui responsável da área de transferência de numerário para Portugal Continental, ficando os outros compromissos exclusivamente com ele...*

Fez uma pausa, durante a qual tentou segurar as lágrimas e diminuir a emoção de dor, para logo prosseguir:

– *Meu marido era um homem muito discreto, sendo esta uma das razões do êxito dos seus negócios, mas sabia falar na hora certa* – desejou dizer que ele conhecia o instante de extorquir das suas vítimas o dinheiro que lhe deviam, sob ameaça de chantagem ou outra qualquer, o que correspondia a ser uma pessoa dotada de muita crueldade, portanto, possuindo inimigos a mancheias.

– *E tem ideia de quem poderia tê-lo executado ou teria mandado fazê-lo?*

– *Confesso que não* – respondeu entre lágrimas de dor dilaceradora. – *No entanto, recordando-me de qualquer coisa que possa auxiliar na elucidação do crime, procurarei pelo senhor.*

Dispensada do interrogatório, dona Gumercinda retornou ao lar, com o propósito de melhor prantear o esposo morto, cuidando das providências para o velório e o sepultamento, bem como de tudo quanto se fizesse necessário para que a existência continuasse.

A infausta notícia, por outro lado, surpreendeu agradavelmente muitos clientes do infame negociante, que pensaram estar livres do resgate dos débitos para com o abutre moral, não sendo menos indignos aqueles que com ele se comprometiam.

Ignoravam, esses astutos devedores, que o criminoso deixara os documentos assinados, que confirmavam os seus compromissos muito bem organizados, e que seriam chamados, posteriormente, pela viúva, não menos inescrupulosa, à sua regularização, sob pena de denúncias às autoridades ou consequências outras imprevisíveis.

Manolo, no entanto, encontrava-se fora da relação perigosa, em face da ideia que tivera de solicitar ao credor as promissórias de comprometimento, que, recebendo-as, teve o cuidado de incinerar, uma a uma, logo no dia imediato.

Havia, portanto, um certo pânico na clientela desafortunada do corvo que agora fora transferido barbaramente para o Mundo da realidade.

Dúvidas e interrogações multiplicavam-se em torno da tragédia, que aliviou alguns inimigos, e preocupou outros tantos não menos adversos em potencial também.

Logo após o choque, dona Gumercinda e os dois asseclas que davam assistência ao nefando negociante interrogavam-se por que ele saíra sem a cobertura necessária, como sempre acontecia. Após alguma reflexão e debate dos motivos, chegaram à conclusão de que ele deveria ter ido encontrar-se com alguém que lhe inspirava confiança, ou fora em visita a alguém muito particular, com quem se associava. Ora, os acompanhantes sabiam do seu relacionamento extraconjugal, porém omitiram-se de revelá-lo à viúva, pois que desejavam continuar no emprego em que se compraziam, sendo bem remunerados pela sua fidelidade. Qualquer denúncia, agora, poderia resultar em desagrado para a senhora, que se sentiria não apenas traída pelo marido, mas também pelos seus servidores. O silêncio, portanto, impunha-se-lhes como um fenômeno natural.

Mas eles próprios buscavam explicação para o terrível homicídio e as circunstâncias em que ocorrera, não muito distante do centro da cidade, em local onde não eram habituais sucessos dessa natureza.

Picados pela curiosidade e pelo interesse de auxiliar as autoridades na investigação do homicídio, pelos resultados positivos que lhes poderiam advir, impuseram-se o compromisso de observar e seguir alguns suspeitos que se apresentariam com o tempo, naturalmente. Ignoravam, quase que por completo, os graves envolvimentos de Manolo com o seu patrão, representando altas somas, bem como a discussão infeliz travada semanas antes.

Ao velório na casa funerária onde se encontrava exposto o cadáver do Português, compareceram muitos amigos, certamente devedores e dependentes dos seus ofícios, assim como pessoas honradas, que o foram prantear e homenagear conforme ocorre em tais situações.

Os comentários eram os mais variados, desde aqueles que o celebravam como um triunfador, considerando-se as lutas que houvera travado até chegar à invejável situação de que desfrutava, como outros que eram mais reticenciosos quanto à origem dos seus bens, e, por fim, os inimigos que lhe mordiscavam a memória com epítetos infelizes e considerações soturnas.

– *Veremos* – dizia um grupo – *como se apresentará à Divindade esse explorador de muitas vidas, impiedoso e perverso.*

Enquanto outros revidavam:

– *Há bastante lugar no inferno para agiotas e exploradores. A profissão vergonhosa sempre foi condenada. Felizmente lhe recorremos à ajuda uma única vez* – o que não correspondia à verdade –, *por considerar a sua ilegalidade e a quase total impossibilidade de libertar-me, em razão dos juros extorsivos.*

Alguém acrescentou:

– *Quem lhe teria abreviado a miserável existência? Não me parece crime praticado pelos* pretos – a palavra estava saturada de sarcasmo e desdém preconceituoso –, *porquanto não foram encontrados vestígios que os possam denunciar. Isso me parece coisa de gente muito hábil, com capacidade para ficar inocente...*

A tônica dos comentários era quase sempre a mesma, não se recordando alguém de emitir uma onda de pensamento salutar, uma oração, pois que todos, apesar de se dizerem cristãos, viviam o materialismo na sua expressão mais bestial, que é a dos interesses sórdidos, das paixões primitivas.

Entre aqueles que foram apresentar condolências à viúva e desincumbir-se do dever social para com o extinto, o doutor e a senhora Albuquerque, seu filho Júlio, Manolo e Eneida fizeram-se presentes, lamentando, os primeiros com sincera honestidade e o último com bem caracterizado fingimento, a lutuosa ocorrência.

O ambiente transpirava hipocrisia e mal-estar. As pessoas entravam e saíam como se estivessem participando de um acontecimento desagradável, mas inevitável. Os Albuquerque, em razão da sua convicção religiosa – fora dos padrões dominantes –, da sua crença na imortalidade do Espírito e na sua comunicação, após saudarem a viúva, mantiveram-se sinceramente concentrados, envolvendo o desencarnado em vibrações de compaixão e de paz, a fim de que se pudesse libertar dos liames materiais, cujos efeitos prosseguem até mesmo depois da inumação cadavérica ou da cremação do corpo. O Português, em razão dos hábitos e cultura tradicionais, seria inumado no cemitério local, o que aconteceu no dia imediato, com expressivo número de acompanhantes.

7

SIGNIFICATIVAS TRANSFORMAÇÕES PARA O BEM E PARA A DOR

Um mês após o latrocínio do Português, as autoridades encontravam-se como no primeiro dia, sem qualquer pista que pudesse auxiliar no esclarecimento do crime. Surgiram muitos indícios falsos, que não levaram a lugar algum, e o caso ficou entre aqueles outros que não haviam sido esclarecidos, como se houvesse sido praticado por algum grupo de toxicômanos ou mesmo algum assaltante solitário. O caso, no entanto, ficou em aberto, aguardando-se ocasião mais promissora.

Manolo e Mayuso evitaram ao máximo qualquer aproximação, para não despertar suspeitas, agindo normalmente, conforme no passado.

Manolo, no entanto, passou a comunicar-se mais espontaneamente com a família, agora que se sentia liberado da dívida e se desforçara do inimigo que o ameaçava, sem denotar qualquer sentimento de remorso ou equivalente.

Fez-se mais jovial em relação à esposa, diminuiu a dosagem de bebida alcoólica, embora não a abandonasse totalmente, passou a visitar os pais e os Albuquerque, com o que todos muito se compraziam, em razão da convivência mais carinhosa com a netinha e os seus genitores, sem maior preocupação, prenunciando um futuro abençoado.

Em ocasião própria, o *Boss* solicitou ao cafre que ficasse, após o expediente, a fim de poderem conversar, pois que não mais voltaram ao assunto.

Permanecendo até mais tarde, como era habitual no empregado, depois que todos saíram, buscou o escritório do patrão, que o aguardava com largo sorriso de felicidade. Após se saudarem e ser convidado a sentar-se, o recém-chegado pôde entender a razão do encontro.

Sem delongas, o chefe lhe expôs:

— *Dando cumprimento ao nosso plano, à medida que o tempo se vai passando, chegará, logo mais, a hora de resolvermos alguns detalhes que ficaram em aberto em nosso compromisso...*

Fazendo uma breve pausa, logo deu prosseguimento:

— *Não será de bom alvitre que você permaneça nesta cidade. Com um pouco mais de tempo, acredito que você deverá transferir-se para um outro lugar, onde poderá começar vida nova, amparando sua família e cuidando de si mesmo, em outras circunstâncias.*

Novamente silenciou, para dar continuidade:

— *Nunca lhe retribuirei, conforme você merece, o favor que me fez, assim como a muitas outras vítimas do miserável eliminado. Agora ele não terá como infelicitar tantas vidas e inquietar as pessoas que lhe caíram nas malhas da perversidade. Desse modo, tenho pensado no seu futuro e no porvir da filhinha, da esposa e das suas outras crianças. Você é um homem forte, válido, trabalhador e de confiança absoluta. Merece, portanto, uma oportunidade, que lhe poderei oferecer. Reservei uma certa importância que o tornará em condições de adquirir uma casa para residir e dar início a um pequeno negócio, se lhe aprouver, ou o que lhe pareça mais agradável.*

Ouvindo essas palavras, Mayuso pediu licença para interrompê-lo, esclarecendo:

— *O que fiz, senhor, não foi mais do que o meu dever, o dever de gratidão pela sua ajuda salvando a minha filha...*

— *Eu bem o sei* — redarguiu o espanhol, sensibilizado. — *Eu reconheço que você não teve outro senão o interesse de auxiliar-me. No entanto, por minha vez, desejo também retribuir-lhe esse favor, que é de suma importância para a minha vida. Agora, responda-me se teria preferência de alguma cidade para onde transferir-se.*

Aturdido ante o oferecimento, o empregado elucidou:

— *Somos, minha mulher e eu, da província de KwaZulu-Natal, onde temos as nossas raízes. Nosso parentes mais próximos saíram de lá, como nós, procurando melhores resultados para a existência...*

– *Muito melhor assim* – interrompeu-o o interlocutor –, *porque, por ocasião do seu retorno com alguma liberdade financeira, não despertará curiosidade entre familiares e menos ainda a inveja, que os iria incitar a procurar descobrir a procedência do dinheiro. Exulto com isso! Penso, portanto, que transcorridas mais algumas semanas, um mês e meio a dois, poderemos encerrar esse capítulo da nossa vida. Por medida de precaução, deixe transparecer a algum ou outro colega o seu interesse de retornar a Natal, em razão da saúde da esposa e da filha, no que estaria pensando realizar, quando houver ocasião própria... E conversaremos, nesse ínterim, conforme as necessidades.*

– *Ah!* – aduziu com habilidade. – *Nada de explicar à mulher a procedência do dinheiro e os detalhes da transferência. No momento próprio, você encontrará uma forma de elucidação... As mulheres falam muito e gostam de exibir-se ante as amigas, pondo abaixo o nosso plano, por causa de um detalhe, de um descuido que despertaria a curiosidade e, portanto, facilitaria a descoberta do nosso compromisso.*

Os dois sorriram, porque se sentiam felizes, apertaram-se as mãos, e Mayuso saiu, quase transtornado pela emoção, pois que nunca pensara em colher frutos com tal sabor...

No lar, comunicou à esposa o desejo de transferir-se de cidade, logo lhe fosse oportuno, enquanto insinuou que pretendia conseguir um empréstimo com o seu amo, que se vinha apresentando gentil, conforme ocorrera quando da enfermidade da pequena, de forma que pudesse mudar de vida, encontrar a realização pessoal.

Pouco afeita às preocupações financeiras, mais dedicada ao lar, embora servisse a uma família que lhe confiava a casa duas vezes por semana para limpeza, com o que auxiliava a economia doméstica, sentiu-se alegre e esperançosa de retornar à sua Natal, onde nascera e esperava encontrar a felicidade. O marido era quem decidia a respeito das questões que envolviam o clã familiar.

Graças à mudança de comportamento, pelo menos temporária, Manolo e família passaram a frequentar com mais assiduidade os Albuquerque, quando teve ocasião de acompanhar de perto o estudo do Evangelho no lar e participar de um momento em que, em transe, a sogra, dona Evangelina, foi instrumento de uma comunicação psicofônica do respeitado Espírito Monsenhor Alves da Cunha.

Psicologicamente antagonista daquele tipo de atividade, que resultava de convicções espiritistas adotadas pelo seu sogro e familiares, não teve, porém, como negar-se ao encontro cultural e iluminativo.

Após ter sido proferida uma oração muito rica de unção a Deus, pela médium visivelmente sensibilizada, foi aberto *O Evangelho segundo o Espiritismo,* de Allan Kardec, e lida uma página que se apresentou ao acaso, certamente guiado pelos mentores espirituais do grupo familiar, o texto *A desgraça real,* inserto no capítulo V, item 24, ditado pelo inolvidável Espírito Delfina de Girardin.

À medida que Júlio fazia a leitura da página, de forma correta e expressiva, Manolo sentiu-se atingido em cheio com as referências sobre a desgraça real, aquela que produz danos morais à alma, cujos atos perversos terá que expungir em reencarnações dolorosas e libertadoras, quando as lágrimas que explodem no coração subirem à face e derramarem-se em caudais contínuas, sufocando e exigindo reparação dos males praticados. Não se pôde furtar às duas cenas trágicas de que fora móvel, que pareciam adormecidas no seu inconsciente e retornaram com vigor, como que acionadas por processo mágico. O moço teve que fazer um grande esforço para não ser acometido por um vágado, que o tonteou rapidamente. Mordiscando o lábio inferior, sinal muito característico do seu temperamento irado, procurou controlar-se, o que conseguiu a muito esforço. Ninguém lhe percebeu o conflito, porque todos estavam preocupados com o conteúdo da mensagem sempre atual, enriquecedora, especialmente no que concerne ao entendimento das ocorrências humanas, interpretadas sempre de acordo com os interesses servis que dizem respeito ao *ego* e seus derivados...

De imediato o doutor Henrique passou a formular considerações filosóficas e sociológicas, éticas e morais, humanitárias e religiosas, demonstrando que o infortúnio, não poucas vezes, é verdadeira bênção de Deus, que assim permite ao calceta recuperar-se perante as Leis Cósmicas, restabelecendo-se de delitos graves que lhe pesam na economia espiritual. No entanto, a vitória através dos expedientes da ilicitude, a glória que se assenta na infelicidade dos outros, os ouropéis que procedem da hediondez e do crime, o triunfo mediante a asfixia de vítimas inermes, isto sim é que se pode considerar como verdadeira desgraça.

– *A sociedade* – elucidou com sabedoria –, *que padece atrofia dos sentimentos de amor e de dignidade, estabelece que o triunfador não se deve deter ante qualquer situação ou pessoa que se lhe apresente como obstáculo, tendo a audácia de ultrapassá-lo, mesmo que a peso de incontida violência. Por isso, pesa sobre os homens e mulheres, individualmente, bem como no geral, em comunidade, o fardo dos sofrimentos físicos, econômicos, sociais, psicológicos, morais, como adagas que ferem profundamente o cerne do ser, tentando despertá-lo para diferente realidade, que se nega a aceitar.*

Pairava no recinto uma vibração de paz incomum, e mirífica luz permitia-se clarear a sala em parcial penumbra, além da claridade da lâmpada acesa, mas de débil voltagem.

Manolo experimentava pela primeira vez sentimentos controvertidos. Embora a inegável emoção de harmonia que lhe tomava todo o corpo, quase o entorpecendo, não podia dominar o conflito que ressumava da memória, especialmente o que culminara no atroz homicídio do agiota.

Inspirado e sábio, o pensador português prosseguiu no seu comentário, expondo:

– *Somente quando o indivíduo despertar a própria consciência para a compreensão da sua realidade de ser imortal, que se não pode deter nunca no carreiro da evolução, é que desaparecerão da Terra as desgraças, as tragédias, porquanto, conforme sejam os seus atos, defrontará os resultados. Desde que compreendendo os objetivos legítimos da existência, que vão além do amealhar coisas, mesmo aquelas a que atribui expressivo valor, é na conquista da sua paz interna, na ampliação do sentimento de amor e na realização de labores que o promovam na escala moral, bem como a sociedade, que lobrigará avançar no rumo feliz. Enquanto estertora pelo poder, pelo querer, saindo de uma para outra insatisfação, perdendo-se no abismo das ilusões perturbadoras, as metas a que se apega, em face da efêmera duração de significado e de conteúdo, de maneira nenhuma propiciam a felicidade almejada. Atribui-se, com demasiado entusiasmo, que a felicidade decorre das ambições atendidas e das paixões vivenciadas, o que empurra as multidões na torpe e alucinante competição da posse, na consumpção da luxúria e da ganância.*

O ser humano está destinado à grandeza espiritual, ao Reino dos Céus a que se referiu Jesus, mas que se instala, a pouco e pouco, na consciência e no coração. Todos os haveres terrestres têm o valor que lhes atribuímos e, por mais significativos que nos sejam, quando a solidão, a saudade, a angústia se nos instalam no coração, tornam-se incapazes de minorá-las. Entretanto, as aquisições de sabor moral e espiritual, como a paz de espírito, que decorre da consciência responsável, aquela que resulta de pensamentos saudáveis, de palavras justas e de conduta correta, o enriquecimento interior mediante o conhecimento e a prática do bem, o serviço fraternal de misericórdia e de socorro, aumentam os sentimentos de amor, de caridade e de iluminação interna. Certamente, a luta pela conquista honesta do pão, do agasalho, do domicílio, da posição social digna e responsável constitui metas humanas que devem ser trabalhadas, porém, em plano secundário, decorrente da eleição prioritária das aquisições transcendentes.

Nisso consistem as desgraças real e imaginária. A primeira é quando o ser olvida ou desconsidera os deveres que enaltecem e harmonizam, enquanto a segunda é a que oferece os tesouros da recuperação e do crescimento interior mediante as reflexões profundas no leito do sofrimento, nos testemunhos afetivos, nos combates incessantes para atender as necessidades.

Quando silenciou, após mais amplas considerações, podia-se perceber que uma onda de paz invadia o recinto, tornando-o um santuário resplendente de belezas imateriais, onde se movimentavam zéfiros espirituais que se encarregam de proteger e sustentar os ideais da criatura humana.

Manolo, não obstante inquieto em razão de algumas considerações haverem-no ferido diretamente, experimentava também a mesma tranquilidade que pairava sobranceira no pequeno grupo ali reunido.

De imediato, na pausa que se fez natural, dona Evangelina, visivelmente mediunizada, começou a falar com a voz melodiosa e pausada, exteriorizando uma personalidade bem diversa da sua.

Tratava-se do mentor do grupo de estudo, Monsenhor Alves da Cunha, que docilmente veio adicionar mais esclarecimentos acerca da mensagem da nobre Entidade senhora de Girardin.

Depois da saudação fraternal e de algumas palavras de estímulo e encorajamento aos companheiros encarnados, com sabedoria e propriedade considerou:

— *O mundo oculta, nas dobras do seu manto de insensatez, a desgraça real, que passa despercebida e, às vezes, aplaudida, enquanto valoriza ao extremo as ocorrências que devem constituir convites à meditação e ao equilíbrio interior, que denominou como desgraça ou desventura, porque se revestem de desagrado momentâneo, por expor o indivíduo ao sofrimento, aos testemunhos, à fé.*

Indiscutivelmente são bem-aventurados aqueles que se encontram no eito das aflições transitórias, porque se lapidam para futuras experiências, resgatam as promissórias em débito, preparando-se para as inefáveis alegrias existenciais e espirituais. Não são, portanto, os que se encontram ansiosos, sofridos, incompreendidos que devem ser considerados infelizes, mas sim aqueloutros que os asfixiam com a sua sordidez, que os menosprezam, que lhes dificultam a ascensão, que os furtam e exaurem nos trabalhos injustos e cruéis a que os submetem. Estes que assim agem estão elaborando as algemas que os aprisionarão, no futuro, ao desar que agora impõem ao seu próximo. Enquanto suas vítimas nessas vicissitudes se libertam, estes que lhes infligem o desespero encarceram-se moralmente nas celas invisíveis do porvindouro remorso, antessala das provações e expiações pungentes.

Todos quantos sofrem a hediondez do apartheid *resignadamente adquirem as virtudes da paciência e do amor, da superação das tendências viciosas e primitivas que lhes dominam as paisagens íntimas do caráter, as inclinações perversas que ainda remanescem do anterior estado de primitivismo moral. Isto não implica lutar de forma não violenta em favor da eliminação dessa chaga social que torna a Humanidade ainda perversa e atrasada. São, portanto, desventurados os homens e mulheres que se creem superiores em razão da cor da epiderme, da raça da qual procedem, da situação caprichosa momentânea do destino, que os tornam ricos e poderosos, ao mesmo tempo que os mantêm na pequenez moral do atraso espiritual em que se demoram. Mas também todos aqueles que se apropriam indevidamente, muitas vezes de forma criminosa, de bens que não lhes pertencem, ou perderam a propriedade em razão de negócios infelizes, de empréstimos não resgatados, cometendo ações hediondas, que ocultam com astúcia, mas que não podem anular na consciência nem eliminar nas Soberanas Leis da Vida...*

Houve um interregno oportuno, enquanto o moço espanhol, diretamente atingido, experimentou um dardo penetrando-lhe a consciência. Ao invés de considerar de maneira própria a orientação do mentor espiritual, tornou-se agitado, sem saber como lhe era dirigida a ofensa, pois recebeu a admoestação como um desaforo. No entanto, excogitando com raiva do que estava ouvindo, pensava ser uma infeliz coincidência do conteúdo, ou um chavão de que a senhora se utilizava para manter a família sob controle.

Não tendo visão profunda para a realidade, nem estando acostumado à meditação, mesmo que superficial, não dispunha de recursos mentais para atender a oportuna advertência e a chamada à razão, a fim de que se pudesse reabilitar enquanto luzia o ensejo feliz.

Interrogava-se como era possível que a senhora, portadora de conhecimentos superficiais, pudesse produzir um espetáculo de tal magnitude que, sem dúvida, impressionava.

Não terminara de pensar negativamente, tomado pelo conflito da suspeita e os aguilhões da verdade, quando o Espírito prosseguiu:

— Sempre quando se é surpreendido pela verdade durante a trajetória de crescimento para Deus, detém-se em sofismas ou explicações absurdas, de modo a permanecer-se na comodidade convencional ou no estado de cumplicidade com o crime e a vulgaridade, que predominam no comportamento quase geral de todas as criaturas. A vida, porém, surpreende-nos a todos através do veículo da morte, que nos convida a outra dimensão de pensamento e de vida, quando a consciência, livre dos impositivos cerebrais, desperta in totum *para a compreensão do ser que somos. Felizes, portanto, aqueles que diante da verdade não procuram mecanismos escapistas nem formulações paliativas, mediante os quais fogem do enfrentamento com o dever, procurando a reabilitação que se faz indispensável. Ninguém, todavia, foge de si mesmo. Não é necessário prestar-se satisfação aos outros a respeito dos atos, nobres ou horrendos, porque o problema é interno, pessoal, intransferível. E, graças a essa conduta dúplice – a interior, que é legítima, e a externa, que se apresenta como convencional, a da aparência –, incontáveis indivíduos derrapam nos transtornos neuróticos da depressão e de*

mais graves injunções psicóticas, exatamente por desejarem impedir o reflexo dos atos monstruosos que lhes constituem o caráter real.

Fora demais! – pensou Manolo. – *Que farsa seria aquela? Tratava-se de algum demônio que lhe viera exprobrar a conduta? Como era possível que aquelas considerações constituíssem uma resposta exata e direta aos seus pensamentos?*

Aturdido, vitimado por uma palidez mortal e trêmulo, quis levantar-se, mas pensou que essa atitude poderia provocar alguma suspeição nas pessoas que ouviam contritamente o que falava a senhora, ou seria mesmo um Espírito?

Prosseguindo na sua ilustrativa elucidação, o nobre guia acrescentou:

– *É sempre fácil encontrar-se explicação mentirosa para negar o que é certo e correto, pois que, dessa maneira, pode-se dar prosseguimento e vitalidade aos disparates e comprometimentos perturbadores. Deus, porém, que é todo Amor, não cessa de orientar aqueles que se extraviam do bom caminho, da reta conduta, a fim de que, quando convidados ao inevitável resgate, à recomposição da ordem, não se creiam vítimas das circunstâncias ou aleguem desconhecimento e falta de orientação própria para a conduta. Ademais, o essencial não é a punição do criminoso, e sim a sua reabilitação, e todo o empenho deverá ser para que o erro, os atos condenáveis cedam lugar à ordem, ao equilíbrio social, à dignificação do ser humano.*

Todos já transitamos pelos caminhos difíceis, experimentamos condutas reprocháveis, e, aqueles que conseguimos superar as situações mais penosas, hoje, na Espiritualidade, afadigamo-nos para despertar o nosso próximo, a fim de que não incida nos mesmos lamentáveis equívocos de que muito nos arrependemos, mesmo após nos havermos reabilitado das suas nefastas consequências. Por isso, não nos atrevemos a julgar conduta alguma, por mais infeliz que seja. O nosso único objetivo é proporcionar orientação para apressar a instalação do Reino de Deus *entre os habitantes físicos da Terra, evitando que tombem nas desgraças reais.*

Silenciando por um pouco, voltou aos comentários felizes e, após dirigir palavras de alento e de conforto moral a todos, despediu-se, deixando suaves vibrações de felicidade, menos no estúrdio criminoso.

Encerrado o encontro espiritual com uma oração ungida de amor e de reconhecimento, foram entretecidos leves comentários pela família feliz, de que não participou o convidado, sendo servido suculento lanche que atendeu generosamente a todos.

Manolo, porém, embora dissimulando a irrupção de conflitos mais severos, tentava entender o que houvera acontecido, quando lhe teria sido muito mais fácil aceitar a realidade dos fatos, sem a perda de tempo em explicações tão esdrúxulas quão absurdas. Desde o tema inicial, *sorteado* casualmente para as discussões, até os comentários realizados tanto pelo doutor Henrique como pelo nobre mensageiro, todos eram-lhe direcionados, como inspiração divina, a fim de que se detivesse antes de dar prosseguimento aos passos futuros que já delineava na mente perversa. Inobstante, a teimosia, filha da ignorância e da presunção, bloqueava-lhe o discernimento, impedindo-o de mais amplos e felizes voos no concernente à conduta exemplar. Educado, infelizmente, nos padrões convencionais de que o emigrado encontra-se fora da pátria a fim de ganhar dinheiro, de forma que retorne aos seus antigos sítios senão com fortuna, pelo menos regiamente abonado, a fim de desfrutar de uma vida feliz, ele e os seus familiares nunca se vincularam realmente ao país generoso que lhes abriu as portas ao acolhimento e à independência econômica. Permanecia apenas o interesse materialista-hedonista de, após atingir a meta – a conquista da fortuna –, abandonar o solo da prosperidade para ir gozar nas terras de onde se originava. Não havia, portanto, tempo mental para o refrigério espiritual da crença religiosa, permanecendo na superfície da fé tradicional, descomprometida e formalista, mais social e externa que de profundidade iluminativa.

É certo que nem todos os emigrados têm comportamento equivalente. No entanto, há, mesmo que inconscientemente, esse desejo de retornar ao solo onde se nasceu, passados os testemunhos e sofrimentos que acompanham todo processo de emigração.

Retornando ao lar, ao invés de introjetar os benefícios emocionais e fluídicos resultantes da reunião, tornou-se introspectivo, cabisbaixo, inquieto e revoltado com as ocorrências, que insistia em negar, embora os fatos que demonstravam o contrário.

A atitude não se modificou no momento do repouso, que o acolheu, deixando a esposa preocupada, sem compreender a ocorrência, quando supunha que o marido deveria ter-se beneficiado largamente das belas explicações que foram oferecidas.

Digamos de uma vez: Manolo começava a sentir a constrição mental daqueles cuja vida orgânica ceifara, sem conseguir aniquilá-los. Lentamente, eles se lhe acercavam da usina mental, tentando instalar as tomadas psíquicas para a futura obsessão, de que seria vítima posteriormente.

Nesse estado de espírito, dominado por surda revolta, sem haver-se beneficiado pelo lenitivo da oração antes do repouso físico, logo foi dominado pelo sono, sentiu-se fora do corpo e *sonhou* que o Português, com o aspecto terrível em que falecera, asfixiado e deformado pelo sofrimento, ergueu-se assustadoramente e gritou-lhe com as mãos crispadas, como desejando estrangulá-lo:

— *Que fizeste de mim, que confiei na tua desonra, miserável, assassinando-me covardemente? Tem em mente que não me escaparás. Seguir-te-ei ao inferno ou te conduzirei a ele, cobrando-te a infâmia, o crime, a dívida que me roubaste.*

Tremendo sob terrível pavor, que despertara a esposa, suando em abundância, no estertor da agonia, tentou justificar-se:

— *Não fui eu quem teve a ideia do crime...*

— *E pensas que não sei, covarde, acusador e perverso?... Eu sei que foi o teu fâmulo, que me pagará também no momento próprio... No entanto, tu és o responsável, porque desejavas matar-me, e não sabias como. Ante a insinuação do pária, programaste a melhor maneira de consumir-me. Foi também tu quem me fizeste ingerir a droga entorpecente, que colocaste na minha taça, a fim de facilitar-lhe o traiçoeiro estrangulamento. Tens ideia do que sofri e do que prossigo experimentando, desvairado que também sou, da mesma laia que tu? Nunca mais te deixarei até que a justiça dos homens ou de Deus te alcance. Nunca mais terás uma noite de paz, de repouso, porque eu te esperarei deste lado da vida, vigilante como um guepardo faminto. Tu não acreditas na Vida verdadeira, qual ocorria comigo até chegar aqui, morrendo sem morrer, desejando um aniquilamento que não chegou, pelo contrário, despertando-me para pagar todos os males que pratiquei, todas as ilicitudes que me permiti, todas as crueldades que tive para com os meus devedores... Também eu sofro a sanha de outros inimigos que me aguardavam e o remorso do mal que pratiquei para reunir ouro e dinheiro que ficaram na Terra... O colar de diamantes que roubaste de mim será também a tua ruína... Agora desperta, infame!*

Com um grito ensurdecedor, após o balbuciar de palavras ininteligíveis para a preocupada Eneida, debatendo-se angustiadamente, o espanhol acordou em estado de pânico.

Tremia como varas verdes, exsudando em abundância. Sentindo-se de volta ao mundo objetivo, exclamou, enquanto levava a mão ao peito, em uma atitude reflexiva de acalmar o coração em disritmia:

— *Graças a Deus! Que horrível pesadelo! Eu sabia que esse* negócio *de Espiritismo iria fazer-me mal. Por isso que detesto essas* coisas *condenadas pela Igreja e com muita razão.*

A esposa ripostou-lhe, surpresa:

— *Não posso entender essa sua ojeriza pelo Espiritismo, que você não conhece... O bem não pode fazer mal. O que ouvimos, de excelente qualidade, não lhe pode provocar desequilíbrio, exceto se lhe atingiu a consciência em algum escaninho, levando-o à rebeldia...*

— *O que é que você sabe?* — interrompeu-a com violência, transtornado, agressivo. — *Que lhe andou contando sobre mim sua mãe? Ela certamente, como adivinha e endemoninhada, deve saber até do que não acontece, com o fim de engabelar os idiotas, utilizando-se das artes da magia para impressionar e dominar. Não, porém, comigo, que estarei vigilante contra os seus sortilégios e acusações dos seus Espíritos...*

Eneida foi tomada de um choque ante o que acabara de ouvir, redarguindo, incontinente:

— *Embora você seja o meu marido, não admito que faça acusações desse porte contra minha mãe, cuja vida de honra e sacrifícios está acima de qualquer suspeita. Ao invés de ser uma endemoninhada ou adivinha, é portadora de peregrina faculdade mediúnica, que lhe permite comunicar-se com o Mundo espiritual e seus habitantes, especialmente os de elevada condição, que nos vêm visitar, a fim de aconselhar-nos para o bem. Não posso atinar com o que lhe aconteceu ou está sucedendo, mas não me calarei ante acusações absurdas dessa natureza.*

— *Seja como for* — impôs, arrogante —, *não me volte a convidar para novas práticas de feitiçaria como a desta noite... E seria bom que a sua nobre genitora não mais viesse à nossa casa, a fim de não contaminar minha filha com as suas práticas condenadas... E com isso encerro o assunto.*

— Falarei com ela sim, que somente sentirá falta da filha e da neta, porquanto de você creio que ninguém possa experimentar outro senão o sentimento de compaixão e de misericórdia, ante a sua presunção e pequenez...

Magoada, a jovem esposa levantou-se e foi dormir no quarto da filhinha, que se encontrava no doce regaço do sono infantil, jornadeando pelas praias de luz da Região de onde procedia.

O doidivanas, totalmente destituído de bens espirituais e recursos morais, levantou-se também e buscou o uísque, como fazem todos aqueles que perderam o endereço de si mesmos e prosseguem sem roteiro de segurança ou de paz.

Aquela foi uma noite especial, marco inicial de tormentos que não desapareceriam do estroina.

Na sua cubata, naquela mesma noite, Mayuso foi acometido de um *sonho* quase semelhante.

Embalado pela felicidade de transferir-se para a sua província de Natal, conforme lhe houvera prometido o amo nos dias anteriores, havia preenchido a mente, nesse espaço de tempo, com os planos que deveria tornar realidade posteriormente, quando chegasse à sua cidade de origem. Imaginava como esconder o dinheiro, liberando-o lentamente, a fim de não chamar atenção. A alguns daria ideia de que a sua vida em Vanderbijlpark houvera-lhe propiciado reunir economias que lhe facultaram um retorno menos penoso. A outros explicaria que fora beneficiado pelo amo por serviços especiais que lhe dispensara, sem explicar, naturalmente, quais haviam sido. E, após algum tempo, todos se acostumariam com a sua situação, facilitando a existência menos penosa.

Nessa mesma noite, porém, experimentou pela primeira vez o estranho enfrentamento com o Português, que se lhe apresentava conforme as características do estrangulamento, mais algumas deformidades, que dele faziam um espectro pavoroso, gritando-lhe, furioso:

— Negro desgraçado, por que me mataste? Que mal te fiz, infeliz? Para agradar o teu Boss, tornaste-te um sicário sem coração? Pensas que fugirás do crime somente porque ele te recompensará com dinheiro? Esse será um dinheiro maldito, porque é meu, e se constituirá na causa da tua desdita.

Não te enganes, pérfido, porque não fugirás de mim. Eu serei a sombra da tua consciência e nunca te deixarei. Do inferno, para onde me enviaste, eu te seguirei, como um demônio sem piedade, até sugar-te o sangue e o suor do rosto, e de todo o corpo até a última gota...

Agitando-se em desespero no leito miserável e gemendo penosamente, despertou, de súbito, ante a assustada esposa que o ouvira, em parte, no pesadelo tormentoso.

– *Parece que um demônio tomou a forma de uma criatura desconhecida e veio infelicitar-me* – justificou-se, enquanto recuperava a lucidez. – *Nunca isso me houvera acontecido anteriormente. Que Deus tenha misericórdia de mim.*

Levantou-se, sentindo a presença da consciência culpada pela primeira vez, e não pôde recuperar o sono, havendo permanecido desperto até o momento de seguir ao trabalho muito cedo, conforme o seu hábito.

Por sua vez, Manolo também, logo que o dia raiou e o movimento começou na cidade, sem saudar a esposa, que se recolhera à habitação da filhinha, seguiu na direção da fábrica.

Coincidentemente, os comparsas do latrocínio chegaram à mesma hora, encontrando-se à entrada.

Mayuso, percebendo a palidez e as olheiras bem assinaladas na face do amo, perguntou-lhe, *en passant*, respeitosamente:

– *O* Boss *está sentindo-se doente?*

Mal-humorado e sincero, o espanhol respondeu-lhe, ainda aturdido pelo sono e pelo álcool:

– *O Demônio visitou-me esta noite, e estou passando mal, indisposto.*

– *Como assim?* – interrogou, interessado.

– *Fui vítima de um pesadelo terrível com alguém que está morto...*

O empregado não o deixou terminar a frase, interrompendo-o, preocupado:

– *Eu também. Juro ao meu* Boss *que o morto voltou apavorante com os sinais da sua morte e ameaçou-me de vingança cruel. Fiquei tão apavorado que acordei em desespero e não pude mais conciliar o sono. Se voltar a repetir-se, estou disposto a procurar o feiticeiro da nossa raça, a fim de pedir-lhe proteção.*

– *E você acredita que isso resultará positivo? Se assim for, avise-me, a fim de que eu o procure também* – e deu uma gargalhada, na qual se patenteava a síndrome de distúrbio psicótico e de zombaria.

Cada qual se dirigiu ao seu mister, ficando ainda mais impressionados com a *coincidência* dos pesadelos.

Manolo, ao invés de considerar a legitimidade do fenômeno espiritual, tendo em mente que o desencarnado, sua vítima, retornara ao proscênio terrestre através da sobrevivência à morte, fixou mais a ideia de que talvez sua sogra estivesse por trás dos acontecimentos, produzindo essa perturbação que, certamente, adivinhara por influência demoníaca, com objetivo que ele não identificava de momento, mas que, por certo, descobriria depois. Acentuou-se-lhe, em consequência, a animosidade contra a digna senhora.

Aquele foi um dia tormentoso para ambos os comparsas da tragédia que haviam imposto ao explorador inclemente.

A associação das personagens na mesma trama dos destinos obedecia à Lei de Causa e Efeito, de que ninguém se evade no transcurso da evolução. Soberana, rege as existências, acompanhando as criaturas no rumo da sua perfeição, que é conseguida através de penosos esforços, a princípio, enquanto se libertam do primarismo dos instintos, avançando pela razão, alcançando a intuição e prosseguindo na busca da angelitude...

8

A SOMBRA SINISTRA
QUE SEGUE O ALGOZ

Seis meses após o crime covarde contra o Português, as investigações policiais permaneciam na mesma etapa inicial, sem qualquer indício que levasse à descoberta dos seus agentes ou mandantes.

Mayuso, conforme acertara com Manolo, criou uma atmosfera de confiança entre os colegas, anunciando-lhes o desejo de retornar aos sítios de onde se originara. Dava a impressão de que o clima local não era auspicioso para a filhinha, que voltara a enfermar do aparelho respiratório, escusa perfeitamente compreensível, o mesmo havendo logrado em relação à esposa, que ignorava toda a tramoia dos infames comparsas.

O patrão fora-lhe generoso, conforme prometera, oferecendo-lhe moedas de ouro que lhe serviriam em ocasião própria para câmbio valorizado, bem como importância em bilhetes, que lhe concediam, para os seus padrões de vida, um restante de existência sem muito esforço no trabalho pesado a que sempre se dedicara.

Desse modo, transferiu-se de residência sem alarde nem aparência de fuga, o que não teve qualquer repercussão no bairro miserável, havendo vendido o tugúrio por uma quase ninharia, que serviria de justificação para iniciar um negócio quando chegasse à província até o momento de conseguir um trabalho que lhe fosse mais conveniente.

Enquanto isso ocorria, o espanhol acreditava-se mais seguro e compensado pela audácia que tivera, libertando-se do agiota inclemente, que passara a odiar desde muito antes.

Concomitantemente, como se experimentasse uma compulsão neurótica, passou a sentir cada vez maior atração pelos diamantes, que o arrebatavam. Seu brilho penetrante e a sua contextura fria fascinavam-no. De tal monta se fez a fascinação que ele transferiu o precioso colar e os outros adereços para o cofre da indústria, onde podia contemplá-los mais amiúde, tendo o cuidado de antes trancar-se no escritório e ficar em contemplação.

— *Seria real* — interrogava-se, não poucas vezes — *a informação, quase generalizada, de que os diamantes, via de regra, eram portadores de um destino fatídico para os seus possuidores?*

Realmente, havia uma certa coerência nas afirmações de que muitos deles, que foram ostentados por monarcas poderosos em coroas esplendorosas, motivaram inveja e paixões, que redundaram em crimes hediondos. De certo modo, aqueles também eram diamantes fatídicos, porque eram responsáveis por duas mortes bárbaras, ficando magneticamente manchados de sangue.

Enquanto assim pensava, a atração quase mágica das pedras sobre a sua personalidade enferma, não pôde sopitar o entusiasmo que o tomou, pondo-se a rir e quase gritando:

— *Fatídicos ou não, são meus, pouco importando que Eneida os use. Pertencem-me, e os defenderei de quem quer que seja com a própria vida se necessário.*

Convenhamos que Manolo apresentava mais acentuados sinais de alienação, que já transbordava nas atitudes e no comportamento mental.

A pouco e pouco, fez-se mais avaro, desconfiado e teimoso, quando tomava qualquer atitude, considerando-se, no seu narcisismo doentio, melhor do que os demais, especialmente os familiares de ambos os lados, dele e da mulher. Como consequência, o relacionamento com Eneida começou a deteriorar-se, não degenerando em processo lamentável de separação imediata por causa de Esperanzita, cada vez mais bela e afeiçoada ao atormentado genitor, que, ao seu lado, renovava-se, acalmava-se, tornando-se mais dócil e compreensivo.

Sem dúvida, a menina encarnava a pureza e a ternura que tocavam o genitor, principalmente porque se tratava de um Espírito muito amado que retornara, a fim de o auxiliar na difícil escalada evolutiva.

Lamentavelmente, embora houvesse recebido da Divindade os melhores recursos para uma existência feliz, assinalada pelas conquistas morais e pelo progresso espiritual, houvera-se comprometido, derrapando no crime, em razão das heranças morais que lhe pesavam na economia evolutiva, como decorrência de existência nefária, vivida naquela região do continente sul-africano, quando fora vítima da cobiça e dos deslizes morais, que ainda lhe tisnavam o caráter, tornando-o revel.

Os Rodríguez, sentindo-se cansados, haviam preferido, anteriormente, retornar a Palma de Maiorca, onde esperavam encerrar a existência terrena. Após haverem amealhado recursos financeiros de alto porte, que souberam transferir em grande parte para a Espanha, resolveram por entregar a indústria aos filhos, que mais cedo ou mais tarde lhes pertenceria, concordando que Manuel ficasse encarregado da administração, enquanto Piedad, a filha casada, que fruía igualmente de independência – em razão do esposo, também descendente de peninsulares ibéricos, alto funcionário de um dos bancos locais, desfrutar de situação quase privilegiada –, não tinha interesse em envolver-se com a indústria. Jaime, o outro filho, era estroina e não se interessava pela administração, preferindo receber uma importância mensal, que sempre desejava aumentar, a fim de atender aos caprichos de que se fazia portador.

Desta maneira, Manolo tornou-se o gerente real e administrador da empresa, especializada em moldagens de ferro, aço e outros metais para a construção de grades, redes, cercas e equipamentos especiais para residências e indústrias. Apesar de o país atravessar momentos difíceis, esse ramo industrial tornou-se mais rendoso, particularmente por causa de as grandes empresas, especialmente aquelas que trabalhavam com a construção civil, haverem resolvido terceirizar essa atividade.

Entrementes, as noites do jovem administrador eram aterradoras. As *sombras espirituais* dos adversários que lhe haviam sofrido a sanha não lhe permitiam o repouso, ameaçando-o, apavorando-o mediante a apresentação com aspecto truanesco e feroz, informando-lhe que tudo seria questão de tempo.

Sempre despertava aos gritos, banhado por álgido suor, o olhar alucinado, com disritmia cardíaca e sensação de morte iminente...

A esposa, igualmente assustada, procurava auxiliá-lo, sendo repelida pelo transtornado companheiro, que se levantava e procurava calma no uísque, sempre ao alcance das mãos nervosas.

Desde quando os Rodríguez transferiram-se para as Baleares, doutor Albuquerque deu-se conta, igualmente, de que a sua era uma luta sem grandes benefícios econômicos. Sonhava com a esposa, em conseguir recursos expressivos a fim de poderem retornar a Portugal Continental, agora quando o sonho de uma Angola feliz se dissipava nas tragédias da insuportável guerra civil, em que os três partidos políticos, todos infelizes e incapazes de realizar uma administração conveniente para o país, cada grupo mais interessado na exploração das riquezas minerais, banhavam o país sofrido em sucessivos rios de sangue. As minas terrestres, colocadas aos milhões no solo generoso e promissor, ceifavam vidas infantis, de nativos desinformados e também de militares odientos, que se matavam reciprocamente, sem qualquer ideal ou filosofia promissora de paz e de progresso para o povo...

Doutor Henrique, sempre cativante, houvera tentado inúmeras vezes uma reaproximação com o genro adotivo, após o episódio que o perturbara, quando estudando o Evangelho no Lar, sem que conseguisse resultados animadores. A presença da senhora Evangelina provocava no atormentado genro quase uma fúria. Tratava-se de uma reação da consciência de culpa, que se precavia, dessa forma grosseira, para não ser identificada a conduta infame que ele se permitira e certamente repetiria, pela falta de valor ético e de qualquer outro compromisso moral que mantivesse, em relação à vida.

Graças à sensibilidade de que era portadora, a respeitável médium identificava as presenças espirituais perversas que atormentavam o rebelde, envolvendo-o, quanto possível, em vibrações de paz e de renovação.

Impermeável aos sentimentos de nobreza, tornando-se já um dependente do álcool, ele fugia acintosamente do convívio com a família da mulher, o que nela provocava um ressentimento, que crescia na razão direta em que a situação se tornava mais complicada.

A vida, porém, possui as suas próprias leis, que independem das humanas paixões, sempre se impondo conforme as determinações superiores, indispensáveis ao progresso e à iluminação das consciências. Desse modo, dobram a cerviz dos mais tenazes e perversos, submetendo-os ao seu talante e às suas exigências, de que ninguém consegue escapar.

Foi o que aconteceu com o homicida dez meses após o crime, ora tombado no quase esquecimento total, porquanto dona Gumercinda, a viúva, conseguiu consolação quase imediata, consorciando-se com um dos antigos guarda-costas do marido falecido, e, quase feliz com a situação, prosseguiu na sanha exploradora das vítimas que lhe caíam nas garras espontaneamente, sob o brilho dos metais preciosos e a ambição dos empréstimos escorchantes. A polícia, por sua vez, acostumando-se a pouco e pouco com a onda tenebrosa de atrocidades, tornava-se venal, subornável, porque tudo indicava que a revolução prometida pelos autóctones aconteceria, sendo o seu espocar de um para outro momento, sem aviso prévio.

Venerando sacerdote negro,[6] portador de verbo eloquente e coragem indômita, não suportando o sofrimento do seu povo, começou a erguer a sua voz, enquanto estava silenciada a do grande líder[7] encarcerado injustamente, utilizando-se do Evangelho e dos direitos humanos ali desrespeitados, despertando o interesse das grandes nações que compactuavam com as condições impostas pelo regime dominante.

Logo mais, o seu verbo se ergueria às alturas das consciências internacionais e ele receberia o Prêmio Nobel da Paz, conseguindo fazer-se ouvir e sensibilizando o mundo para as dores superlativas que dilaceravam a alma negra da antiga colônia inglesa.

A liberdade é qual uma ave indomável que, mesmo retida em grilhões de aço, tenta rompê-los mil vezes, o que termina por conseguir, a fim de voar na direção do infinito, onde plana feliz e sobranceira. Ninguém a pode deter indefinidamente, em razão da sua fatalidade, que é tornar independentes todos os homens e mulheres do mundo, que nasceram para ser livres como o ar, as águas que correm pelo solo e vencem distâncias, até alcançarem os mares e oceanos que as recebem...

Os Rodríguez, portanto, dando-se conta do estado lastimável em que se encontrava o genro, também informados por Eneida, que, embora

---

6. Bispo Desmond Tutu (nota do autor espiritual).
7. Nelson Mandela (nota da Editora).

proibida de visitar os familiares, sempre que possível, encontrava-se com eles em casas comerciais, dantes programadas, ou restaurantes, quando, uma que outra vez, conduzia a filhinha e a ama para a convivência com os avós e tio, correndo o risco de um desagradável escândalo, caso fosse surpreendida. Ocorre, porém, que toda proibição criminosa, porque injusta, engendra naquele que lhe padece a injunção a necessidade de burlar o impedimento, como se aspira o ar com sofreguidão, quando ele parece mais escasso...

Numa das reuniões hebdomadárias, o venerando Espírito Alves da Cunha esclareceu que Manolo seria convidado a graves reflexões, como mecanismo de depuração para a sua rebeldia, elucidando que a família prosseguisse envolvendo-o nas dúlcidas vibrações de paz e de renovação, confiando em Deus e no futuro.

A família Albuquerque, a duras penas, conseguira economizar valores suficientes para a aquisição de uma empresa, de pequeno porte que fosse, o que lhe permitiria um horário de trabalho menos afanoso, e aguardava a ocasião para a transferência de atividade.

Nesse comenos, em uma das crises noturnas, debatendo-se contra os agressores que o haviam imobilizado na Esfera espiritual, Manolo foi acometido de uma crise convulsiva, em razão do desespero de que foi tomado, e tombou do leito, na agitação infrene, havendo deslocado o ombro na queda, do que somente tomou conhecimento quando, mais tarde, recobrou a consciência, embora socorrido pela esposa em desespero, que, não tendo outra alternativa, telefonou para os pais, que se encarregaram de providenciar o apoio médico, rumando de imediato para a luxuosa residência.

Atendido pelo socorro médico e conduzido de ambulância ao hospital, Manolo foi submetido a diversas radiografias, algumas das quais constataram o deslocamento, e repuseram o membro no seu devido lugar, mantendo-o imobilizado. Simultaneamente, foi realizado um eletroencefalograma, para identificar a causa da convulsão, o que não foi conseguido.

Após despertar, quando a substância anestésica cessou o seu efeito, foi que ele tomou conhecimento da ocorrência desastrosa, bem como das providências que foram tomadas, especialmente dos cuidados dos sogros, atenuando-lhe os sofrimentos.

Assustado, não teve alternativa senão confessar ao doutor Henrique, embora sem detalhes, a ocorrência dos terríveis pesadelos que o vinham acometendo, quase diariamente, durante o sono, o que lhe exauria as forças e os nervos, levando-o a uma quase loucura.

O respeitável ouvinte, após escutar a narrativa, que mais confirmava a notícia do bondoso guia espiritual, bem como a previsão do incidente preocupante, porque se poderia repetir com certeza e com efeitos mais desastrosos, não teve dúvida a respeito da obsessão soez que tomava o enfermo.

Com muita habilidade, procurou esclarecer-lhe que o fenômeno da morte apenas liberta o Espírito encarcerado, ao invés de aniquilar a vida, explicando que esta é tese inconfundível de todas as doutrinas religiosas existentes no mundo.

E, aproveitando-se da sua debilidade momentânea, aduziu com amabilidade:

— *Os nossos atos produzem equivalentes vibratórios que facultam o intercâmbio com aqueles que se despiram da roupagem carnal. De acordo com o teor, a sintonia se verifica entre os elevados e os infelizes, conforme a linguagem religiosa convencional, entre os anjos, os santos e os demônios, os obsessores... Muitas vezes, essa ocorrência tem lugar durante os períodos de parcial desprendimento pelo sono fisiológico. Na história da vida de santos, de artistas, de poetas, de mártires, de cientistas e de gente comum, essa comunicação tem sido constante e os relatos são comovedores, tanto no que diz respeito às glórias espirituais, quanto aos sofrimentos de que se revestem. Não seja, portanto, de estranhar que, no estudo psicanalítico dos sonhos e das suas interpretações através dos símbolos, seja possível identificar as causas dos conflitos que infelicitam as criaturas humanas. Ora bem, no inconsciente profundo do indivíduo permanecem as suas ações registradas, não apenas as que se referem à atual existência, mas também de outras tantas pregressas, que constituem o processo de evolução. Aqueles conflitos surgem simbolicamente, uns, outros são vivenciados outra vez, e, nesse curso de acontecimentos, os Espíritos com os quais nos envolvemos retornam e produzem sublimes ou terríveis sonhos e pesadelos.*

Enquanto, pela primeira vez, beneficiado pelas irradiações suaves e benéficas do ilustrado parente adotivo, Manolo escutava com serenidade, tentando compreender, e pareciam-lhe lógicos os esclarecimentos. Com a mente desanuviada dos fluidos tóxicos que ultimamente a dominavam, interrogou:

– *Isso equivale a dizer que, no meu caso em particular, estes pesadelos, que se agravam, podem ser provocados pelas almas dos mortos?*

– *Exatamente!* – confirmou o interlocutor. – *São Espíritos que, por um ou outro motivo, não simpatizam com você ou foram suas vítimas em alguma existência passada e desejam vingar-se dos males que hajam sofrido... A dimensão de tempo é sempre relativa. O que nos significa um largo período de tempo físico noutra dimensão do espaço expressa-se de maneira bem diversa. Enquanto nos encontramos submetidos aos movimentos de rotação e translação da Terra em volta de si mesma e do Sol, experimentamos uma dimensão de tempo, que é diferente noutros planetas e no rumo do Infinito... Eis como se pode entender a Eternidade, o antes e o depois do que chamamos tempo, sempre uma questão perturbadora para o nosso raciocínio escravo dos limites temporais e espaciais.*

Recordando-nos de Jesus, que retornou após três dias de inumado, para provar a sobrevivência após a morte, ficaremos mais confortados com o fenômeno da ressurreição que está ao alcance de todos os seres...

– *Mesmo dos animais?* – interrompeu-o o ouvinte.

– *A vida é um todo contínuo, que não se encerra em uma forma para ter prosseguimento em outra, mas que se transfere de uma para outra expressão, prosseguindo indefinidamente. Conforme nos recordamos do conceito de Lavoisier, que "em a natureza nada se cria de novo, nada se perde, tudo se transforma", constataremos que não apenas na forma física, mas em todas as estruturas em que se apresenta a vida. O psiquismo, que é a primeira forma com que Deus cria os seres, transfere-se das aglutinações moleculares dos minerais para os vegetais, quando surgem os primeiros estímulos de sensibilidade e de um embrionário sistema nervoso, desatando as possibilidades de que dispõe inatas, avançando pelo reino animal, quando desenvolve o instinto para alcançar o seu estado de humanidade, no qual a inteligência, o sentimento, a razão, a consciência esplendem, a fim de avançar futuro em fora, ao encontro da Divindade. Desse modo, tudo morre para transformar-se, desaparecendo uma estrutura para dar lugar a outra, sutilizando-se até tornar-se luz, pois que todos procedemos da Divina Luz, o Supremo Foco.*

O pensador cristão silenciou por um pouco, a fim de facultar ao interessado absorver o esclarecimento, e logo deu continuidade, utilizando-se do estado de receptividade do enfermo:

– *O intercâmbio psíquico é maior do que parece no mundo. Afinal, tudo que vemos e tocamos é constituído de energia, sendo natural que haja um contínuo intercâmbio de movimentos vibratórios entre todos e tudo quanto possua a mesma qualidade energética. É, portanto, inevitável a ocorrência desse processo de comunicação, que ocorre de maneira consciente ou não, ensejando resultados de diversas expressões. Quando estamos cientes dessa possibilidade, cuidamos de evitar a permanência nas faixas do pessimismo, da revolta, dos desvios morais, que sempre facultam a atração de seres igualmente infelizes e vulgares. Quando ignoramos, é natural que nos tornemos vítimas da injunção, que se nos faz penosa e aflitiva.*

– *E como precatar-se, a criatura, dessa influência perniciosa, se é que existe?*

– *É claro que sim. A mudança de atitude mental, elevando o padrão dos pensamentos, transferindo-se para outras esferas psíquicas, a oração ungida de amor e de submissão à vontade de Deus, a prática das virtudes cristãs, especialmente da caridade, que constitui excelente vínculo com a Divindade. Geradas energias superiores pelo psiquismo, absorvidas pelo organismo psicológico bem como pelo fisiológico, esse comportamento pode ser considerado como vacinas imunizadoras para esses processos enfermiços e degenerativos, a que todos nos encontramos sujeitos. Essa é uma das razões por que nos reunimos, pelo menos uma vez por semana, para orar em família, gerando defesas magnéticas em relação ao mal e aos maus...*

Houve um silêncio, que se fez natural.

Foi Manolo quem o interrompeu, explicando:

– *Depois da transferência dos meus pais para a Europa, venho pensando seriamente em transferir-me de atividade, porque a atual me tem sido exaustiva. Penso, também, que o meu estado de espírito e de ânimo é decorrente do estresse, das contrariedades em relação ao Jaime, que não deseja nada senão esbanjar o que amealho* – era um pusilânime, pois ele mesmo dilapidava o patrimônio da família através de expedientes desonestos –, *enquanto Piedad cada vez se encontra menos interessada pela nossa empresa, de que não necessita, embora usufrua dos bons resultados do meu trabalho exaustivo. Venho pensando, nos últimos dias, em vender a propriedade e a patente do que executamos, buscando outra forma de vida, que também não se faz urgente, porque já podemos viver com liberdade econômica. Como o trabalho é uma das melhores terapias que existem para o ser humano, gostaria de continuar trabalhando, provendo a família e programando o futuro. Ainda sou muito jovem e disponho de tempo suficiente para a felicidade, que deverá atingir os familiares e aqueles que me cercam...*

Doutor Henrique ficou surpreso com a decisão do genro, que vinha em favor dos seus projetos acalentados mais recentemente com algum entusiasmo. Agora teria uma oportunidade factível de alterar o rumo da existência, transferindo-se de atividade, deixando de operar nos expedientes noturnos para manter uma existência normal.

– Surpreendo-me agradavelmente com essa informação. Se é isso exatamente o que deseja para si e para a família, gostaria de esclarecer que, ultimamente, também venho pensando em mudar de atividade provedora do meu e do sustento da família. Como é natural, consegui alguma comodidade financeira e venho procurando algo dentro da área da metalurgia, em que me encontro, para prover o futuro. Será um assunto que poderíamos examinar mais tarde, após o seu restabelecimento, quando, de acordo com as possibilidades, poderemos negociar sem prejuízo para nenhum de nós, porquanto os nossos herdeiros serão sempre aqueles que já convivem conosco, através do meu ou do seu espólio.

Foram acrescentados mais alguns detalhes, e, porque o jovem necessitasse de repouso, o sogro solicitou licença para deixá-lo no natural processo de recuperação, afastando-se delicadamente do quarto, que foi mergulhado em penumbra com a descida das persianas, para impedir o excesso de luz.

Se doutor Henrique fosse mais audacioso e se houvesse resolvido por aplicar a bioenergia no paciente, tê-lo-ia auxiliado na aquisição da paz interior, mesmo que sofrendo o conflito dos atos ignóbeis que houvera cometido. A energia saudável, vitalizada pela oração, em penetrando o organismo do enfermo espiritual, revitalizá-lo-ia, deslocando, mesmo que momentaneamente, o perseguidor que se lhe tornara implacável.

No entanto, em razão dos escrúpulos normais para não o afligir nem irritar, impedira de ser realizada a primeira terapia de grande utilidade.

Manolo penetrou novamente no *país dos sonhos* e defrontou os perversos inimigos, que o exprobaram, reafirmando o seu intento de eliminá-lo dentre os encarnados, empenhados como se encontravam em fazer a justiça que as leis humanas não conseguiram aplicar.

Tomado de pavor, o enfermo procurou exorcizar os Espíritos, chamando-os de Demônio, Satanás, usando de palavras cabalísticas da tradição e da superstição estimulada pela ignorância da realidade do Mundo espiritual, enquanto era agredido impiedosamente por ambos os obsessores, que dele gargalhavam e, quase o arrastando pelos lôbregos caminhos da Erraticidade inferior, deixaram-no retornar ao corpo, mais exaurido e assustado.

A esposa, que se encontrava no quarto, acompanhando os seus estertores, procurou orar, suplicar a ajuda divina, desde que a humana parecia insuficiente.

Vendo-a na semiobscuridade, agônico, ele confessou:

— *O Demônio persegue-me e tritura-me com as tenazes da sua perseguição inclemente. Não sei até quando aguentarei.*

Logo caiu em pranto abundante, o que lhe faria bem à consciência em febre de remorso. Esse remorso se por um lado é benéfico para lenir a angústia do culpado, por outro enseja a vinculação mais poderosa do adversário, que encontra ressonância do seu pensamento na casa mental da vítima, estabelecendo-se o contato e a disputa, o debate e o diálogo tormentoso que conduzem à loucura, nem sempre imediata, como era o caso do espanhol.

Eneida, realmente sensibilizada, acercou-se do marido, o que não vinha acontecendo desde há algum tempo, acariciou-lhe a cabeça úmida de suor frio, beijou-lhe a face pálida, na qual se estampara o medo, e falou-lhe ternamente:

— *Confie em Deus! Nenhum mal pode vencer a força divina que existe em nós e que podemos haurir quando nos vinculamos ao Pai de Misericórdia. Não é este o momento de dizer-lhe, mas noto que você, cada vez mais, tem-se afastado da Religião, da comunhão celeste, da prece, que são os tesouros que possuímos para tornar felizes nossas existências. Esse algo ignorado, que o vem atormentando, é o responsável pelo seu atual estado. Mas tudo pode ser superado, se você procurar reconstruir o seu mundo interior, procurar compreender que há outros valores preciosos, que superam o dinheiro e o poder, enriquecendo a criatura de paz.*

Havia tanta meiguice e amor nas palavras que, impregnadas, encontraram ressonância no enfermo querido.

Sucede que Eneida se encontrava fortemente inspirada pelo seu anjo da guarda, interessado na recuperação do matrimônio, o que ocorreria se o enfermo mudasse de atitude. Nunca faltam recursos para a reabilitação de quaisquer crimes que se haja cometido, porquanto o Senhor da Vida não deseja a punição do infrator, mas a sua recuperação, o seu refazimento, a sua volta ao caminho do bem.

Ouvindo-a, deu-se conta de como se encontrava distanciado do equilíbrio e da alegria de viver. Tisnada a mente pelos conflitos, a lucidez parecia haver-lhe abandonado, enquanto a mente permanecia fixa nos seus interesses inconfessáveis. Assim pensando, deixou que as lágrimas, agora de emoção saudável e de reconhecimento, escorressem suavemente da comporta dos olhos.

Tomou as mãos da esposa e beijou-as silenciosamente, como se estivesse comprometendo-se novamente com a responsabilidade que fora deixada de lado, ou prometendo a mudança de comportamento que se fazia inadiável.

Conversaram calmamente, sem agressão nem melindre, planejando o retorno aos dias de ventura, que não estavam esquecidos.

O clima psíquico gerado pelas vibrações de paz e de esperança envolveu os cônjuges, e ele foi acalmando-se e adormeceu novamente, porém, sem enfrentamento com os inimigos injuriosos.

A esposa deixou o quarto, acercou-se dos pais, agradeceu a sua ajuda e explicou que agora tudo estava sob controle e que ela poderia encarregar-se de acompanhá-lo, tranquilizando-os.

Por sugestão do médico, retornou ao lar, porque tudo indicava que a noite seria de recomposição orgânica do marido, que ficaria sob vigilância de uma auxiliar de enfermagem capacitada para lidar com a situação, que não se afigurava de gravidade.

9

Ocorrências inesperadas

O doutor Henrique, após a breve conversa com o genro debilitado, chegou em casa eufórico, mais do que o era habitualmente, e explicou à esposa o que acontecera, igualmente para o seu júbilo.

– *Nossas preces foram ouvidas!* – redarguiu a gentil senhora.

– *Ademais, teremos menos preocupações com o negócio, pois que o sabemos próspero, neste caso tendo-se em vista que a família Rodríguez conseguiu a independência econômica anelada trabalhando arduamente na indústria metalúrgica ora à disposição. Confio que, sendo autêntico o desejo de Manolo, poderemos investir as nossas economias confiantes, com os olhos postos no futuro.*

Participando da alegria dos genitores, Júlio inquiriu de boa mente:

– *Que fará Manolo se transferir a sua fonte de trabalho e de renda para outrem, nestes dias difíceis que o país atravessa?*

– *Ora* – respondeu o doutor Albuquerque –, *deverá ter em mente algo mais rendoso, que não nos interessa. Lembremo-nos de que o espanhol é bastante ambicioso e destemido em tudo quanto realiza. Desejamos somente diminuir a carga de sacrifícios que pesam sobre os nossos ombros, nessa afanosa atividade noturna que lentamente nos exaure.*

– *Caso o assunto volte a ser ventilado* – referiu-se dona Evangelina –, *serão necessários mais amplos esclarecimentos a respeito da empresa, sua situação fiscal e econômica, os seus compromissos, tudo, enfim... E como o nosso genro, que conhecemos mais ou menos, é sempre instrumento de atitudes desconcertantes, será de bom alvitre que os trâmites da aquisição da indústria sejam feitos através de competentes advogados, que terão a missão de evitar problemas legais... e emocionais. Não estando vinculados afetivamente, como ocorre conosco, eles poderão cuidar de detalhes e fazer exigências que não ficariam bem se fôramos os seus promotores.*

– Muito bem! – ripostou o esposo atento. *– Eu já o houvera pensado e falei-lhe no momento em que se referiu ao plano de passar adiante a empresa. Considerando-se que não nos cabe tombar em ruína por segunda vez, pensei em oferecer procuração ao doutor José Leal de Almeida, que conhecemos muito bem desde os já recuados dias de Angola, quando mantivemos muito salutar relacionamento. Na primeira oportunidade, buscarei ouvi-lo, apresentando-lhe uma resenha do que pretendemos e as possibilidades que se encontram ao nosso alcance, a fim de que, na primeira ensancha, ele cuide das negociações.*

E sorrindo, mordiscando o lábio inferior, como era seu hábito quando alegre, aduziu:

– Conhecemos quanto são bons negociantes os espanhóis, especialmente o nosso temperamental familiar.

– Mas não são excelentes militares, conforme pensavam no passado, porque nós os derrotamos nas lutas de Aljubarrota, em cuja homenagem temos o grandioso templo comemorativo da nossa vitória na batalha...

Os três não puderam dominar o sorriso que lhes aflorou do sentimento aos lábios, assim selando compromissos que se alongariam para o futuro, que, todos esperavam, seria próspero.

Passada a tormenta que o levara ao hospital, o jovem espanhol pareceu recuperar-se consideravelmente. Os ataques noturnos diminuíram, e ele retornou ao ritmo normal de atividades, sem abandonar, evidentemente, o uso de alcoólicos. É justo reconheçamos que o abuso lhe criava uma dependência lamentável, de consequências imprevisíveis. O raciocínio às vezes tornava-se mais lento, e o insensato estimulava-o mediante uma dose de uísque, com que se dizia mais lúcido. É sempre a desculpa dos inescrupulosos, esse bastão de apoio para justificar o prosseguimento no vício de qualquer natureza.

Dezembro chegara com as promessas do Natal e as perspectivas do Ano-Novo. Os ventos mais frios sopravam anunciando que aquele deveria ser um inverno inclemente, o que não era habitual na região, acontecendo, no entanto, uma que outra vez.

A situação política do país tornava-se mais crítica.

Os *meetings* faziam-se mais amiúde, e os seus oradores apresentavam-se cada vez mais audaciosos, como era natural. Era necessário terminar o regime de exceção vergonhoso, que permanecia sob a anuência das grandes potências. A alma da liberdade cantava sem medo em toda parte, anelando por espraiar-se pelos imensos céus, no rumo do futuro.

Os heróis chacinados no Soweto, a cidade negra vizinha a Joanesburgo, tornaram-se símbolos da campanha de libertação. Crianças, mulheres, velhos e jovens, que haviam sido vítimas da brutalidade e da *revanche*, em vergonhoso massacre realizado pelas tropas do governo Smuts, ressurgiam aos milhares, imprecando contra a barbárie e a escravidão que lhes eram impostas.

O verbo flamívomo do bispo Desmond Tutu, utilizando-se do Evangelho, chibatava a consciência social criminosa, recordando aqueles que padeciam injustiças, conforme o ensinamento de Jesus.

– *É necessário* – dizia inflamado – *não revidar mal por mal. No entanto, é indispensável permanecer-se firme no propósito da conquista da cidadania, do direito a uma vida mais humana e digna, considerando-se que a existência que lhes fora reservada, em muitos casos, era inferior à dos animais irracionais...*

Convidamos a consciência dos homens de bem a examinar o drama de todo um povo, de toda uma nação, sob o domínio arbitrário de conquistadores impiedosos que usurparam pelas armas o poder, ceifando esperanças e destruindo aspirações, cerceando qualquer possibilidade de crescimento moral, intelectual, humano aos filhos do país, anulados nos seus ideais de vida.

A História demonstra que a duração da crueldade é de pequeno curso, porque os ditadores, mesmo quando se sucedem, não escapam à enfermidade, à morte natural, por acidente ou por assassinato... inclusive o daqueles que ambicionam substituí-los no trono da covardia. Todos passam, e a liberdade concede às vítimas da perversidade o direito de cantar e de sorrir, construindo o futuro melhor para os seus filhos.

No mundo contemporâneo, embora vicejem a escravidão e a indignidade de chefes de nações que submetem o seu povo ao encarceramento e à submissão, sob a chibata e as armas destrutivas, esse câncer ulcerativo terá vida breve. A Divindade, sensibilizada com o sofrimento de milhões de filhos, submetidos ao abuso e à injustiça dos homens sem alma, promove a chegada dos Seus embaixadores, alguns dos quais já se encontram no mundo, para que cauterizem as suas feridas e encerrem o ciclo de hediondez que permanece. Não tardará a hora em que as algemas se partirão e os braços livres trabalharão a terra dos sentimentos, construindo uma nova sociedade, um feliz povo, uma Humanidade livre de escravidão, de discriminação, de processos vergonhosos de perseguição política, racial, de casta, e as mulheres também adquiram a dignidade que lhes foi tomada, submetendo-as ao talante das paixões mais vis, que permanecem nos sentimentos dos homens.

Proclamações mais veementes espocavam em toda parte, enquanto a loucura dos fracos e dos enfermos, sedentos de vingança, aumentava a onda de crimes e de crueldades igualmente injustificáveis.

Nesse estado de perspectivas preocupantes, chegaram à residência de Manolo e Eneida alguns familiares procedentes da Espanha, para uma temporada festiva no país. Tratava-se de dois primos do jovem espanhol, Armando e Clara Velásquez, ele vinculado biologicamente aos Rodríguez, de cujo clã procedia.

Recebidos com efusão de júbilos, desde que haviam sido recomendados pelos tios, ora em Palma de Maiorca, Eneida, embora emocionada com a recepção, experimentou estranha sensação de repulsa pela jovem familiar do seu esposo. Por sua vez, Clara não ocultou a frivolidade que lhe caracterizava a personalidade, enquanto Armando, amante dos vinhos e de outros alcoólicos, apresentava-se desgastado, submisso à mulher sensual e ambiciosa.

Inevitavelmente, Armando encontrou em Manolo o polo ideal em torno do qual circular, na desenfreada busca de prazeres pelo álcool e pelo sexo atormentado.

Clara, sem esconder os interesses mesquinhos que a caracterizavam, permissiva e vulgar, tentou envolvimento com o primo do marido, sem conseguir êxito, porque, nesse momento, ele estava mais interessado em realizar a transferência da empresa para o sogro e não desejava gerar uma situação emocional perturbadora.

Dissuadiu-a com certa energia, embora tolerante com as excentricidades de que dava mostra.

No clube latino, nas noites de sábado, Clara fez-se o centro de atração, sem que o esposo se envolvesse. Aliás, ele estava acostumado com a conduta da mulher, desde há muito invigilante e perversa.

A verdade é que ela não se contentava com as conquistas realizadas, pois que, atormentada, sempre desejava ser cortejada, tornar-se centro dos interesses gerais, chamar a atenção, o que conseguia facilmente. Como lhe faltavam valores morais e culturais, tornara-se reles, optando pelo escândalo, em que se comprazia.

Para Eneida, a conduta da moça constituía um tormento, levando-a a situações constrangedoras. Numa dessas, após o cerco de um dos admiradores da transtornada, quando ambas se encontravam fazendo compras no *shopping* da cidade, tornou a casa e impôs ao marido que despachasse os hóspedes indesejáveis antes mesmo do *Réveillon*, festa que todo o mundo reverencia na mudança de data no calendário.

— Receio — disse, exausta — *que ela provoque um escândalo e gere uma situação conflitiva entre parceiros que a disputam e aos quais estimula com gestos dignos de meretriz e deboche de vulgaridade ímpar.*

— *Aguardemos o início do novo ano e os recambiarei à Espanha* — concordou o marido, preocupado.

— *Recuso-me* — adiu a jovem — *a sair com ela, porque isso destoa do meu comportamento e torna-me uma igual, embora a minha seja uma conduta severa, irretocável.*

— *Acho justo* — concordou, sensato, o que não era comum na sua maneira de ver os atos mundanos, embora procurasse preservar a esposa de qualquer suspeita.

Para Clara, a decisão de Eneida constituiu uma agradável conduta, porque a liberou de controlar-se, saindo a sós e flertando com todos quantos lhe dirigissem um simples olhar.

Como não poderia ser diferente, atraiu a atenção de um jovem africânder de conduta relapsa, mas de aparência atraente, igualmente cultivador da sensualidade e dos costumes chulos vigentes.

No primeiro encontro, Hans declarou-lhe o interesse vivo que ela lhe despertara e que estava disposto a conquistá-la a qualquer preço.

Estimulada na vaidade e dirigida pela ambição, passou a estimular o romance perturbador, afrontando as pessoas que a sabiam casada, o marido, quase sempre embriagado, e a família que a hospedava.

Destituída de sentimentos de equilíbrio, começou a sair de automóvel com o conquistador de ocasião, permitindo-se conúbios sexuais comprometedores, que se tornaram o prato do dia da maledicência local. Embora a cidade se disfarçasse de cosmopolita, não passava de uma urbe onde todos viviam em verdadeiros guetos raciais, sendo o dos latinos relativamente reduzido, no qual se preservavam os bons costumes morais e familiares...

Advertido pelo primo, Armando, o esposo, sorriu confiante, elucidando:

— *Não ignoro a conduta de minha mulher. Ela tem sido sempre assim. No entanto, ama-me e também eu a amo. Essas preferências logo cedem lugar ao tédio e à indiferença, e ela volta aos meus braços, sedenta de carinho e de amparo... É uma pobre menina que não teve amor na infância e se permite loucuras na busca do que não lhe foi concedido... Eu tenho paciência com ela e procuro nutri-la de ternura e esperança...*

— *Assim sendo, advirto-o de que a sua e a estância dela em meu lar deve ser encerrada quanto antes, porque a sua conduta degenerada está afetando a minha família, que tem vivido dentro dos padrões da ética, da moral e da dignidade...*

— *Não seja injusto, primo. Tenha um pouco de paciência.*

E depois de uma pequena pausa:

— *Não podemos retornar a Madri por enquanto. Estamos com problemas por lá, razão por que resolvemos vir respirar os climas africanos do Sul...*

— *Que houve de grave que os obrigou a abandonar a Espanha? Isso, por certo, papai ignora, pois que os recomendou com entusiasmo.*

— *É claro que nem todos sabem da ocorrência desagradável.*

Pigarreou, tentando manter a lucidez afetada pela dipsomania, para continuar vagarosamente:

— *Clara exorbitou no comportamento com um banqueiro das nossas relações, que a cortejava cinicamente, conseguindo o seu intento de um relacionamento profundo, exigindo-lhe que me abandonasse. É compreensível que ela deseje distrair-se com todos quantos lhe aparecem, mas eu sou o amor da sua vida. Recusando-se, gerou um grande atrito. Ademais, porque também ele era casado e afastara-se da família, mantendo a ilusão que passariam a viver juntos, sucederam-se os dramas e os conflitos. Ela resolveu tirar proveito da situação e solicitou-lhe uma alta soma para resolver alguns problemas, o que não foi difícil de conseguir, mas não teve coragem de abandonar-me. Assim, sem maior preocupação, viajamos a Paris, a fim de nos distrairmos, não lhe havendo dito nada, o que o levou ao desespero. Ficamos na França por um período de três meses, quando o dinheiro se evaporou em despesas de vária ordem, em compras e divertimentos noturnos... Retornamos a Madri, e agora era ele quem não mais a queria. Sentindo-se espoliado, apresentou queixa policial e deu início a um processo de estelionato acompanhado de crime de chantagem e perseguição, de que não temos como fugir... Daí a ideia de virmos morar na África do Sul, sob a sua proteção, o que certamente não nos negará.*

O desplante era tão grande que parecia uma alucinação. A naturalidade com que narrava a conduta venal produziu um choque no primo, que jamais esperaria encontrar alguém pior do que ele próprio, desejoso de cair-lhe sobre as costas para ser carregado.

Irritando-se e quase se descontrolando, Manolo gritou-lhe que não compactuaria com a depravação e o roubo de ambos, que deveriam retornar à Espanha, a fim de responder à justiça as questões pertinentes aos seus atos ignóbeis.

– *A minha casa não é valhacouto para criminosos* – bradou, erguendo os punhos fechados e descendo-os sobre a mesa da sala em que se encontravam. – *Era somente isto o que me faltava acontecer. Um vagabundo e uma prostituta refugiarem-se no meu lar, que pretendem transformar em lupanar, para darem prosseguimento aos seus disparates, sem qualquer vergonha, protegidos, atendidos e, sem compostura, lançarem lama na minha família!*

Ainda não saíra do furor que o assaltou subitamente e percebeu que o primo estava quase desmaiado pela bebida alcoólica, não lhe acompanhando a explosão de cólera.

Irado e sem saber como agir, descarregou a raiva, chutando a mesma mesa, empurrando-a, saindo na direção do jardim, blasfemando e gritando palavras chulas.

Atraída pelo inusitado, Eneida desceu do quarto da pequenina Esperanza, que trouxe nos braços, procurando inteirar-se do que estava ocorrendo, e encontrou o marido quase apopléctico, com os olhos fora das órbitas e corado até os cabelos...

Manolo ia prosseguir no espetáculo da ira, quando a filhinha, assustando-se, pôs-se a chorar, o que o trouxe de volta ao raciocínio. Tomando-a e ninando-a, acalmou-se a pouco e pouco, explicando, mesmo com irritação, à esposa o que acabara de acontecer.

A jovem senhora ficou aturdida diante do relato e compreendeu a razão por que sentira repulsa instintiva pela perdulária.

— *E agora? Que faremos?*

— *Esperarei que a degenerada retorne e tomarei medidas, expulsando-os de nossa casa imediatamente.*

— *Tenha cuidado, não agindo com precipitação, a fim de que a solução não se transforme em um novo problema para nós.*

Após uma breve pausa, completou:

— *Estou informada de que Hans, o atual amante da desvairada, é homem de maus costumes e famoso pelas arruaças que tem promovido, tanto em Joanesburgo como aqui mesmo, já havendo sido encarcerado mais de uma vez... É um ocioso, que os pais sustentam, adversário de qualquer forma de trabalho, explorador de mulheres, que obriga a roubar para atender os próprios caprichos... E, por falar nisso, onde você tem guardado o meu colar e adereços de diamantes? Receio que ela seja induzida a furtá-lo, a fim de atender ao estroina e profissional da depravação.*

Manolo pareceu ferido por um raio ante a lembrança do colar de diamantes, logo esclarecendo:

— *Está em um lugar seguro, longe de qualquer bandido, que pagará com a vida caso atreva-se a surrupiá-lo.*

A noite descera sem preâmbulos.

O ar estava abafado, quase irrespirável, misturando-se a poluição atmosférica com o psiquismo carregado na intimidade da família.

Manolo, após o diálogo com a esposa, ficara no vestíbulo, aguardando o retorno da insensata, o que se deu somente após a meia-noite, quando, ruidosamente, o carro do cáften freou à porta, conduzindo-a de retorno. Despedindo-se com gargalhadas e subindo as escadas, adentrou-se meio cambaleante, sendo convidada a uma conversação séria, embora o deplorável estado em que se encontrava.

— Desejo informá-la de que amanhã, logo cedo, você e o seu esposo, tombado na outra sala inconsciente, sairão do meu lar, que vêm deslustrando e ofendendo com a conduta miserável que ambos se têm permitido. Esta é uma família respeitável, que vocês vêm enxovalhando com o comportamento doentio de que são portadores. Não terei mais qualquer paciência nem tolerância para com os dois. Portanto, logo que se recuperem da embriaguez, favor deixarem-nos em paz.

Perturbada pelos vapores alcoólicos, Clara reagiu, como se estivesse na sua própria casa, desafiando o anfitrião, utilizando-se de palavreado obsceno, bem típico da sua personalidade vulgar.

Manolo enfureceu-se e, sem controle, estrugiu-lhe na face uma estrídula bofetada que a arremessou ao solo. Pelo canto da boca escorreu rubro um filete de sangue. Ele havia perdido o controle e avançou para agredi-la mais uma vez, quando Eneida, que se adentrava na sala, deteve-o com energia e força, gritando-lhe:

— Eles não merecem o nosso sacrifício. Tenha um pouco de paciência, porque poderemos enfrentar situação penosa depois de atos irrefletidos. Essa meretriz deve ser expulsa, porém, através de outros métodos. O meu desejo era libertar-me deles agora mesmo, no entanto, a caridade não me permite fazê-lo, pois são dignos de comiseração. Amanhã tomaremos as providências compatíveis.

Detendo o marido, impediu uma tragédia de proporções imprevisíveis.

De imediato, ofereceu-se a erguer a jovem que continuava no solo, estorcegando e blasfemando, e ajudou-a a dirigir-se cambaleante à suíte no andar superior. Socorreu-a conforme as circunstâncias e colocou-a no leito macio quase inconsciente.

Aquela se transformou em uma noite terrível, maldormida, assinalada por pesadelos cruéis e asfixiantes.

O dia amanheceu entre neblina pesada, impedindo a luminosidade solar.

Quando os dois hóspedes despertaram com dores de cabeça, em ressaca terrível, após o banho, no qual procuraram renovar as energias combalidas, gastas no excesso de prazeres doentios, procuraram a sala de refeições para o *petit dèjeuner,* defrontando o casal anfitrião de semblante carregado e silencioso. O leve desjejum foi feito em ambiente carrancudo, desagradável.

Antes de rumar ao escritório, Manolo foi taxativo:

— Espero que, ao retornar, à noite, não os encontre mais na minha residência. Por favor, arrumem-se e transfiram-se imediatamente para onde lhes aprouver ou tomarei medidas enérgicas e desagradáveis com a interferência da polícia, que colocarei no encalço de ambos, inclusive telefonando a Madri e informando do paradeiro dos dois... Assim, encerramos as nossas relações, e espero que nunca mais nos procurem, pois este é um lar nobre, que vocês vêm maculando...

Armando, sem discernimento para o que estava acontecendo, pareceu idiotizado, porquanto os seus neurônios já não registravam os acontecimentos em sua volta, conforme seria de esperar-se. Ao estímulo do álcool recuperava um pouco o direcionamento mental, para logo tombar na inconsciência. Ficou, portanto, sem energia para qualquer reação.

Foi Clara quem, tomada de uma verdadeira crise nervosa, subiu a escada com alucinação, agressiva e sem tirocínio, pondo-se a arrumar a bagagem aos brados de revolta. As roupas foram atiradas sobre a cama, abriu e cerrou malas mal organizadas, fez volumes com outras peças e os objetos pessoais, enquanto arrebentava jarras e castiçais de cristais que adornavam os móveis do quarto.

Sempre gritando, proferindo ameaças com termos escabrosos, telefonou ao amante, que foi tomado de grande surpresa, dando uma rápida notícia dos acontecimentos e pedindo-lhe que os viesse buscar imediatamente, a fim de os levar a um hotel.

Menos de uma hora depois, o amásio compareceu e ficou surpreso com o número de volumes da insensata. Acomodou o que pôde no porta-malas e no banco de trás do automóvel, acolheu o casal infeliz e saiu em disparada.

Os amantes concertaram que o ideal seria rumarem a Joanesburgo, onde havia hotéis em condições de os hospedar, pensando depois no rumo que deveriam dar à existência.

Enquanto Armando permanecia indiferente, Clara estourava os conflitos sob o aplauso do comparsa, igualmente pervertido.

Em chegando à cidade cosmopolita, conseguiram com facilidade hospedagem em um hotel de boa qualidade. Havia, no entanto, o problema de como poderiam arcar com as despesas. Ela pensou em empenhar algumas das suas joias, enquanto aparecesse uma solução menos perturbadora, o que mereceu aplauso e aceitação imediata, passando à ação.

Os dias transcorreram agitados e invariavelmente desperdiçados na saturação dos sentidos.

Duas semanas após, sentindo-se cansado das carícias da diva insaciável, Hans resolveu propor-lhe uma vida diferente, rica de emoções e de sensações, que valeria a pena experimentar, pelos grandes estipêndios que resultariam. Incitou-a à prostituição de luxo, que era muito rendosa. Afinal, Joanesburgo era a capital do ouro e dos diamantes, para onde acorriam milionários que buscavam divertimentos na África do Sul e também realizar negócios rendosos, ao mesmo tempo que realizavam excursões ao luxuosíssimo cassino em Sun City.

Ela reagiu à proposta indecorosa, como já esperado. Mas ele sabia que essa seria a primeira reação, que através da oportunidade e das circunstâncias bem elaboradas se modificaria. Era, sem dúvida, um hábil proxeneta. Saturava-se das amantes depois de usá-las por algum tempo e colocava-as posteriormente a seu serviço na prostituição, evitando-se qualquer responsabilidade ou compromisso com o trabalho nobre.

O hotel C., na cidade, era uma verdadeira mina de ociosos ricos. Hans propôs ao casal transferir-se para ele, onde haveria mais facilidade em conseguir encontros lucrativos, em face das reuniões e festas que ali se realizavam com frequência, reunindo astros do cinema, da televisão e da futilidade, dessa sociedade cansada de prazeres, mas sempre atormentada pela necessidade de novos gozos. O dinheiro para as despesas,

Divaldo Franco / Victor Hugo

certamente, não faltaria quem o fornecesse, a depender dos atrativos e habilidades da nova Dulcineia antes de Dom Quixote encontrá-la...

A trama do destino continuava em desenvolvimento.

À medida que os dias se passaram, Hans, que era hábil na arte da sedução, a princípio utilizando-se dos próprios encantos que se atribuía, depois, da brutalidade de que era possuidor e a que facilmente recorria, entre carícias e ameaças, conseguiu o primeiro novo amante para a doidivanas, que mudou de categoria moral, assumindo nova postura na sociedade decadente em que se movimentava.

Armando, indiferente a tudo, comprazia-se nos licores, nos manjares e também em algumas sortidas sentimentais com outras jovens igualmente perturbadas da emoção e do caráter.

Quando Manolo retornou ao lar e o encontrou sem os parentes infelizes, não pôde ocultar o ressentimento nem a cólera que o dominavam, estendendo-os aos pais, que foram responsáveis pelo acolhimento que lhes dera, em razão da solicitação que fora feita.

Nada obstante, sentiu algum alívio em voltar a viver as próprias impudicas aspirações e dar vazão aos tormentos que o afligiam intimamente.

Sucede que os criminosos, em razão da faixa mental em que se encontram, facilmente identificam os semelhantes e temem-nos, porque conhecem as torpezas de que são portadores. Mesmo quando se reúnem para ações nefastas, a inferioridade que os caracteriza conspira contra a união, levando-os a trair-se reciprocamente, nas tentativas em que se empenham para manter a sobrevivência.

Marcados na alma pelo passado perverso, renteiam as veredas da sordidez, buscando-se, encontrando-se e detestando-se.

Clara, bem orientada pelo astuto espoliador, tornou-se conhecida no bulício da vulgaridade, transformando-se em *boneca de luxo* do agrado de velhotes enxundiosos e depravados, que a mantinham no topo da licenciosidade.

O coração humano, porém, é um labirinto de difíceis movimentações emocionais, que perturba inclusive o seu possuidor. Embora a moça se houvesse transformado em uma profissional, insensibilizando-se e negando-se o direito do prazer e da alegria, espicaçada pelo interesse pecuniário e tudo quanto do dinheiro resultava, não podia fugir aos sentimentos. Era jovem e sonhadora, muito infeliz, em razão do marido que elegera e do amante especial que a asfixiava na sua volúpia, agora não mais lhe produzindo senão asco e revolta surda, e não pôde fugir à armadilha das emoções.

Isso aconteceu ao conhecer um jovem comprador de diamantes procedente de Antuérpia, portador de bela aparência, cortês, rico e nobre, que se sentira atraído pelos encantos da espanhola, que, afirmemos sem retoque, era arrebatadora com o seu especial salero. Após alguma convivência de alcova, sentindo-se descartável e em profunda solidão emocional, apaixonou-se pelo conquistador que se deixara conquistar. Sem referir ao amante o que lhe sucedia, cansada de ser utilizada e perturbada pelas bebidas alcoólicas que prosseguiu usando em doses cada vez mais elevadas, terminou por confessar o que lhe ia na alma ao novo companheiro, pedindo-lhe proteção.

Sinceramente comovida e até mesmo arrependida de tantas loucuras, não teve como abrir-lhe totalmente o coração, expondo, porém, entre lágrimas:

— *Nunca fui realmente amada. No lar, a minha era uma vida insuportável, o que me fez buscar um casamento de conveniência, a fim de fugir de um pai borracho, embora rico, e de uma mãe indiferente, tropeçando em um caráter venal, qual é o de meu marido... O nosso relacionamento, desde o princípio, é feito de interesses recíprocos, ele me deixa em liberdade para ajudá-lo nos vícios, e eu faço o que me apraz, desde que ganhe dinheiro...*

— *Mas isso não é um homem* — redarguiu Fabrice. — *Trata-se de um verme que mal pensa. É um réprobo. E não tem ciúme de ver a mulher passando de mãos, como se nada estivesse acontecendo?*

— *De forma alguma. Ele pensa que eu o amo, por isso que sempre volto aos seus braços. Em realidade, jamais o amei. Ele constituiu-me um tipo de segurança, na sociedade tradicional da Espanha, que me servia de leme, porém, à medida que o tempo vem passando, cada vez mais o detesto.*

Com habilidade e intuição felina, não se referiu ao gigolô que a controlava, temendo não encontrar o seu apelo qualquer ressonância nos sentimentos do holandês, caso se desnudasse totalmente.

– Nunca encontrei um homem que me sensibilizasse a alma e me felicitasse o corpo qual ocorre em relação a você. Como sei que os seus compromissos aqui são rápidos e logo mais deverá estar de volta à Bélgica, os poucos dias que podemos desfrutar, se me enriquecem de alegria, também me atiram no fosso da saudade e do futuro desespero.

– Não há por que pensar em termos de amanhã, quando estamos juntos e podemos viver hoje as nossas alegrias, venturas e ilusões. A vida é feita de promessas, de desencantos e de ligeiras esperanças... Não vale muito levar tudo a sério, especialmente nas áreas do sexo e do amor...

– Você fala com segurança e frieza. Naturalmente já sofreu golpes na afetividade, no sentimento...

– É natural que isso haja acontecido. Ninguém alcança os trinta anos de idade sem haver experienciado sonhos e fantasias que se transformaram em escombros, deixando vazios imensos no mundo íntimo. Fui casado, amei e pensei que era amado, constatando depois que os meus e os sentimentos da minha mulher não se ajustavam, éramos pessoas muito diferentes, portanto, de difícil convivência. Resolvemos divorciar-nos. Para nossa felicidade não houvéramos tido filhos, o que muito facilitou o nosso processo de separação emocional, desaparecendo qualquer tipo de vínculo sentimental.

Depois de uma pausa, demonstrando a seriedade do caráter, concluiu:

– Não pretendo consorciar-me outra vez, preferindo a liberdade. Como é verdade que um lar bem estruturado faz muita falta e a vida de solteiro é sempre tormentosa, principalmente pela inexistência de uma família, que propicia ventura aos adultos quando os filhos lhes adornam a convivência, não menos legítimo é constatar-se que um ninho doméstico, pelo menos, no momento, no que me diz respeito, é muito difícil de ser construído.

– Por falta de alguém que lhe mereça amor e confiança?

– Exatamente. Quando as sensações são compensadoras, as emoções não se apresentam harmônicas, tudo transformando em satisfações passageiras... Inter pocula, sejamos honestos, as pessoas hoje vivem conduzidas por interesses mesquinhos, exploração do outro, seu uso e desprezo, sempre guindadas ao egoísmo exagerado, ao prazer sem responsabilidade, ao dinheiro, e nada mais lhes interessa, nem os sentimentos, nem os seres humanos em si mesmos, na sua condição de humanidade. Confesso que sou um decepcionado! Mas mudemos de assunto.

– *De alguma forma concordo com você, porque nem todos somos iguais. No meio do lixo, na lama, no cascalho moral da sociedade ainda existem seres nobres como você, pessoas que amam e são capazes de fazê-lo até o sacrifício de si mesmas.*

– *Não discordo. No entanto, estou procurando esses indivíduos a que você se refere sem os encontrar.*

Silenciaram. Haviam chegado a uma encruzilhada de emoções, cada qual atirado aos recuados problemas que os fizeram sofrer, ressumando dor e tristeza.

Clara, dando-se conta de que estava perdendo excelente oportunidade de ser feliz, buscou recuperar-se e conclamou o amante a uma taça de champanhe, no que foi atendida prazerosamente.

Quando ele se foi, a jovem meretriz mergulhou em profundo ensimesmamento, o que não lhe era habitual. Considerou a juventude que logo se fana, a beleza que emurchece, a alegria que se esgota, a ilusão que passa, e não pôde sopitar as lágrimas, que lhe aljofraram abundantes dos olhos...

Pela primeira vez sentiu o abismo existencial em que se atirara. Não vivia o presente, não teria futuro... Um pensamento funesto feriu-lhe a mente como um raio devorador: o suicídio! Que lhe restava de uma existência arrastada em grilhões pesados, que procurava não ver nem sentir?

Nesse comenos, muito emocionada, no silêncio angustiante que a dominava, recordou-se de Deus, que um dia, na infância, fora-lhe apresentado pela religião dominante em sua pátria, e, tocada pela tradição oracional, suplicou-Lhe ajuda em fervoroso apelo.

Não há grito da alma que não encontre ressonância nas Esferas do Inefável Amor, e, como resposta imediata, acorreu em seu amparo veneranda religiosa que lhe fora mestra no colégio onde aprendera as primeiras letras.

A Entidade acariciou-a ternamente e comoveu-se ante a aflição da tutelada. Aplicou-lhe energias balsâmicas e refazentes, enquanto cantava uma doce balada regional, que ensinava aos seus alunos amados como filhos do coração quando esteve na Terra.

Suavemente, a atormentada aquietou-se, o córrego das lágrimas diminuiu, e um sono refazente e generoso tomou-a toda.

Fim do Livro Primeiro

LIVRO SEGUNDO

1

Três anos depois...

Aqueles eram dias tumultuosos, porque o país encontrava-se à beira de um colapso. As pressões internacionais exigiam o fim do hediondo *apartheid,* e os autóctones tinham vozes que em seu nome clamavam por justiça. O bispo Desmond Tutu havia ganhado o Prêmio Nobel da Paz, e a sua mensagem era ouvida no mundo, invectivando contra o crime perverso de que os negros eram vítimas naquele país. A liberdade democrática com direitos igualitários era a única solução viável para a África do Sul. Nelson Mandela, no cárcere, era respeitado e temido. Os comícios sucediam-se, já não mais dissolvidos com crueldade, mas através de métodos mais compatíveis com a dignidade humana. Ocorriam greves sucessivas, anunciavam-se rebeliões, guerra civil, carnificina, assassinatos em massa...

Muitos estrangeiros, amedrontados com os rumos da política nacional, resolveram vender os bens e começaram a partir para a Europa, retornando às pátrias em melhor condição de vida, especialmente portugueses e espanhóis, que, após transferirem muitos valores e recursos para a Península Ibérica, respectivamente suas nações, programaram a emigração, que lhes parecia a melhor solução, salvando a vida pela segunda vez, repetindo o acontecido anos antes, porém agora em situação muito mais vantajosa.

A moeda encontrava-se desvalorizada no comércio internacional, e as propriedades multiplicavam-se expostas à venda, sem encontrar interessados, embora os preços houvessem caído expressivamente.

Manolo, que se tornara cada vez mais antropófobo, reservado, ambicioso e alcoólico, transformou-se em péssimo esposo, que Eneida suportava em razão da própria conduta moral e religiosa, cada dia, porém, mais afligida.

Os seus adversários espirituais aumentaram-lhe o cerco e atormentavam-no com as lembranças dos atos covardes que lhe pesavam na consciência.

Ante os anúncios de próxima revolução, resolveu passar ao sogro e ao cunhado o restante da empresa, vendendo, inclusive, a mansão, sob o pretexto de que desejava transferir-se para outra cidade.

Nessa circunstância, foi residir com os sogros em caráter de emergência. Algo, porém, sucedia no seu mundo íntimo. Jovial por interesse e sociável por conveniência, manteve-se em conduta satisfatória na convivência com os Albuquerque.

Clara conseguira seduzir Fabrice de tal forma que fugiu com ele para Antuérpia sem dizer nada ao amante ou ao marido, que ficou abandonado e entregou-se mais ao alcoolismo, derrapando totalmente na direção do pântano moral onde permaneceria em deplorável estado de decomposição humana.

Hans, não se conformando com o abandono de que fora vítima, esbravejou e ameaçou meio mundo, mas não encontrou vestígio de para onde se evadira a concubina, aceitando a ocorrência infeliz, enquanto buscava consolo e prazer em outros braços e outras fontes de renda...

Esperanza era, sem dúvida, uma linda criança, de alma e de corpo. Jovial e agradável, a todos encantava. Se os avós e tio sentiam-se fascinados com o seu desenvolvimento intelectual, os pais adoravam-na, não regateando esforços para torná-la feliz.

Encontrava-se matriculada em um colégio distinto, a fim de sociabilizar-se com outras crianças e aprender os pródromos da educação intelectual, os idiomas inglês, português e espanhol, aprimorando-os com os pais no lar, e tendo o futuro enriquecido de promessas abençoadas.

A primavera chegara ridente e toda a paisagem encontrava-se vestida de flores. As brisas mansas sopravam carreando perfumes.

Podia-se, no entanto, perceber que Manolo se encontrava algo agitado, sem aparente motivo, desde que tudo transcorria muito bem, inclusive no relacionamento com a esposa e os demais familiares. Separara algumas roupas, calçados e objetos pessoais, elucidando que talvez, de um para outro momento, devesse realizar uma viagem de negócios para decidir o futuro da família, sem dar maiores ou mais amplas explicações.

Nesse ínterim, Manolo e Eneida haviam sido convidados como padrinhos de casamento de uma amiga cujas bodas, em Joanesburgo, seriam de alta relevância social. Prepararam-se com aprumo e igualmente cuidaram de Esperanzita, que seria *mademoiselle d'honneur*, vestindo-a de seda rosa e renda, adornada com chapéu de abas largas no mesmo tecido, ornado por uma fita brilhante, chamalotada, igual à da cintura, conforme o figurino que fora eleito pela noiva para todas as crianças que a acompanhariam. Viajaram entre sorrisos e venturas, devendo retornar pela madrugada.

As festas de núpcias foram muito bem organizadas. Após a *fuga dos noivos*, os convidados distribuíram-se pelos imensos jardins da mansão dos pais da felizarda, reunindo-se em grupos, tomando champanhe e vinhos, alimentando-se do precioso *buffet* caprichosamente preparado.

Às 22h, mais ou menos, Manolo convidou a esposa e a filhinha para retornarem a V. Apresentava-se bem-disposto, evitara beber, o que era raro, e, quando saíram dos limites da cidade, em um dos grandes entroncamentos da rodovia, relativamente próximo do aeroporto, ele diminuiu a velocidade e disse à esposa:

— *Penso que houve um problema com o pneu, que me parece vazio. Você poderia saltar e olhá-lo? Trata-se do pneu traseiro da esquerda.*

Embora fosse noite alta e a área um tanto perigosa, a senhora não teve dúvidas, saltou e dirigiu-se à parte posterior do veículo para olhar a roda.

Nesse momento, algo incomum aconteceu. O marido acionou o automóvel e deixou-a na estrada. Assustada, logo se acalmou, acreditando ser uma peça que ele lhe desejava pregar, logo retornando, o que não aconteceu.

Desesperada, totalmente desequipada de defesa e receosa, ela ficou paralisada pelo pavor, o peito em dores excruciantes, e as lágrimas em abundância vertendo pelos olhos desmesuradamente abertos.

Por felicidade, menos de cinco minutos transcorridos, um outro automóvel passava, tendo sido reconhecida por seus ocupantes, que pararam o veículo e chamaram-na. Eram amigos que estiveram no casamento e que, de retorno, encontrando-a naquela situação, assustados, ofereceram-lhe abrigo, sem entender o que se estava passando.

Sem poder ou saber explicar o que acontecera, Eneida era toda pranto e desespero, que a amiga procurou acalmar, explicando que talvez Manolo estivesse embriagado, não sendo responsável pelo que acabara de fazer.

A viagem foi realizada em angustiante expectativa, durante a qual a jovem senhora não conseguia recuperar a serenidade.

Chegando a casa, o marido e a filhinha não se encontravam lá. Havendo despertado os pais e o irmão, após narrar a infeliz ocorrência, o desespero tomou conta de todos.

Certamente houve algum acidente, pensaram apavorados, pois que não haveria outra explicação para o retardamento da chegada. A polícia foi acionada, porém, informou que não havia notícias de qualquer desastre automobilístico na via percorrida, e agora tomados de horror, sem ao menos entender o que houvera acontecido, deixaram-se arrastar pelas incertezas e pelo torpor que lhes tomaram conta do corpo, logo após as emoções desencontradas e extenuantes.

O dia raiou encontrando todos despertos, excitados, inquietos.

Foi então que Eneida percebeu que Manolo retirara dos armários as melhores roupas, os objetos pessoais valiosos – e certamente o colar e os adereços de diamantes que antes guardava no escritório e trouxera para casa –, bem como algumas outras roupas e calçados da filhinha.

Não era possível que fosse verdade a ideia que lhe feriu a mente: – *Ele fugira e raptara a própria filha! Mas por quê?*

Apresentou a conclusão a que chegara à genitora, que, igualmente assustada, passou a refletir nessa possibilidade.

De imediato entraram em contato com alguns dos seus familiares, que ainda residiam na cidade, e esses informaram desconhecer o paradeiro dele, mentindo desavergonhadamente, sem qualquer compaixão pela dor alucinante que tomou conta do lar dos Albuquerque.

Manolo fugira sim, para a Espanha, para Palma de Maiorca, onde adquirira um apartamento com anuência dos pais, sem deixar transparecer o plano hediondo que elaborara e fora executando lentamente ao longo dos meses.

Além do ignominioso ato, surrupiara alta importância em moedas de ouro, que dona Evangelina vinha guardando e ele descobrira o esconderijo, com o faro aguçado de cão perdigueiro, aumentando o prejuízo moral com o econômico.

Há tramas da crueldade que somente pessoas psicopatas de alto grau podem engendrar sem o menor sentimento de compaixão ou de humanidade.

À filhinha, quando procurou a genitora no avião, cujas passagens adquirira com antecedência, explicou que ficara acidentada depois que saltou do automóvel, mas que tudo estava bem e ela viria depois a fim de estar com eles. A mente perversa do esquizofrênico, no seu delírio alucinado, cuidara de todos os detalhes com perspicácia e agudeza, não deixando sinais da perfídia que iria cometer, conforme a consumara.

Um ou vários punhais que trucidassem o coração e o corpo da família Albuquerque não lograriam produzir dores mais acerbas e prolongadas. Era como se todos estivessem sob a ação de um pesadelo sem limite, sem fim, irracional.

O doutor Albuquerque comunicou a ocorrência infeliz às autoridades policiais, de imediato contratou um advogado, a fim de saber quais as providências a tomar, e todos sofriam o resultado de um emaranhado muito complexo, sem sentido.

A polícia resolveu consultar a lista de passageiros da Companhia Aérea Nacional e encontrou os nomes do pérfido e da filhinha que demandaram Madri naquela mesma noite, poucos minutos antes da zero hora...

O choque foi terrível, restando agora a tomada de providências legais para a recuperação da criança levada para o estrangeiro sem o consentimento da mãe, desde que era sul-africana de nascimento.

Nunca se poderá conhecer a dimensão do sofrimento sem que seja experimentado por cada qual. A profundidade da angústia e o ácido que queima e requeima o cérebro, que não consegue encontrar lógica para determinadas atitudes e comportamentos humanos, quase sempre conduzem à loucura aqueles que lhes são vítimas. Eneida esteve na borda do abismo da demência. Não cessava de chorar, no que era acompanhada pela mãezinha, igualmente sofrida, enquanto o padrasto e o irmão procuravam condutas legais para minimizar o drama e encontrar meios de recuperar a criança.

Não fossem o conhecimento do Espiritismo e as comunicações mediúnicas que traziam o lenitivo para suportar a fase mais áspera do infortúnio, certamente mãe e filha teriam mergulhado na loucura total.

Como seria possível imaginar tanta perversidade em alguém que convivia, que amava e era amado, que partilhava dos sentimentos familiares? Embora diariamente a mídia ofereça esse dantesco espetáculo, sempre se crê que isso não ocorrerá, senão com o vizinho, com os outros... Como esse é também o raciocínio do vizinho, dos outros, ele tem lugar em todos os lares, com todas as pessoas, salvadas as exceções compreensíveis.

Os dias agora eram mais longos e mais assinalados pela amargura, e mesmo que o céu estivesse azul ou a noite constelada de estrelas, na alma daquela mãe e no sentimento da avó sempre havia sombras, desolação, saudade, mágoas...

O mais desconcertante era a atitude dos familiares do covarde fugitivo, que dissimulavam conhecer a tormentosa ação, negando informações que pudessem contribuir para encontrar a criança, que, também desesperada, sofria a ausência dos seres queridos, agora em meio completamente estranho, experimentando aflições desnecessárias que iriam marcar-lhe a existência para sempre.

O infame, à medida que os dias se passaram, acoitado pela própria mãe, também desequilibrada, informou à filha que a sua genitora houvera morrido, que havia sido uma doente mental, de quem não se deveria recordar.

Internando-a em um educandário de monjas, com severas ordens para que não recebesse ninguém, nem tivesse contato com quem quer que fosse não autorizado por escrito pelo genitor, a criança carregaria esse fadário cruel entre estranhos. Embora a generosidade das religiosas e a meiguice que algumas delas demonstravam para com a criança, Esperanzita nunca mais seria a mesma menina alegre, inteligente, feliz do passado... A marca da tristeza, evocativa da saudade materna e dos avós, permaneceria, mantendo-a em frequente melancolia.

Manolo informara às religiosas que a genitora da criança vivia envolvida com feitiçarias na África do Sul, razão por que a trouxera para a Espanha, sendo a mulher uma psicopata, no que foi acreditado, apoiado pela ingenuidade e ignorância da madre mestra, que lhe aceitou a informação cavilosa como pretexto para salvar a alma da filha das urdiduras do Demônio...

Confessemos que nenhum demônio da mitologia religiosa desenharia um plano e o executaria com a hediondez e frieza com que o fez o terrível descendente do clã Rodríguez sob a anuência dos pais incoerentes.

É dessa e de outras formas que cada Espírito estabelece os parâmetros para as suas experiências evolutivas futuras. Sendo o autor de crimes que a balança da justiça não alcança para pesar e corrigir, insculpe-os no mais delicado mecanismo da consciência, que programa os meios porvindouros para a recuperação.

Ninguém pode dilacerar destinos como sempre ocorre, sem que as consequências graves não se lhe apresentem severas, oportunamente, em cobranças inadiáveis, mui dolorosas.

Enquanto, na Espanha, o perverso conseguia ludibriar religiosos venais, que comprava a peso de ouro, voltando a consorciar-se em pouco tempo após o indesculpável ato praticado, apresentando-se como vítima de bruxarias e cerimônias demoníacas, de que conseguira escapar com vida e salvar a filha, na cidade de V., na África do Sul, o calvário dos Albuquerque prosseguia sob as bênçãos de Deus e da fé renovadora que os animavam em relação ao futuro.

A mediunidade psicofônica e clarividente de dona Evangelina proporcionava momentos de paz, alimentando, nos corações sofridos e nas mentes aturdidas dos familiares, esperanças de melhores dias, após terminada a tempestade, enquanto conclamava a que dessem prosseguimento aos trâmites legais de anulação do casamento e de recuperação da criança raptada.

Tratava-se mais de um estratagema para mantê-los animados, embora as leis vigorosas da Vida se estivessem cumprindo com rigor, e as possibilidades de paz imediata fossem muito remotas, senão impossíveis, naquelas circunstâncias.

Documentação muito bem cuidada foi encaminhada, na primeira oportunidade, à cúria metropolitana, explicando toda a ocorrência e solicitando que fosse enviada a Roma para efeito de anulação da cerimônia católica, sem que os resultados se apresentassem favoráveis.

Afinal, isso não era importante, porque a cerimônia litúrgica não tinha qualquer significado legal no país. No entanto, o atavismo católico da família Albuquerque exigia que fosse desfeito o vínculo estabelecido pela Igreja, que Manolo rompera com indignidade e loucura, reatando-o com outra mulher na sua pátria, graças à sua e à venalidade de alguns religiosos que aliciara em seu favor.

Detetives particulares contratados pelas vítimas encontraram o infame na sua residência espanhola, e não faltaram propostas para eliminá-lo com relativa facilidade, como é quase normal na esfera social, na qual se resolvem questões pendentes através da morte dos opositores.

A inteireza moral dos Albuquerque, no entanto, jamais anuiu com procedimentos dessa natureza, optando sempre pelas atitudes estabelecidas e vigentes nas leis, tanto quanto pela Divindade. O chefe do clã sempre recordava o ensinamento do Mestre, quando informou que *até mesmo os cabelos de nossas cabeças estão contados,* deixando claro que tudo acontece sob superior controle da Divindade. E concluía que, se tudo aquilo houvera acontecido, razões ponderáveis existiam para que tivessem lugar, e com isso permanecia confiante na irrefragável Justiça dos Céus.

A dor selvagem que os visitava permanecia dilaceradora, roubando-lhes a alegria de viver e os motivos para o prosseguimento da existência corporal.

A bênção da oração, as leituras edificantes hauridas em *O Evangelho segundo o Espiritismo,* de Allan Kardec, tornaram-se os únicos recursos preciosos para a sustentação da coragem e da esperança, que pareciam cada vez mais distantes à medida que os meses se sucediam sem perspectivas de alteração alguma para melhor.

Eneida, graças à interferência de amigos que viviam em Palma de Maiorca, na sua ansiedade e doçura de mãe desprezada, resolveu viajar à cidade para onde fora transferida a filhinha, guardando a ilusão de poder vê-la, de surpreendê-la num dos momentos em que fosse levada à residência do pai e da sua nova esposa, ou noutra circunstância qualquer...

Sempre paira no coração humano dilacerado, de quem ama, um fio de esperança, como uma tênue luz na sombra densa acenando bom ânimo.

Desse modo, com a alma expectante, seguiu à cidade de Palma de Maiorca e ali se instalou em hotel próximo ao educandário onde vivia a menina, passando com frequência à sua porta e pelos seus arredores, de forma que em um qualquer momento pudesse ver a filhinha e saber que se encontrava saudável, pelo menos, assim se tranquilizando. Após uma semana de vigilância e discrição, pôde rever a criança em um momento de recreio com outras coleguinhas numa das áreas circunjacentes do edifício, ao Sol, e por pouco não se atirou na sua direção, avançando pelo portão e correndo para resgatá-la. Foi dominada pelo irmão, que lhe aconselhou paciência e confiança em Deus, evitando um problema ainda mais grave com as autoridades locais.

Embora tomada de desespero, conseguiu conter-se, e experimentou uma angústia pior, pois que tinha a filhinha tão próxima e tão distante, aumentando as aflições que decorriam da falta do contato físico, da convivência, da ternura que mãe e filhos se permitem. Desejava acariciar o anjinho louro, beijar-lhe a face e embalar-lhe o corpinho de encontro ao peito arfante. Quase hebetada pelo sofrimento, deixou-se arrastar de retorno ao hotel, agora sem lágrimas, muito pálida, com uma fácies de morte estampada no semblante emagrecido...

Foi então que um ódio surdo explodiu-lhe no ser contra o bandido que a infelicitara entre sorrisos, que eram esgares, e carinhos, que eram espículos da sua perversidade disfarçada, passando a ser consumida, a partir daquele momento, por esse cruel sentimento de vingança que se lhe aninhou na mente, trucidando-a mais ainda, porquanto não o houvera experimentado até então.

Ciente de que a filhinha vivia e estava relativamente bem, retornou ao lar sul-africano, a fim de dar prosseguimento à existência que lhe parecia sem sentido.

Todas as tentativas de extradição da criança misteriosamente fracassaram, embora a exigência legal em torno da questão e as provas irrecusáveis do rapto inconcebível.

Lenta e terrivelmente transcorreu o primeiro ano de desolação, sendo que o tempo, invencível, foi-se encarregando de adaptar a família à nova ordem de acontecimentos desgastantes.

Debilitada e emagrecida, a jovem senhora somente encontrava apoio na Fé Espírita, passando a dedicar-lhe o melhor do seu tempo e dos seus sentimentos, estudando a Doutrina e consolando-se ante a incomparável Lei de Causa e de Efeito.

Não poucas vezes, porém, tomava de uma das bonecas da filhinha, colocava-a no regaço e, como se houvesse perdido a razão por momentos, cantava as baladas com que a ninava anteriormente. A voz dulçorosa e triste enchia a alcova e era ouvida no exterior, levando também a genitora às lágrimas. Não era interrompida, porque isso lhe constituía uma catarse para o sofrimento super-humano.

Logo depois, enfrentava a dura realidade.

Transferiu a mente para o futuro, quando a filha adulta pudesse eleger buscá-la ou não. Desconhecia a trama ignominiosa que o ex-esposo elaborara e executara, tentando apagar da memória da menina quaisquer lembranças saudáveis dos familiares que ficaram no passado...

O surdo ressentimento em relação ao traiçoeiro mantinha-se inalterável, de alguma forma devorando-a interiormente. Quando o perdão lucila na mente e domina o sentimento, a dor em relação ao mais hórrido acontecimento faz-se mais suportável do que ao contrário, em razão da consumpção que toma conta dos sentimentos. Para esse tipo inditoso de conduta não há lenitivo que torne menos desgastante o sofrimento. Embora não se justifique tal reação, considerando-se que muito pior do que a vítima é aquele que a fere, podia-se compreender o comportamento da genitora e esposa destroçada.

Os encontros espirituais na residência da família Albuquerque, embora destituídos de caráter coletivo, terminaram por atrair pequeno grupo de amigos sensibilizados pela mediunidade de dona Evangelina e, ao mesmo tempo, pelo tema excelente que é o Espiritismo. Muito bem explicado pelo doutor Henrique, seria inevitável que, mais cedo ou tarde, despertasse a atenção de conhecidos e estudiosos da psique humana e das possibilidades de sobrevivência do Espírito ao túmulo, questão sempre debatida e ansiosamente buscada em razão das implicações morais, espirituais, sociais que resultam desse conhecimento.

Entre os afeiçoados que se encontravam por ocasião dos estudos hebdomadários e deles participavam, destacava-se o sacerdote católico João Pedro d'Almeida, jovem de aproximadamente trinta anos, portador de brilhante inteligência, poliglota e grande conhecedor da História, que procurava viver a doutrina que abraçava com o respeito e a fidelidade que lhe eram possíveis. Em realidade, não se sentia a muito gosto na carreira elegida, digamos melhor, que sua genitora lhe impusera desde a infância, porquanto não era portador da vocação religiosa exigível, mas da qual não pudera fugir...

Nascera na cidade de Penacova, nas terras de Portugal Continental, encantadora cidade cercada de montanhas luxuriantes (em razão de encontrar-se no fundo de um vale, era conhecida como *pé na cova*) e cortada pelo rio Mondego, na sua marcha sinuosa na direção do mar, passando por Coimbra. Nessa cidade vivera a infância assinalada pelas necessidades que tomaram conta do seu lar desde quando ocorrera a desencarnação do genitor, modesto agricultor que deixara apenas uma pequena casa e limitada gleba, da qual a viúva diligentemente cuidava, dali arrancando os parcos recursos para a própria e a manutenção do filho. Mulher decidida e católica fervorosa, dedicara a existência e os cuidados de João Pedro a Nossa Senhora de Fátima, de quem se fizera devota, a ponto de viajar a pé, em cada mês de maio e de outubro, todos os anos, para visitar-lhe o santuário, conforme era e é ainda habitual no país, quando se pagam promessas ou simplesmente se reserva dedicação ao culto de amor, de gratidão e de fé. Além da devoção à Igreja, dona Ifigênia sabia que, na impossibilidade de proporcionar cuidadosa educação ao filho por falta de recursos econômicos, essa seria adquirida amplamente no seminário e na vida religiosa, o que, de certo modo, tinha razão, conforme os padrões locais.

O jovem João Pedro, dessa maneira, foi estudar no Seminário de Lisboa, sob rigorosas exigências dos seus mestres, revelando excelente disposição para o sacerdócio, explicitando sempre o fervoroso desejo de trabalhar na África após a sua ordenação. Nele permaneciam as ideias de cristianização dos povos africanos, em que tanto se empenharam no passado os jesuítas portugueses, sendo então encaminhado a um pequeno e discreto mosteiro dedicado a São Francisco, na cidade de V., na África do Sul, onde então residia.

Em recanto arborizado e próximo ao sonolento rio Vaal, que se encarregava de irrigar as margens sempre frescas e verdejantes, erguia-se o convento dedicado ao *Trovatore di Dio*, cuja vida ainda encanta a Humanidade pela doçura, humildade e amor, caracterizando-lhe os valores morais indispensáveis para seguir Jesus com integral doação, sustentando a decadente Igreja do seu tempo.

Sob a bondosa paternidade de um sacerdote escocês, Dom Paul-Newton, simples de coração e poeta sonhador, que acreditava no ser humano e também amava a Natureza assim como as criaturas nela existentes, o padre João Pedro se encarregava do pastoreio dos fiéis católicos de língua portuguesa que residiam na cidade, desincumbindo-se do ministério com seriedade e bonomia.

Na sua condição de homem culto, ministrava também aulas no colégio para os descendentes dos seus patrícios, destacando-se pela honradez com que se comportava na comunidade, bem como pelo seu exemplo de bondade e de compreensão para com as misérias humanas, fosse no confessionário, onde defrontava as tragédias do quotidiano, fosse nas lutas externas da vida social.

Simpático e excelente conversador, terminadas as reuniões em que se apresentavam os benfeitores espirituais, dialogava com a família e outros poucos participantes, apresentando as suas opiniões a respeito das comunicações mediúnicas que o fascinavam.

Foi numa dessas oportunidades em que a genitora desencarnada se fez identificar à sociedade, inclusive se referindo a um dos dedos que tivera amputado na lavoura, que ele cedeu emocional e culturalmente ao fenômeno.

– Meu filho – dissera a mãezinha feliz *–, vejo hoje e constato a realidade, acompanhando-a, vivenciando-a com outras possibilidades que me foram escassas durante a romagem terrestre. Na minha condição de mulher simplória, não dispunha de recursos intelectuais nem financeiros para educá-lo e fazê-lo feliz, conforme o desejava. Não tendo alternativa, conforme lhe narrei muitas vezes, enquanto estava no* mundo físico, *a minha não foi uma decisão impensada ao encaminhá-lo ao seminário, mas resultado da melhor e mais profunda reflexão de que não me arrependo. Pelo contrário, constato a excelência da atitude, que o vem poupando das ilusões fascinantes do mundo e das suas loucuras, mantendo-o equilibrado e digno do ministério que executa com elevação e sacrifício.*

Depois de alguns poucos segundos de silêncio, prosseguiu:

– Compreendo as suas lutas de homem frágil e as dificuldades íntimas que o afligem ante os compromissos da castidade e do celibato que, na Terra, eu não sabia discernir ou sequer entender. Em verdade, trata-se de um grande esforço manter-se digno do compromisso, tendo em vista os apelos externos do mundo e as necessidades internas do ser, especialmente para quem pretende ser fiel, vivendo conforme ensina aos demais, respeitando os votos firmados. Tenho certeza, porém, meu filho, que o Senhor Jesus vem-no auxiliando, de modo que a sua existência transcorra de maneira coerente com a sua opção. Sempre oro a Ele, suplicando-Lhe que o abençoe, aformoseando-o cada vez mais, de maneira que não tropece nas facilidades que o desafiam a cada momento, nem se corrompa, como é comum, mantendo duas formas de conduta: a que todos veem e aquela que ninguém acompanha, mas que desacredita interiormente aquele que assim se conduz.

Velo, portanto, por você com este carinho que a morte não extinguiu e jamais consumirá. Hoje me situo ao lado de seu pai, a quem encontrei, ou melhor dizendo, que me recebeu no portal da Imortalidade e me auxiliou a vencer os primeiros tempos de adaptação ao Lar que um dia o receberá também, reconstruindo a nossa família. Acompanhando-o, tenho vindo até aqui, onde descubro um mundo inteiramente novo, especialmente sob o beneplácito do Monsenhor Alves da Cunha, nosso venerando pastor que rompeu com a tradição e a ignorância ancestrais, auxiliando as vidas a encontrarem o porto seguro da paz e a vivência elevada dos seus deveres iluminativos.

Sempre que possível, retornarei, volvendo a comunicar-me com você, meu filho, e com os devotados amigos deste círculo de orações e de estudos espirituais no qual todos haurimos inspiração e força para darmos prosseguimento aos compromissos que assumimos perante a Consciência Divina.

Não podendo nem devendo prolongar-me por mais tempo, rogo a Deus que o abençoe sempre, o que também faço emocionadamente, envolvendo todos os amigos em vibrações de saúde e de paz.

Quando o Espírito silenciou, o padre João Pedro tinha os olhos úmidos pelas lágrimas e o coração túmido de felicidade. Era, sim, a nobre mulher que o amava. Tudo confirmava a sua identidade: a voz, a maneira delicada e decidida de ser, havendo variação na forma de expressar-se, agora mais perfeita, o que era compreensível, tendo-se em vista os vários anos que transcorreram desde a sua desencarnação, em cujo período pudera readquirir o conhecimento intelectual que estivera bloqueado na última existência ou adquirido em sua nova realidade...

Após encerrada a atividade, ele dera o seu depoimento, rico de emoção e de certeza, parabenizando a médium discreta, ao mesmo tempo responsável pelo mandado de que se sentia instrumento fidedigno, credora de todo o respeito.

Ao serem realizados os comentários acerca da mensagem, referiu o beneficiado que, sem dúvida, a questão apresentada – castidade e divórcio – era-lhe muito penosa, considerando-se a sua juventude e as forças orgânicas que lhe exigiam imenso controle e mesmo sacrifícios por meio de disciplinas morais austeras que se aplicava, inspirado nas orientações da própria Igreja.

Não é possível que, no atual estágio da cultura e da civilização, condutas medievais castradoras permaneçam dirigindo destinos, baseadas em dados falsos, manipulados por pessoas atormentadas de ontem que, desconhecendo as funções sexuais, consideravam-nas *imundas* e portadoras de induções ao pecado, ao crime, ao desvio da existência religiosa, dando lugar a comportamentos esdrúxulos e perniciosos.

O ser humano nasceu para amar e exercer a sua sexualidade de maneira plena, dentro dos princípios da ética, da moral e da vida social, desempenhando as suas funções com nobreza e elevação.

O sexo tem função primacial, qual a de procriar, no entanto, reveste-se de finalidades emocionais de grande significado pelos hormônios de que se constitui, fomentando os sentimentos que desencadeia quando acionado pelo seu conveniente direcionamento.

Ninguém pode bloquear a natureza humana sem sofrer-lhe consequências imprevisíveis, especialmente nas áreas da emoção e do pensamento, das funções orgânicas e da conduta.

O denominado pecado está sempre na mente daquele que o comete, e não no ato em si mesmo, porquanto pessoas há que se mantêm *puras* apenas no exterior, vivenciando experiências perturbadoras no mundo íntimo, que terminam por desequilibrar o sistema nervoso e o direcionamento mental.

As cavilosas proibições religiosas, derivadas da prepotência de antigos mandatários humanos que se encarregaram de punir a sociedade pelo crime de aspirar pela felicidade de que eles, por uma ou outra razão, portadores de tormentos masoquistas, não podiam usufruir, tiveram a preocupação de apenas proibir, castigar, perseguir, quando deveriam haver-se dedicado a orientar, esclarecer, conduzir, amar e deixar ao arbítrio de cada qual a melhor maneira de direcionar a existência, respeitando as leis que vigem em toda parte. Lentamente, porque aberrantes e agressivas à liberdade de consciência e de movimento, de cidadania e de comportamento, vão ruindo vergonhosamente essas infelizes orientações e exigências, ficando escombros onde antes predominavam o orgulho e a soberba que ainda tentam prevalecer, sem qualquer sustentação moral que os vitalize.

Os seres humanos avançam pelas trilhas da liberdade, voando no rumo da responsabilidade e do respeito pelos deveres que assinalam a vida em todos os seus aspectos.

Compreensível, portanto, que os comentários daquela noite se detivessem no escabroso ato de proibição da função nobre do sexo.

Grande conhecedor do tema, o doutor Albuquerque utilizou-se da feliz ocasião para elucidar a respeito da decisão que tomara, quando ainda se encontrava em Angola como sacerdote e optara pelo matrimônio, ao invés de prosseguir sob o açodar da paixão tormentosa e o fingimento de que se tratava de uma pessoa incólume à função sexual ou superior às demais criaturas, como fazem crer alguns psicopatas que se refugiam nas religiões, ocultando os seus tormentos íntimos ou tentando fazê-lo, dando impressão de serem predestinados, superiores aos biótipos comuns.

Desse modo, considerou com segurança e bom discernimento:

— A questão sexual no clero é tão grave quanto em qualquer outro grupo social. Nesse, em razão da proibição e da lavagem cerebral *a que são submetidos o seminarista e o sacerdote por toda a vida, induzindo-os a comportamentos imorais sob disfarces não compatíveis com a verdadeira dignidade. Toda imposição arbitrária fere de morte os sentimentos humanos, especialmente por sermos todos muito diferentes uns dos outros, seja sob o ponto de vista fisiológico, seja do emocional e psíquico. Houvesse liberdade de opção, e certamente seria outra a conduta geral, porque cada qual elegeria aquela que lhe fosse mais compatível com as próprias resistências. Não faltariam inumeráveis candidatos à preservação da sua castidade e, por extensão, do celibato, mantendo-se respeitados perante si mesmos e o rebanho ao qual se dedicassem. São muitos os clérigos que se mantêm celibatários, não porém castos, o que é vergonhoso e indesculpável.*

Foi assim pensando e conhecendo os meus valores morais e emocionais, positivos e negativos, repito, que optei pelo matrimônio, ao invés de continuar aparentando comportamentos incompatíveis com a minha consciência, conforme verificava diariamente entre os colegas de sacerdócio.

Elegi consorciar-me, desligando-me dos votos, não porém da Igreja, que se resolveu por expulsar-me dos seus quadros, embora fosse eu quem lhe solicitasse o desligamento, excomungando-me, quando preserva incontáveis membros que a si mesmos se condenam, embora se mantendo nos quadros da fé que dizem esposar, desconsiderando-os com pusilanimidade. Não me arrependo por havê-lo feito, antes agradeço aos bons fados que me inspiraram e me encorajaram na decisão.

Aqueles que se acomodam com a falsa posição de segurança que advém da Religião se submetem vergonhosamente às suas exigências descabidas, receando enfrentar o mundo e suas torpezas, *conforme fomos acostumados a acreditar, supondo que não terão como sobreviver fora dos seus quadros, ademais pela perseguição descabida que sofrem aqueles que resolvem pelas nobres atitudes de liberdade.*

Confesso que não encontrei perdição alguma no século que não a houvesse conhecido na intimidade da sacristia, do seminário, da convivência entre amigos e colegas, porque os problemas são da criatura humana, e nunca desta ou daquela situação, circunstância ou lugar.

Os comentários prosseguiram ricos na temática fascinante, considerando-se a revolução que se vem operando no campo das ideias e da conduta humana, especialmente naquela que se refere à indissolubilidade do casamento, dos relacionamentos interpessoais e sociais, convidando à compreensão do crescimento da Ciência e da tecnologia de ponta, que hoje penetraram nos mais secretos escaninhos dos antigos mistérios, que foram desmascarados.

Porque também estivesse presente na oportunidade o padre Manuel Cerqueira da Silva, trazido pelo jovem de Penacova, a fim de conhecer o Espiritismo, em tudo contrário ao de que estava informado, ante as considerações que abordavam o tema capital da castidade e do celibato, não se conteve e, muito emocionado, expôs:

— *Por incrível que pareça, foi no seminário que teve lugar a minha iniciação sexual, na convivência com aqueles que me deveriam ensinar disciplina e continência...*

Silenciou, por um momento, em razão da delicadeza do tema, logo prosseguindo:

— *Depois de ordenar-me padre, habituado a práticas heterodoxas, não me pude manter em regime de abstinência por muito tempo, terminando por vincular-me a uma das frequentadoras da Igreja, que me seduziu em pleno confessionário. Infelizmente não tive recursos morais para negar-me ao seu assédio, tendo em vista os estímulos que também lhe concedi... Vivemos uma relação oculta, tumultuada, insegura, hipócrita, quando poderíamos viver normalmente, dando campo aos nossos sentimentos de construção da família que anelamos, sem o medo das punições com que somos ameaçados... Tenho pensado insistentemente e sido pressionado por ela, que me ameaça abandonar, caso não me disponha a regularizar a nossa situação... No entanto, objeto sempre, perguntando-lhe de qual forma iremos viver, já que não disponho de uma profissão que me conceda renda suficiente para manter o lar...*

— *Essa é a arma de que se utilizam os denominados superiores eclesiásticos* — arrematou o doutor Albuquerque — *para manter ergastulados nos compromissos abraçados aqueles que lhes tombaram nas armadilhas bem urdidas. Receando também que a constituição de uma família afete a estabilidade do clero, em razão das leis do trabalho que exigem a concessão de direitos aos sobreviventes de alguém vinculado a qualquer labor, quais os de prosseguirem recebendo os benefícios que usufruíam, surge o problema da herança e das demais conquistas alcançadas pelas classes que lutam em favor da sociedade.*

— *Acredito no mesmo* — aduziu o padre João Pedro —, *pensando que, na defesa da tese absurda, estejam em jogo interesses mesquinhos em torno de haveres e bens outros que teriam de passar aos descendentes dos sacerdotes após a sua morte, e não à Igreja, como sempre ocorre... O patrimônio da Santa Sé é intocável, e por ele afadigam-se e aplicam-se em favor da sua multiplicação grupos de executivos inclementes, que nada têm a ver com a doutrina religiosa. Os interesses em negócios internacionais têm gerado aumento da fortuna em empresas que são patrocinadas com o dinheiro recolhido em toda parte do mundo e que deveria ser utilizado para obras de beneficência, de caridade, de amor, conforme a determinação do Mestre Galileu...*

— *Longe disso* — retrucou o padre Manuel. — *O que se vê é a sede insaciável de mais poder e de maior ganância, enquanto morrem esfaimados e enfermos aos milhões os* filhos do Calvário, *espiando a abundância que não se transforma sequer em migalhas para diminuir-lhes a necessidade cruel que os vergasta e aniquila os seus corpos.*

— *Estão mais próximos, porém* — completou o anfitrião —, *os novos dias da Humanidade, quando as construções que não foram edificadas pelo Pai ruirão, porque não se apoiam na rocha da verdade, mas se encontram fincadas nas areias movediças dos poderes temporais, cediços e traiçoeiros... Nesse porvir, ainda não muito próximo, no entanto, que se anuncia promissor, uma mentalidade mais consentânea com o pensamento de Jesus Cristo se espraiará como uma claridade solar por toda a Terra, e os templos materiais de ostentação e de crueldade soçobrarão, deles não restando* pedra sobre pedra...

Agora passemos à sala para um pequeno lanche, e saibam do prazer que todos nos proporcionaram com as suas presenças e os comentários saudáveis dos que participaram das nossas considerações.

2

ALMAS ATORMENTADAS
E SEM RUMO

O padre João Pedro tornou-se frequentador assíduo da residência Albuquerque. Não apenas crescia o seu interesse pela fenomenologia mediúnica e pelo conteúdo do Espiritismo, como também pela plácida beleza de Eneida, envolta no delicado véu da melancolia.

Ali encontrava amizade sincera, ao mesmo tempo que podia deixar-se arrastar pelo encantamento que lhe inspirava a jovem senhora; campo para observações espirituais, diálogos enriquecedores, quando nos grupos sociais a futilidade sempre tem predominância, fugindo-se à cultura, que lentamente vai sendo substituída pelo lugar-comum dos interesses secundários, ao lado dos comentários maledicentes e das suspeitas infundadas.

Inteirado da aflição que a perturbava, quando possível atraía-lhe a atenção, abordando temas religiosos de resignação e coragem, que caracterizaram as vidas especiais dos santos e dos mártires, procurando arrancá-la da interiorização afligente e silenciosa a que se entregava.

Oportunamente, em rincão aprazível no belo jardim, encontrando-a em reflexão, solicitou-lhe permissão para acercar-se, a fim de conversar um pouco, no que foi gentilmente aceito.

Sopravam as suaves brisas do entardecer, as rosas do caramanchão explodiam em festões vermelhos, brancos e amarelos, perfumando derredor, tudo constituindo uma circunstância especial para uma declaração de amor malcontido.

Emocionado, o padre, não acostumado às emoções da afetividade, comentou:

— *A solidão constitui um dos mais dolorosos desafios da existência humana.*

— *Menos cruel do que a traição que a ela conduz* — respondeu a jovem com amargura —, *especialmente quando acompanhada de um rapto perverso, qual o de que fomos vítimas em nosso lar.*

— *Sem dúvida. Compreendendo, porém, o impositivo do destino, é-nos possível ultrapassar o seu terrível propósito purificador, que, em última análise, converte-se em bênção de libertação.*

— *Também concordo. Nada obstante, por mais que procure uma razão para o gesto covarde de Manolo, o insano, não lhe encontro uma explicação plausível. Revejo, sem cessar, a cena em que ele me solicitou descer do carro, a fim de observar se houvera acontecido algo com o pneumático... Não havia em seu semblante nada que traísse a sua covarde intenção, deixando-me, àquela hora da noite, em lugar deserto e perigoso, sujeita a algum ou a vários criminosos, tendo eu a certeza atualmente de que o fizera acalentando o desejo de destruir-me a existência física, logo após o ato através do qual me destruía a alma...*

Não lhe foi possível prosseguir, porque o pranto abundante estourou-lhe do peito opresso em lágrimas grossas que inspiravam compaixão, ternura e afeição.

Quase transtornado, o religioso solicitou-lhe que não se permitisse o desespero, asseverando:

— *Ao deixar-se consumir pela crueldade do sicário, está fazendo exatamente o que ele deseja. A crucificação é também meio que faculta o erguer-se na direção dos Céus, pois que, abertos os braços, o ser verticaliza-se no rumo do Infinito. Para desferir o voo, necessita arrancar os cravos que o retêm ao madeiro da imolação. Enquanto isso não ocorrer, as dores são sempre pungentes e insuportáveis, dilacerando as carnes da alma, que não consegue recompor-se.*

— *Não consigo esquecer-me. O trauma cruel da fuga permanece-me na memória. Vejo sempre o carro afastando-se, enquanto, com a alma presa de angústia, pensava que se tratasse de uma broma, de uma peça qualquer que ele me desejasse aplicar, sem maldade... Aguardar, logo depois, pela sua volta com a minha filha, o que não se deu, tornou-se-me uma dor além das forças e do meu limite de resistência moral. Sonho com aquele momento, repasso-o mil vezes pela memória, sem poder entender toda a desgraça de que se reveste.*

— Há ocorrências na vida de todos nós que não conseguimos entender, que somente após a morte do corpo serão completamente absorvidas, quando o Espírito penetrar nos arcanos da Imortalidade, tomando conhecimento do passado e desenovelando-se das suas implicações.

— Essa é a convicção que me sustenta, auxiliando-me a aguardar o incerto porvir, na expectativa de que, através da reencarnação, eu encontre a lógica do ato hediondo de tal profundidade destrutivo. Confesso que, se não houvesse encontrado o conhecimento espírita, já me teria deixado consumir pelo suicídio, porque, além da aflição em que me rebolco, não encontro nenhum sentido para continuar na existência corporal...

— Mas você não ignora que todas as religiões também consideram o suicídio como o ato mais covarde e de consequências mais funestas que o ser humano se pode facultar, derrapando em imprevisíveis sofrimentos espirituais...

— Sim, confesso que o sei; no entanto, como a Religião Católica não me oferece qualquer conforto moral, ainda mais tendo em vista as atitudes venais de alguns dos seus representantes, movidos pelo dinheiro ao invés de orientados pelos sentimentos evangélicos, em relação à anulação do meu casamento, dominada pela revolta, eu preferiria desafiar as leis desse Deus arbitrário e injusto, atirando-me ao consumidouro da fuga. Nem mesmo o amor por minha mãe, pelo meu padrasto e pelo meu irmão me deteria. Imagino quanto isso lhes representaria. Apesar disso, de quando em quando, sinto-me alucinada no mundo íntimo e, nesse desvario que me toma, qual relâmpago forte, passa-me a ideia pela mente... Nunca o farei, porém, pois que esperarei na Eternidade o reencontro com a filhinha para sempre, conforme creio através das informações espirituais que nos chegam.

— Por que não pensar, uma que outra vez, em você mesma, a fim de poder aguardar o reencontro com o anjo querido aqui mesmo na Terra, após vencida esta etapa de natureza cármica? Deixando-se vencer sob os vapores venenosos do ressentimento, pode ter a existência ceifada antes do tempo, não fruindo a felicidade que Deus lhe reserva para mais tarde... Ademais,

é tempo já de renovar o coração, de reverdecer em amor, de vivenciar alegria, para adornar com felicidade os sentimentos de Esperanzita quando se reencontrarem. Muitas vezes, o amor está muito próximo, cantando no nosso coração, e nos recusamos a vê-lo e a ouvi-lo.

– Nunca mais amarei, pelo menos nesta reencarnação. O infame destruiu-me tudo de belo, de bom, de róseo que havia em meu mundo interior. Recordando-me do seu sorriso pusilânime e das suas falsas carícias, enquanto planejava friamente a nossa destruição, minha e de minha família, penso que nunca mais me permitirei ser acariciada, sentir o calor do afeto, a ternura do amor de outro...

– Todos os homens não são iguais, qual ocorre com as mulheres. Umas são nobres e ternas, fiéis e delicadas, como você; outras, entretanto, são perversas, frívolas, exploradoras... O problema não é da polaridade sexual, mas sim de cada ser, conforme o seu estágio de evolução, de seu comportamento moral.

– Não tenho dúvidas a esse respeito. Sucede, porém, que, infelizmente, estou vendo o mundo e as pessoas, com exceções, naturalmente, por meio das lentes do meu sofrimento, do drama sem fim que tenho vivido.

Houve um silêncio perpassado pelo pulsar dos corações em ritmos diferentes. Enquanto Eneida era toda angústia, o sacerdote, levemente trêmulo, encontrava-se expectante. Nunca houvera apresentado os seus sentimentos íntimos a ninguém, mas aquele era o momento que parecia Deus ter-lhe concedido para desnudar-se a alguém que talvez o pudesse compreender. Assim, medindo as palavras e receoso, expôs-se:

– Tenho pensado muito nos votos que mantenho firmados com a Igreja. Depois da comunicação de minha mãe, que me houvera conduzido ao sacerdócio, sabendo-a agora em grau mais elevado de compreensão do ser humano e da vida em si mesma, comecei a sentir-me desobrigado dessa odienta sujeição. Sempre anelei por um lar, pela honra de ser pai, pela bênção de uma família em que, diariamente, após a faina do ganha-pão, pudesse-me refugiar entre sorrisos e beijos cariciosos, vivenciando a felicidade. Hoje sei que a felicidade é a meta de todas as criaturas, embora cada um tenha uma visão própria a seu respeito.

Aquietou-se, temendo o que pretendia dizer, mas o fez quase ofegante, sentindo a garganta arder, como se estivesse devorado por uma grande sede:

— *Eu abandonaria tudo se pudesse unir o meu ao destino de uma mulher como você, portadora das suas virtudes e dos seus elevados sentimentos... Confesso-lhe que, desde que a conheci, algo diferente passou a povoar-me o pensamento e dominar-me os sentimentos. A princípio não consegui identificá-lo. Experimentava e continuo fruindo um imenso bem-estar quando venho à residência do doutor Albuquerque, e pensava que se tratava exclusivamente da convivência com toda a família, dos estudos espiritistas, das conversações mais amplas, até que descobri ser você, além de todos esses outros fatores, a razão preponderante das minhas vívidas emoções...*

A jovem, colhida de surpresa pela declaração, não ocultou o espanto que se lhe desenhou na face, não dizendo nada, o que lhe permitiu prosseguir:

— *Conduzo-a mentalmente por onde vou, sonho com a sua presença ao meu lado, aspiro à alegria de poder conversar com você, de senti-la próximo de mim... Não desejo manter esse sentimento de forma dúbia, isto é, amando-a no silêncio do coração e impedindo-me de fazê-lo publicamente. Desejo somente saber de você se posso acalentar a esperança de ser amado também pelos seus sentimentos, a fim de que possa tomar a difícil decisão de libertar-me da batina... Para tanto, não é necessário que a sua resposta seja imediata. Sugiro que converse com a sua genitora, enquanto eu apresentarei o meu plano ao seu padrasto, de forma que possamos dar o passo futuro com segurança...*

— *Mas eu continuo casada, porque ainda não foi dissolvido pela Igreja o vínculo matrimonial estabelecido...*

— *De forma alguma! Desde que Manolo a abandonou e consorciou-se na Espanha com outra mulher, restituiu-lhe de fato a liberdade, pois que ele rompeu o compromisso de fidelidade, desrespeitou o sacramento através do qual deveria amá-la e estar ao seu lado até que a morte os separasse... Além do mais, casar-nos-íamos no civil, conforme as leis deste país, e seríamos abençoados por Deus da mesma forma, o que não nos constitui impedimento, mas antes um estímulo para que a sua vida prossiga dentro dos objetivos estabelecidos pela Divindade.*

— *Não pretendo deixá-lo iludido e deverei ser honesta com o caro sacerdote. Confesso que a sua informação me toma de surpresa total, porquanto não experimento pelo caro e nobre amigo outro que não seja o sentimento da vera amizade. A sua presença é-me agradável sobremaneira, havendo-me cativado na condição fraternal, sem qualquer outra emoção de minha parte.*

— *Eu bem o sei, e tinha certeza de que assim o era. Naturalmente, informada do que me passa interiormente, irá adaptando o seu pensamento a uma visão diferente a meu respeito, enquanto a dor excruciante se modificará. Sei que poderei conquistá-la e, se não disponho de recursos econômicos para proporcionar-lhe o conforto a que se encontra acostumada, poderei suprir qualquer tipo de falta mediante a dedicação e a fidelidade, a assistência afetuosa incessante. É natural que se apresente surpreendida com as minhas palavras, porque antes procurei disfarçar as intenções da alma, a fim de não a assustar ou não parecer um aproveitador, que não tenha sabido valorizar o respeito e a consideração de que venho sendo objeto neste formoso lar.*

— *O que me importa no amor é o amor, e não as coisas que o acompanham. Vivi em uma casa confortável que, em realidade, nunca foi um lar, em razão do hediondo parceiro com quem convivi... Assim, não é importante, em um relacionamento digno, o que se tem, mas aquilo que cada um é, vinculando-se profundamente e enriquecendo-se reciprocamente de bênçãos e venturas que não têm preço. Não me sinto em condições de direcionar o meu pensamento para um novo consórcio matrimonial na atual conjuntura em que me encontro. Rogo-lhe o favor de desculpar-me e entender-me.*

— *Não tenho pressa, e não esperava do seu caráter diamantino outra que não fosse essa atitude. Teremos oportunidades de conhecer-nos melhor, dar-lhe-ei tempo para que reflexione, para que coloque a mente em outro patamar da emoção, e Deus decidirá o nosso futuro.*

Enquanto o padre João Pedro se encontrava rubro como um lacre, Eneida estava pálida, quase transparente, sem saber como comportar-se naquele momento.

Sentia-se lisonjeada e, de alguma forma, compensada por sentir-se inspiradora de afeto, não obstante o estado desolador em que se encontrava.

Foi dona Evangelina quem, de forma providencial, apareceu no jardim e encontrou os dois jovens silenciosos, mergulhados em reflexões bem diferentes, sem saberem o que fazer no momento.

Espontânea e generosa, não sopitou a curiosidade e indagou:

– *Que se passa, em face do silêncio que se estabeleceu entre vocês? Os jovens têm tanto que conversar que me sinto surpresa com esta quietude dos dois!*

E logo acrescentou:

– *Já sei. Trata-se da magia do entardecer. Na minha querida Angola, quando o dia se deixava enrubescer pelo crepúsculo e as brisas sopravam a melodia suave da noite chegando, uma doce melancolia de mim se apossava, silenciando-me a palavra e arrebatando-me os sentimentos, que se deixavam dominar pela Natureza em festa. Lentamente o zimbório escurecia e recamava-se de estrelas, convidando-me à oração, à visualização dos ninhos prateados que cintilam no Infinito, onde certamente a vida pulsa em outras manifestações de beleza e de harmonia, sem as angústias nem as dores terrenas.*

Inspirada, acercou-se com um leve sorriso desenhado nos lábios, sentou-se num rendado banco de ferro ao lado e, vendo a filha ainda pálida, segurou-lhe a mão fria e aqueceu-a suavemente entre as suas, comovendo-se e emulando-a a sair do pesar dorido que a feria sem cessar:

– *É necessário esquecer, minha filha, todo o mal, a fim de somente pensar no bem que um dia nos tomará por inteiro. Olhe os céus e considere a dimensão do tempo. Quantos anos terá gastado aquele raio de luz que vem em nossa direção, somente hoje alcançando-nos? Quantas dessas estrelas ainda estarão* ergastuladas *no velário do infinito?... Muitas, por certo, já se extinguiram, pelo menos na sua constituição inicial, embora a luz que emitiram esteja viajando há séculos, há milênios, somente agora nos ferindo a fraca visão. Sempre me recordo da informação dos amigos espirituais, quando me dizem que o Sol, que ainda hoje nos enriquece de vida e calor, é o mesmo que aqueceu o Divino Benfeitor durante a sua peregrinação pela Terra. Os seus raios, que ora nos fortalecem e nos sintetizam as substâncias químicas no organismo, são iguais àqueles que acompanharam a marcha de Moisés e dos hebreus pelo deserto, há mais de 3,5 mil anos.*

E, fazendo uma pequena pausa, de forma que pudesse continuar inspirada pelo seu mentor espiritual, concluiu:

– Nada se encontra à mercê do acaso, na condição de ocorrência fortuita, sem motivo real para ter lugar. Aquele que concebeu e construiu o Universo, que dá vida ao verme que rasteja no solo, ao vírus que tem finalidade no contexto da vida, não se distrairia de programar a nossa existência, estabelecendo leis que se impõem regularmente, impulsionando-nos ao avanço incessante. Os maus, os tecelões das tragédias e dos infortúnios, que ora se comprazem na própria loucura, não se evadirão da consciência, de si mesmos. Qual ocorre hoje conosco, que estamos sofrendo, embora não o desejemos, enfrentar-se-ão, amanhã, com a sementeira de espinhos e de desaires que ficou para trás, que enflorescerá e ressurgirá com todos os espículos que ficaram pelos caminhos percorridos. A vida é eterna, e somos os tecelões da felicidade como da desdita. É possível que, em algum lugar no tempo do passado, em uma noite rica de harmonias como estas, hajamos estado juntos, planejando inconcebíveis projetos hediondos que ceifaram vidas. Hoje, felizmente, bafejados pela fé no porvir e gratos a Deus por haver-nos convidado à reparação, estamos colhendo as amarguras que impusemos ao nosso próximo anteriormente. Tenhamos bom ânimo, e não desfaleçamos na luta que apenas começa, convidando-nos à iluminação e à perene alegria.

Abraçou a jovem trêmula, que se lhe recolheu no regaço, como se ainda fosse criança, continuando frágil e necessitada, sem dominar as lágrimas. O seu era agora um pranto de lágrimas de reconforto moral, uma diluição da mágoa tóxica, necessitada de exteriorização, de desaparecer da sua alma sensível.

O padre João Pedro, em silêncio, comoveu-se também com a beleza da fé racional, da crença lógica em Deus e da irrestrita confiança nos Seus desígnios.

O silêncio, que se manteve naturalmente, era entrecortado pelas onomatopeias da noite em triunfo.

Transcorridos alguns momentos, a senhora convidou-os a entrar, porque os sopros frios do vento poderiam prejudicar-lhes a saúde.

A sala de jantar estava encantadoramente iluminada. A luz se espraiava de apliques e candelabros colocados sobre os móveis, bem como de lustres de cristal lapidado em verdadeira festa, contrastando com a escuridão que tomava conta do exterior da residência.

O doutor Albuquerque e Júlio haviam descido das suas habitações após se banharem, dispondo-se para o jantar, convidando o visitante querido para que participasse da convivência familiar por mais algum tempo.

Sentindo-se acolhido e ainda tomado pelas emoções inabituais que o assaltavam, o sacerdote aquiesceu em ficar para a refeição.

Eneida afastou-se, por um pouco, a fim de preparar-se, sentindo-se menos abatida e, de alguma forma, asserenada no desespero habitual. Aquelas crises de ensimesmamento e desencanto repetiam-se amiúde, enquanto a genitora vigilante procurava arrancá-la desse estado depressivo, sempre um mau conselheiro daqueles que sofrem, porque inspirador de soluções que somente complicam os acontecimentos infelizes ao invés de os resolver.

O jantar revestiu-se de alacridade recheada de comentários em torno dos acontecimentos sociais inexpressivos e das dificuldades que se viviam na ocasião, no país sacudido por ameaças de revoluções e pelos crimes sórdidos que se multiplicavam...

Em Palma de Maiorca, sempre inquieto, Manolo, a pouco e pouco, aturdido pela presença dos conflitos que o tipificavam, adicionados aos remorsos que, inconscientemente, alojavam-se-lhe no ser, retomava o hábito infeliz da dipsomania.

Passado o período da euforia com a fuga bem planejada e mais bem executada, sempre gozando os prejuízos que causara à esposa e aos seus familiares, sem mesmo saber por que assim agira, foi sendo consumido pela rotina que decorre de uma vida sem sentido emocional, destituída do vigor do trabalho responsável.

Era agora um investidor nos negócios da bolsa, mantendo a mesma avidez de antes, ambicioso por acumular dinheiro, tornar-se cada vez mais rico, desfrutar das concessões da vida.

Sem que Eneida e os seus familiares o soubessem no começo, cuidara de consorciar-se com ela mantendo a separação de bens, receando sempre ter que os repartir... Desse modo, continuava a louca busca do poder, certo de que, mesmo em face de estar vigorando aquele matrimônio diante das leis da África do Sul, a esposa não teria como reivindicar a posse de qualquer valor imediatamente ou mesmo mais tarde. A sua sagacidade seria também a sua ruína, como sói acontecer com os perversos e insensíveis.

A nova esposa, Olga, rapidamente se deu conta do insucesso que seria o seu matrimônio, percebendo-se na rampa de sofrimentos que viriam com o tempo. De sua parte, não fora uma escolha por amor. Divorciada, guardava expressivos traumas do primeiro consórcio, tendo experimentado dificuldades de ajustamento à vida solitária. Quando conheceu o moço recém-chegado da África do Sul, deixou-se arrebatar pela sua facilidade de sedução, a sua arrogância acompanhada pela loquacidade quando contava as experiências no continente de onde procedia, permitindo-se o relacionamento. Algumas das suas narrativas, sem dúvida, eram mais fruto da imaginação do que da realidade. No entanto, era divertido ouvi-lo dissertar sobre as experiências que afirmava ter vivenciado no país distante.

Mimada pelo jovem pretendente que a envolvia em afeto, talvez por transferência dos sentimentos entorpecidos de que se sentia objeto e pela necessidade de bem apresentar-se no novo grupo social, ela terminou por ceder à sua corte, aceitando a proposta algo precipitada de casamento que lhe fora apresentada.

No começo, o relacionamento era rico de ilusões, não faltando os presentes caros, os passeios, as viagens, as noites encantadoras em hotéis de luxo e cassinos repletos de apaixonados pelo jogo.

As bodas não foram arrebatadoras, mas bastante significativas. Ele a presenteara com o colar e os adereços de diamantes, que ela pôde ostentar orgulhosamente nas cerimônias civil e religiosa, provocando inveja e encantamento. Tratava-se, sem dúvida, de um conjunto de pedras preciosas de alto custo e de grande beleza.

Por sua vez, Manolo não podia fugir ao fascínio que a joia exercia sobre ele. Antes, inúmeras vezes trancara-se no apartamento e deixara-se comover pelo brilho frio de cada gema lapidada. Memorizara o engaste de todas e as delicadas formas que compunham. Recordava-se da tradição em torno das joias fatídicas, muito comentadas desde recuadas épocas. Tivessem ou não algum poder mágico, a verdade é que ele não se contentava em apenas contemplar o conjunto, senão também o pegar, avaliar-lhe o peso e sentir-lhe o frio que exteriorizava.

Menos de seis meses após o casamento, ele solicitou à esposa o privilégio de guardar as peças no seu cofre particular, no escritório onde realizava os negócios, por acreditar ser mais seguro do que o residencial, de fácil acesso aos bandidos e aos empregados, especialmente os da limpeza, que sempre tomam conhecimento do que existe nos lares onde trabalham.

Sem qualquer suspeição, Olga anuiu de boa mente.

Ocorre, porém, que ele necessitava emocionalmente de as ter próximo de si, repetindo a façanha da oferta que fizera a Eneida, sem lhas dar integralmente.

Quando a sós, fascinado pelas estrelas petrificadas e presas aos engastes fortes e delicados, ocorria-lhe a ideia de doá-las à filhinha quando completasse a maioridade. Ao mesmo tempo, sentimentos controvertidos antepunham-se-lhe, tomando-o de peculiar ciúme...

De referência à doce e triste Esperanzita, sempre interrogando pela genitora e demais familiares, fora proibida de novas perguntas, porquanto estava informada do acidente que gerara a situação dolorosa, vitimando-lhe a mãezinha que, segundo o genitor e avós locais, não merecia ser recordada em razão da conduta estranha a que se entregava.

Entrementes, ele continuava sentindo grande ternura pela filha que o acalmava, como se portadora de um magnetismo indefinível que o envolvia. Uma vez em cada mês, ao final da semana, trazia-a do colégio interno ao convívio no lar, quando se sentia menos opresso e recuperava a alegria espontânea, que antes somente conseguia através das substâncias alcoólicas. Nesse breve período, fazia-se gentil, passeando com a esposa e a menina, desfrutando as delícias do banho de mar e comprando quinquilharias com que pensava anular o golpe desferido contra a vida e a alma infantil, separando-a do regaço materno.

Como se fosse um inesperado castigo divino, a criança, à medida que se desenvolvia, apresentava os traços fisionômicos, a entonação de voz e alguns meneios muito típicos da mãezinha, cuja imagem ia-se-lhe apagando na memória, substituída pela bondade da religiosa que, de mais perto, cuidava-lhe da severa educação.

Momentos havia em que o facínora, olhando-a, era tomado por um choque nervoso, parecendo rever a esposa trucidada pela sua crueldade, logo mudando de atitude mental antes de ser acossado pelo remorso.

Nas atividades normais ele continuava o mesmo calhorda que sempre se utilizava das pessoas de forma que resultasse isso em benefício do interesse pessoal. Tinha a impressão de que todos eram capazes de ser comprados e logo descartados. Media o caráter dos demais pela débil fibra moral que constituía o seu. Em decorrência, lentamente associou-se a um grupo de hábeis corretores da bolsa, alguns deles conhecidos como fraudadores e inescrupulosos. As negociatas eram o campo em que operavam, especialmente com títulos sob suspeição e que os golpes da sorte promoviam nos leilões diários. A ciranda, portanto, de lucros e perdas sempre deixava gordos estipêndios para os manipuladores das ações e de outros papéis valiosos. Concomitantemente, tomando conhecimento do lado podre de muitas fortunas, bem como dos seus possuidores, Manolo não teve dificuldade em penetrar na alta-roda das aparências e dos negócios suspeitosos em que muitos se locupletavam. O seu interesse era o de possuir sempre mais e muito mais, pouco se importando com a origem dos recursos que aumentavam as suas rendas.

Sem dar-se conta, porém, envolveu-se com um grupo de mafiosos muito bem situados na sociedade local, que movimentavam altas somas nas bolsas de Nova Iorque, Paris, Londres, Frankfurt, Barcelona, Madri...

Tudo parecia transcorrer-lhe maravilhosamente. Mas o tédio, que é um dos mais perversos adversários de todos aqueles cuja vida não se estrutura ou não se mantém em patamar de dignidade com objetivos superiores, começou a insinuar-se-lhe nas paisagens íntimas, e, para fugir de si mesmo, aderiu prazerosamente às estroinices dos demais comparsas, passando a desregramentos comprometedores.

– *C'est la vie!* – justificava-se interiormente, sem qualquer sentimento de dignidade.

Por consequência, o relacionamento no lar começou a deteriorar-se, tornando-se a convivência matrimonial quase insuportável para ambos os cônjuges. O abuso das substâncias alcoólicas influía-lhe negativamente no comportamento, com acentuada tendência psicótica, o que lhe foi acarretando certo desgaste em razão de ocorrências lamentáveis com os novos amigos, que, apesar de corruptos, sabiam como conduzir-se hipocritamente nos encontros de que participavam, especialmente quando se encontravam presentes os familiares.

Essa sociedade que vive da aparência responde pelos cânceres morais que tornam o planeta um cárcere de sofrimentos para bilhões de vítimas. Os excessos atirados fora pelo desperdício da ostentação, a volúpia alucinada que se deriva do egotismo, os interesses sórdidos e inconfessáveis que são cultivados tornam-se os fatores que geram a miséria socioeconômica, fruto daquela outra, a de natureza moral, que enlanguesce uns e alucina outros, atirando-os na prática dos crimes mais abjetos, nas atitudes de desprezo pela própria e pela vida do próximo, produzindo fugas espetaculares que as drogas não conseguem corrigir, antes mais degradam, e vemos a cultura, a ética, a civilização mergulharem no abismo da dissolução dos costumes, na direção de um futuro sombrio para as gerações novas.

Não fossem os sacrifícios de milhões de heróis, anônimos ou não, que se entregam com empenho à construção do bem mediante o estudo, o trabalho, as lutas e renúncias pelos ideais de engrandecimento humano, nas áreas da ciência, da tecnologia, das artes, do direito, da justiça, da fé religiosa, e outra alternativa não haveria senão o desespero, conforme sucede com todos aqueles que são frágeis nas suas estruturas emocionais, destituídos de valores morais para os enfrentamentos injustos e absurdos que surgem a cada momento.

Esses usurpadores dos bens comuns que a vida coloca à disposição de todos – exigindo que aqueles mais bem aquinhoados atendam aos que seguem na retaguarda do progresso –, embora se banqueteiem nas mesas fartas e exóticas, seja no luxo, seja extravagância, rebolcam-se no inconformismo e na desolação que os tomam, porque, destituídos de propostas dignas para si mesmos, tombam na própria demência que procuram disfarçar.

Numa dessas ocasiões em que o excesso de álcool tornou o jovem balear mais loquaz, ele revelou a alguns dos amigos como a vida lhe havia exigido sacrifícios até chegar àquela situação, bendizendo, no entanto, haver aplicado uma alta soma na aquisição de um colar e adereços outros de diamantes.

Ao enunciar e descrever a joia fascinante, não se conteve e demonstrou a avidez que o atormentava, bem como o amor que o prendia às gemas, despertando cobiça e inveja nos igualmente sórdidos comensais do seu relacionamento.

Entre eles, zombeteiro e mordaz, Ramiro Álvarez desafiou-o a apresentar o tesouro, informando que ele blasonava, como é comum a todo *nouveau riche* que se compraz em exibir o que não pode comprovar.

A vaidade, filha especial da presunção, é grande inimiga do ser humano, porquanto, vinculada ao egoísmo, rejubila-se em produzir encantamento com a sua exibição, proporcionando compensação emocional à insegurança e ao desequilíbrio daquele que lhe é vítima.

Essa era também uma das características do comportamento do jovem espanhol. Sentindo-se suspeito de mentira, convidou o comparsa a visitá-lo oportunamente no seu escritório, quando teria ocasião de confirmar o que dizia.

De imediato, experimentou estranha repulsa e fundo ressentimento contra o cínico, que pretendera desmoralizá-lo.

Infelizmente, os execráveis são muito sensíveis em relação às suspeitas dos seus semelhantes, dando campo às reações de animosidade que lhes são habituais.

Ramiro Álvarez, do mesmo quilate moral de Manolo, era um excelente adversário para uma relação conflitiva.

3

A SOMBRA DA VÍTIMA ENLOUQUECIDA CLAMA POR JUSTIÇA

Ramiro Álvarez era um estroina e dependente de cocaína. Quase um parasita social, investia na bolsa de valores parcos recursos que possuía, locupletando-se, porém, com o resultado de transações financeiras inescrupulosas. Os amigos, que o conheciam, não confiavam nas suas bravatas e quase o evitavam, porquanto sabiam-no explorador e canalha. Manolo, que fazia parte do grupo há menos tempo, ainda não tivera oportunidade de identificar cada um dos seus membros e agora se tornava vítima da sua parvoíce.

Confessemos que Ramiro mantinha interior antipatia pelo jovem exibicionista, não compreendendo como os bons fados foram tão generosos para com o janota em detrimento dele. Mordiscava, desse modo, uma inveja doentia e inexplicável, que lhe crescia perturbadoramente.

Ocorre que o Português agiota, a quem Manolo mandara Mayuso assassinar, não cessava de acompanhar o infame, aguardando somente a oportunidade, que agora se lhe deparava promissora, para descer contra ele a sua terrível adaga de vingança. Havendo encontrado ressonância no psiquismo do cocainômano, passou a transmitir-lhe aversão pelo criminoso, inspirando-o a surrupiar-lhe a joia que um dia fora-lhe também motivo de truculência e desdita.

Eis por que Ramiro passou a manter incomum interesse, que lhe surgira de inopino, pela joia comentada, que o fez não adiar por muito tempo o momento de vê-la. Tão logo lhe pareceu oportuno, procurou

Manolo sob pretexto de uma inversão significativa que parecia promissora, entretanto irreal, fruto da sua imaginação engenhosa, para confirmar a realidade da informação do exibicionista.

Ao visitá-lo no seu escritório, apresentou um plano mirabolante, fantasioso de aplicação de recursos em Barcelona, com possibilidade de posterior transferência dos valores para Nova Iorque, considerando-se que os títulos negociáveis, no momento em queda, seriam recuperados logo mais, conforme notícias que tivera de fontes fidedignas que, de outras vezes, foram-lhe benéficas.

Presunçoso, mas não estúpido, Manolo recusou-se a participar da negociata, preferindo investimentos mais seguros para o momento, mesmo porque, segundo afirmava, não dispunha da soma exigível.

Enquanto tragavam suavemente um uísque envelhecido, Ramiro referiu-se *en passant*, dando a máxima naturalidade à voz:

— *Você comentou-nos possuir um conjunto de diamantes que a todos nos despertou a curiosidade, porquanto sabemos que a África do Sul é produtora de alguns dos mais puros que existem e, naturalmente, considerando-se a sua posição socioeconômica, há de ter sabido selecionar as pedras mais transparentes, portanto, sem qualquer jaça e de excelente qualidade.*

— *Sem dúvida que sim! As minhas peças constituem um deslumbrante conjunto, que sempre surpreendem pela majestade de que se revestem, tanto quanto pela superior lapidação que lhes confere distinção e valor especiais. Para que o amigo tenha ideia do a que me refiro, o preço do belo conjunto supera atualmente os 150 mil dólares.*

— *Ufa!* — exclamou o visitante. — *Então é um tesouro inestimável em forma de um adereço especial! É claro que não possuo nada igual, mas confesso que gostaria de ser proprietário de alguma coisa desse quilate. Depreendo que a sua vida de imigrante na África do Sul foi muito exitosa, levando-se em consideração os recursos de que se faz detentor, a começar por uma joia tão cara quão deslumbrante.*

— *Certamente que trabalhei com afã e vivi com algum conforto, mas não foram pequenos nem fáceis as lutas e os sacrifícios experienciados.*

Havia uma não disfarçada explosão de orgulho e de pretensão no comentário.

– *E por que se transferiu para Magaluf, nesta região de Palma de Maiorca?*

Piscando o olho com astúcia e maldade, prosseguiu, antes de ouvir a resposta:

– *Algum problema com a lei, com a família, com os negócios, ou um rolo total? Penso que é falta de sabedoria abandonar a mina dos tesouros quando tudo corre bem...*

– *Você está indo longe demais no seu interrogatório* – interrompeu-o o outro com brusquidez. – *Afinal, aonde deseja chegar?*

– *Desculpe-me, não tive qualquer intenção malévola, foi apenas uma forma de dialogar...*

O visitante percebeu que a história de vida do seu anfitrião guardava algum segredo devastador, porquanto a súbita cólera que lhe assomou denunciava algo muito grave, que jazia nos subterrâneos do seu comportamento. Isso o alegrou de alguma forma, por dar-se conta de que não é novidade na história da existência de muitas fortunas estarem presentes, mal acobertados, os crimes, a desonra, os sórdidos compromissos.

Manolo irritara-se visivelmente e estava a ponto de expulsar o curioso, quando, mui astuciosamente, este estimulou-lhe a vaidade.

– *Congratulo-me, sinceramente, com você, ainda jovem, triunfador, com brilhante futuro pela frente e um passado de esforços hoje compensados pela comodidade.*

Fazendo uma pausa psicológica, a fim de avaliar o resultado do que dissera, deu continuidade:

– *Sempre tive um particular fascínio por diamantes. Atraem-me as narrações em torno de tesouros que carregam bênçãos e maldições, como os da tumba do faraó Tutancâmon, envoltos em lendas carregadas de mistério, quais aqueles que teriam levado à morte o lorde Carnarvon e todos quantos participaram das escavações da tumba famosa e do seu traslado para o Cairo, inicialmente, e depois para Londres... Sabe-se hoje, quase com certeza, que o* fantasma do faraó, *que a todos vitimou de maneira inesperada, teria sido bactérias e micro-organismos outros que os infectaram, não havendo, na época, tratamentos especializados contra estes, tais a penicilina, a estreptomicina e outros específicos. Nada obstante, não deixa de ser fascinante quando se fala sobre diamantes de sangue, aqueles que terminam por viti-mar os seus possuidores...*

Mentalmente teleguiado pelo Português, Ramiro penetrava no inconsciente de Manolo, que pensava de forma quase equivalente.

Interessado nas informações do visitante, houve um momento de intensa afinidade entre os dois, como se uma atração, que poderia ser fatídica depois, estivesse aproximando-os enquanto realizava a conspiração para a truculência.

No silêncio, que se apresentou espontâneo, podia-se ouvir o pulsar dos descompassados corações, vitimados pela ansiedade ou tomados pelas vibrações morbosas do adversário desencarnado.

O Espírito Antônio Manuel de Alcântara e Silva encontrara, por fim, o símile psíquico ideal para permitir-se o desforço que anelava. Desde os dias já distantes do crime de que fora vítima, a sua existência no Além-túmulo centrava-se no anseio de consumar a vingança. Esmagar o biltre que lhe roubara o corpo e o dinheiro, ficando com os diamantes, era o estímulo permanente para respirar e permanecer na ideia da sobrevivência. Padecia, sim, experimentando os revezes da anterior existência destituída de dignidade, carpindo, por sua vez, sofrimentos pungentes, fruto do ódio daqueles desencarnados aos quais também trucidara com a exorbitância dos juros da sua desonesta profissão, ouvindo as pragas e o rancor das viúvas e dos miseráveis que foram devorados pela sua ganância, no entanto, a sua mente detinha-se fixa no homicida...

– *Quando lhe parecer oportuno* – arremeteu Ramiro com voz quase melíflua –, *gostaria de ver esse conjunto tão precioso, caso isso não lhe produza desagrado ou aborrecimento.* É certo que não se trata de dúvida em torno da sua legítima posse, mas sim de um interesse natural despertado pela sua informação.

Foi o suficiente para que Manolo, com o peito túmido de emoção, solicitasse-lhe um pouco de paciência, enquanto buscava o estojo de veludo que guardava as pedras fabulosas.

Levantou-se e dirigiu-se a uma sala contígua, discretamente acompanhado pelos olhos cobiçosos do interessado. Ao fechar a porta, não o fez corretamente, e ela permaneceu um pouco entreaberta, permitindo ver-se de fora a sua movimentação na direção do cofre na parede, resguardado por um quadro com preciosa tapeçaria de Lurçat...

Ramiro levantou-se furtivamente e viu-o abrindo a caixa-forte de onde retirou o volumoso escrínio envolto em espesso tecido azul-marinho, encostou a porta, sem a trancar, e retornou ao espaço anterior, onde o outro o aguardava, ansioso, mas com aparência de tranquilidade.

A mente do visitante estava açodada pela alucinação do vingador desencarnado, e um sentimento surdo de ódio assomou-lhe do coração ao cérebro, por pouco não o fulminando.

O fátuo proprietário desenrolou a caixa com uma emoção quase sensual, destrancou-a e abriu-a.

As duas cabeças inclinaram-se na direção do colar e das demais peças que faiscavam, derramando uma fria luz que os surpreendeu, arrancando-lhes uma exclamação de entusiasmo. Ambos ficaram pálidos e trêmulos.

A magia do brilho fascinou-os.

Manolo retirou o colar com um cuidado obsessivo e ergueu-o, encostando-o ao peito, e moveu-se, como se fosse examinar o resultado da exibição em um espelho invisível. Notavam-se-lhe o orgulho, a felicidade, em uma completa mescla de paixão e loucura.

Ramiro pediu-lhe permissão para tocar o delicado trabalho, a fim de senti-lo fisicamente, no que foi atendido. Ao fazê-lo, uma estranha sensação de domínio alucinou-o, como se estivesse encontrando algo que houvera perdido e, de repente, estava ao seu alcance. Pela mente aturdida relampagueou a ideia de possuí-lo de qualquer maneira. O obsessor tomou-lhe o raciocínio, inspirando-o a fugir com o tesouro, arrebatando-o à força do seu ilegítimo proprietário. Sentiu-se quase desfalecer.

Manolo, igualmente astucioso, enquanto olhava o outro, captou-lhe o pensamento perverso e tomou o colar com brusquidão, sorrindo e asseverando:

— *Ele tem um poder mágico! Fascina todos aqueles quantos o tocam. Antes que você se apaixone pelo seu esplendor, é de bom alvitre que ele volte a dormir no cofre, que é o seu lugar de segurança e de paz...*

Estava cerrando o escrínio, quando Ramiro, tomado pelo inimigo desencarnado, tartamudeou:

– *Eu quase daria a vida para possuir um conjunto de pedras desse quilate...*

– *Pois saiba que eu também, por pouco, não dei a minha... havendo--me custado um preço além do valor em dinheiro que lhe é atribuído.*

Evocando, sem o desejar, a cena que culminou no crime, entrou em sintonia com a vítima odienta, formando-se um triângulo psíquico de intercâmbio perturbador. Os fluidos emanados da mente do Português envolveram ambos, desequilibrando-os, gerando um inusitado transtorno emocional.

A tarde caía lentamente. O escritório estava deserto. O ar morno, abafado, amolentava-os, propiciando um clima especial para o que aconteceria logo mais, sem aviso prévio.

Ramiro, temendo nunca mais ter acesso ao deslumbrante conjunto, foi tomado literalmente pela energia obsessiva e atirou-se sobre Manolo, tentando arrebatar o estojo valioso.

Parecendo haver-lhe captado o pensamento, ele defendeu-se com a rapidez de um felino, socando-o e atirando-o de encontro ao *bureau* do escritório. Em face do golpe recebido, caindo ao solo, o agressor sofreu um corte na face, e o sangue escorreu-lhe quente.

Furioso e desequilibrado, sob o comando da mente perversa, tomou de um peso de papel em cristal maciço e atirou-o contra o opositor, que se abaixou, fazendo que o arremesso fosse contra a parede, ali deixando um sinal.

Sem alternativa, os dois atracaram-se aos socos e pontapés. Sendo Manolo mais jovem e mais ágil, desvencilhou-se-lhe, celeremente, e apanhou sobre a mesa um pontiagudo abridor de cartas com o qual feriu-o por diversas vezes, levando-o a explodir em gritos desesperados, por fim, caindo ensanguentado, estertorando, enquanto rogava ajuda ao outro, que estava possesso e o mataria, não fossem os seus apelos angustiantes de socorro.

O quase homicida deixou-o no solo, foi guardar as joias e retornou resfolegante. Embora o ódio que o dominava, distendeu a mão na direção do caído, que se sentou na poltrona, apoiado pelo adversário, que trouxe uma toalha úmida e lha deu, a fim de pressionar a testa e o peito feridos. A hemorragia, embora não fosse abundante, era significativa, por isso resolveram ir a um pronto-socorro, a fim de ser evitado algo pior.

– *Foi uma loucura o que me aconteceu* – externou, quase sem voz, Ramiro. – *Jamais me sucedeu algo semelhante. Uma força do mal tomou--me o cérebro, e o desespero atirou-me contra você...*

– *Está tudo bem* – ripostou, iracundo, o interlocutor, ainda com ódio. – *O colar continua de minha propriedade e somente isso é importante. Espero que após esse acontecimento, que você narrará conforme suas conveniências, as nossas relações sejam totalmente interrompidas.*

– *Não pretendo narrar nada a ninguém. Tentaremos dizer no hospital que fui vítima de um assalto de rua e que o bandido escapou velozmente...*

É certo que esse acontecimento, narrado como de rua, não despertaria maior atenção, porque se tornavam habituais atentados à mão armada com punhais e revólveres em plena *calle*, até mesmo à luz do dia. As cidades, à medida que se vão tornando famosas e preferidas por pessoas abonadas financeiramente, tornam-se também atraentes para bandidos de diferentes tipos e assaltantes vulgares, que lhes dão preferência em razão da facilidade para o crime, especialmente quando se tornam centros turísticos, pelos descuidos que são comuns a esses viajantes sempre deslumbrados por tudo quanto veem.

A chegada ao pronto-socorro foi sem incidente. A explicação pareceu convencer o plantonista, que, em razão do pedido da vítima, que não desejava ser envolvida em escândalo, resolveu não formular a notificação policial. O paciente pretendia prosseguir o tratamento em clínica particular, o que facultou logo receber alta, já que os ferimentos não apresentavam gravidade, sendo desnecessário o internamento imediato.

Concluído esse lance, Manolo retornou ao escritório, já noite, e procurou recompor o local, arrumando os móveis e verificando se haviam ficado característicos e denunciadores sinais da luta, quais manchas de sangue, objetos arrebentados...

Como tudo estivesse aparentemente bem, resolveu buscar o lar, agora cansado, após cessada a emoção, enquanto o cérebro esfervilhava de interrogações a respeito da ação estúpida do estranho visitante.

Não saberia explicar a forma como voltaram-lhe à mente as lembranças sobre a morte do negro que lhe tentara roubar o colar e, mais tarde, o planejado assassinato do Português. Ao recordar-se desse último, sentiu uma sensação nauseante, e um mal-estar súbito assaltou-o. No quase vágado de que foi vítima, pareceu-lhe ver o fantasma rancoroso do inimigo que o ameaçava. Na mente, como se penetrada por um punhal, *escutou* uma gargalhada seguida por uma ameaça terrível, conforme acontecera muitas vezes nos pesadelos que o acometiam.

Quis gritar, mas a voz ficou embargada na garganta. Parou o carro e pareceu arrancado do corpo, enfrentando a fúria do cruel perseguidor.

– *Tens escapado de todos, miserável* – azorragou-o o desencarnado com a palavra encolerizada –, *mas não fugirás de nós, as tuas vítimas. Este último tentame foi malsucedido, no entanto, realizaremos outros tantos até conseguirmos o objetivo que acalentamos, que é trazer-te para cá...*

Uma risada zombeteira, ruidosa, fê-lo despertar suarento, amedrontado, trêmulo.

Não podia acreditar que se tratava do Espírito infeliz, que agora se lhe apresentava, com mais vigor, para atormentá-lo. Infenso à crença na imortalidade, embora a confissão religiosa católica professada, que se apoia essencialmente na imortalidade da alma, a fé nunca lhe pareceu importante no mundo que pretendia conquistar para o perder mediante o advento da morte corporal.

No seu desvario, pensava que essas ocorrências eram defluentes do seu estado de consciência de culpa, que lhe parecia não ter justificativa, porquanto se sugestionara que o homicídio, embora não fosse legal, havia sido moral, em face da exploração do cínico agiota. Como se sentia devorado pelos juros exorbitantes que lhe eram impostos e sabia que o torpe comerciante desejava apossar-se do seu tesouro, havia sido muito justo eliminá-lo, afastando-o do seu caminho...

Olga recebeu o marido apreensiva. A palidez que se lhe estampava na face traduzia o estado interior da inquietação que o assaltava.

Solícita, procurou saber se houvera sucedido algo preocupante, sendo asserenada com uma resposta gentil do marido, que buscou o socorro no uísque, no elegante bar do apartamento de luxo em que morava. Depois de alguns goles bem saboreados, sentindo o estímulo do álcool na circulação sanguínea, resolveu banhar-se, descansando um pouco antes do jantar, que seria servido no lar.

Fazia um bom tempo que ele não ficava com a esposa, recebendo-lhe a generosa presença e a agradável convivência doméstica. O clube social era o recanto preferido naqueles últimos meses, em razão dos jogos ambiciosos da bolsa de valores e das disputas entre os interessados no mercado de ações e de outros bens.

Durante a refeição, a conversa girou em torno de frivolidades do dia a dia, de alguma forma diminuindo a tensão emocional do atormentado.

Após o repasto, servindo-se de um bom licor digestivo, convidou a esposa a sentar-se com ele no balcão que facultava a vista do mar azul e imenso, no que foi atendido prazerosamente.

Silencioso, mergulhou em reflexões que fazia tempo não lhe ocorriam.

Voltou a descobrir a excelência do lar, da família de que se afastara em razão da culpa que tentava asfixiar na mente agitada.

Automaticamente se recordou de Eneida e Esperanzita, comovendo-se quase às lágrimas.

Olga observava-o em silêncio, também comovida. Ainda o amava, embora a conduta estranha que o marido assumira.

Amolentado pelo álcool e sob a ação digestiva que se operava, as imagens da ex-esposa e da filhinha povoaram-lhe o pensamento, arrancadas pelo milagre da memória.

Por que tomara aquela atitude infame contra a mulher que ainda amava? – interrogou-se silenciosamente. – *Como pudera planejar tão hediondo crime, deixando-a numa autopista à noite, em região perigosa, com o desejo de que fosse assassinada? E, por extensão, amando tanto a filhinha, por que a punia,* matando-lhe *a genitora no coração e na mente e isolando-a em um educandário que era quase um cárcere? Por que tanta maldade?*

Começou a sentir-se um verdadeiro monstro, experimentando asco de si mesmo.

Nesse transe natural da consciência que despertava e do remorso implacável que a ninguém poupa, foi tomado por forte torpor que o fez liberar-se do corpo em parcial desdobramento pelo sono fisiológico. Estava profundamente aturdido pelos vapores alcoólicos, pelas emoções experienciadas fazia pouco, pelos conflitos. Nesse estado de confusão mental, percebeu a figura venerável de um sacerdote que lhe distendeu a mão em amparo oportuno e disse-lhe, gentil:

— *Sou o Monsenhor Alves da Cunha, que viveu em Angola.*

— *Sim, sim, eu me recordo do seu nome ouvido na residência dos meus antigos sogros...*

— *Venho responder-te as interrogações que acabas de formular. Os teus crimes avolumam-se e transformam-se em monstro devorador que em breve te vencerá com sua fauce hiante e destrutiva. Rebelde e cruel como és, não mereces compaixão nem respeito. Nada obstante, o Senhor da Vida* não deseja a morte do pecador, mas sim a do pecado. *A tua tem sido uma conduta execrável, e tu o sabes! Não faltam nunca, porém, o amor e a compaixão, a misericórdia e novas oportunidades para os infratores como tu. Já que não podes retroceder, a fim de evitar ou apagar os crimes que perpetraste, podes reparar, pelo menos, a gravidade deles, devolvendo a filhinha à sua genitora, que enlouquece de dor e de saudade, de alguma forma reabilitando--te do crime cometido.*

Mesmo sob a ação magnética do nobre Espírito, o rebelde tentou reagir, negar-se, mas não teve forças para expressar os sentimentos perversos que lhe exornavam a personalidade.

O visitante espiritual continuou, sereno:

— *Ouve-me com atenção, a fim de que compreendas algumas das razões por que te desforças na família que te recebeu como filho e irmão, amigo e parceiro, e tentaste destruir na tua fúria insana.*

Enquanto isso sucedia no Plano espiritual, Olga deu-se conta de que o marido entrara em um sono calmo e renovador, resolvendo deixá--lo a sós por alguns minutos, a fim de refazer-se das refregas sofridas.

O bondoso guia espiritual prosseguiu, esclarecendo o atônito criminoso:

— *Antes de haveres envergado a personalidade que ora te caracteriza, vestiste outras roupagens carnais. A reencarnação é Lei da Vida, e não apenas uma crença de ocasião, formulada por passadistas e enganadores. O Espírito é eterno na sua essência desde quando criado por Deus. Experiencia muitas existências corporais, a fim de adquirir conhecimentos e desenvolver sentimentos, facultando que a* divina fagulha *nele existente se amplie e adquira exuberância, por cujo processo alcança a perfeição relativa que lhe está reservada. Nesse ministério evolutivo, cada experiência se lhe insculpe em forma de conquista ou de prejuízo, que lhe cumpre compreender e valorizar, aprimorando aquelas que lhe são positivas, enquanto corrigindo, através das ações de amor ou dos mecanismos de sofrimento, aqueloutras que o prejudicam. Ninguém se exime ou foge indefinidamente desse processo, mesmo que o queira. Inderrogáveis como as leis de eletricidade, de gravidade, de magnetismo que vigem no Universo, as da reencarnação constituem o mecanismo sublime do Amor de Deus, a todos ensejando com igualdade de bênçãos a superação do mal que predomina em a natureza animal do ser humano, até que a angelitude lhe constitua condição habitual.*

A fim de que o ouvinte, ainda aturdido, pudesse penetrar no conteúdo da informação preciosa, fez uma pausa oportuna, para logo dar prosseguimento:

– No começo deste século, vivestes tu, Eneida e Esperanzita uma existência atribulada na Cidade do Cabo. Nascidos naquela região, éreis possuidores de grande fortuna em ouro, propriedades e diamantes. Casados, tu e Eneida, recebestes Esperanza como filha do corpo e do coração. A vida prosseguia com os altibaixos no relacionamento conjugal, mas a filhinha era de vós ambos o laço que vos unia, ajudando-vos a superar as dificuldades normais da convivência entre todas as criaturas.

Insaciável e rebelde, sempre interessado em extorquir mais do próximo, acumular mais dinheiro e desfrutar de poder na província, descuidaste-te da família e dos deveres domésticos, transformando-te em verdadeiro algoz da esposa e pai negligente em relação à filhinha. Desprovidos de fé religiosa, porque a de ambos era um comportamento social na igreja que frequentavam, não dispunham de resistências morais e espirituais para as refregas e embates iluminativos. Por falta desse apoio indispensável a uma conduta exemplar, entregaste-te às dissipações que o dinheiro e o poder facultam, enquanto a esposa, no lar, e a filhinha, quase ao abandono, encarceradas na gaiola dourada das facilidades que as moedas adquirem, foram sendo consumidas pelo ressentimento e pelo desamor, que culminariam em desastre emocional para todos. Antes, porém, foste tu quem te entregaste a um comportamento venal, agressivo e dissoluto, em concubinatos vergonhosos, sem qualquer consideração pelo lar nem pela sociedade. Hipocritamente participando de agremiações que fingiam zelar pelos costumes, não eras capaz de corrigir em ti mesmo os desvios do sexo banalizado, nem o vício do álcool que se te instalara destruidor.

Foi nesse clima que se acercou da tua mulher outro homem, digno e compadecido do abandono que ela experimentava, acenando-lhe promessas de amor e de liberdade, que terminaram por fasciná-la, arrebatando-a da tua infeliz convivência. É certo que não lhe era lícita a atitude que assumiu. Nada obstante, tu eras o responsável pelo drama vivenciado, e, conforme já dito, não possuindo forças morais para resistir aos convites do prazer e do mundo sedutor, ela deixou-te, levando a filha em sua companhia com menos de quatro anos de idade...

Louco de ódio e de ciúme, tu – que não tinhas o direito de reclamar qualquer respeito *– lutaste legalmente para conseguir a filha de volta e, tentando vingar-te, engendraste planos macabros, que não puderam ser consumados porque a morte se te acercou através de um câncer hepático, consequência dos teus disparates, deixando o proscênio terrestre para azucriná-los com a tua perseguição espiritual insensata.*

Novamente aquietou-se o narrador, dando tempo a Manolo para introjetar as informações oportunas que lhe chegavam. Suarento e ansioso, tinha o olhar esgazeado porque, à medida que escutava as informações, revivia as cenas que lhe estavam arquivadas no inconsciente profundo, podendo melhor atinar com os fatos, dando-se conta da inexorável Lei de Causa e de Efeito.

Continuando, Monsenhor Alves da Cunha expôs:

– A morte, que sempre chega para todos, a fim de resolver os problemas que as criaturas postergam e preferem não solucionar, arrebatou os demais, e os anos sucederam-se entre sofrimentos e agressões na Esfera da imortalidade. Como sempre são concedidas novas ocasiões de refazimento de caminhos e recuperação dos danos praticados, fostes convocados à reencarnação, cada um por seu turno, a fim de que o amor e o respeito recíproco vos auxiliassem na recuperação. Eneida encontrou corações afetuosos de outras experiências que a receberam com inexcedível carinho e a sustentam emocionalmente durante esta grande noite de dor, renascendo ao lado do homem que a amparou, agora, porém, na condição de irmão biológico, o Júlio, a fim de superarem os conflitos destrutivos. Não seja de estranhar o entendimento que vige entre ambos, o carinho que se devotam, sem que com isso haja qualquer conotação perversa ou doentia. Muitas vezes, o teu inconsciente reconhecia aquele que te arrebatou a esposa, e experimentavas ciúme

mórbido, esquecendo que foi também ele quem facilitou o teu reencontro com a amada, na atualidade, no clube latino, facultando a oportunidade de reparação que malbarataste.

Que fizeste, porém? Alucinado e inditoso, sem qualquer motivo, exceto o inconsciente sedento de vingança, apunhalaste aquela que te poderia reerguer do caos moral em que te encontras, exilando a filhinha que expunge entre estranhos, num falso pretexto de educação religiosa, porém sem a responsabilidade da própria família, que é sempre a melhor escola quando os seus membros se transformam em mestres dos hábitos saudáveis e da conduta reta.

Não penses que N'Bondo e o Português, os quais assassinaste covardemente, são fenômenos incomuns em tua existência. Nas loucuras que perpetraste antes, dilapidaste muitos dos bens que pertenciam a Antônio Manuel de Alcântara e Silva, que, por sua vez, escorchava-te com os juros exorbitantes dos empréstimos que te concedia. Trata-se de uma trama entre exploradores e explorados que se repete, quando o amor e a compaixão deveriam viger no seu lugar, modificando as estruturas do comportamento e trabalhando os sentimentos de cada um dos seus membros para melhor. Agora, além dos terríveis homicídios que perpetraste através de outros indivíduos que subornaste, tens a falência da oportunidade com a tua mulher, a quem juraste amar e proteger, e da tua filhinha, que é órfã de pais vivos, a quem dilaceras com informações mentirosas, ultrajantes, a respeito da memória da mãezinha digna e fiel...

Quando despertarás?! Quando compreenderás que caminhas para a morte, mesmo que o não queiras, porque essa é uma jornada inevitável?! Como podes dormir e ambicionar mais, tu, que dilapidaste outros patrimônios e te assenhoreaste de valores que não te pertencem realmente? Desperta, Manolo, e recomeça... Há tramas contra ti em ambos os lados da vida e no futuro provavelmente não terás a sorte que hoje te livrou da perda do colar e da morte física. Sou teu amigo espiritual ao lado de outros que te assessoram, porém não podemos ultrapassar os nossos limites, especialmente porque não cooperas conosco nem contigo mesmo.

Bem sei que, ao despertar, dirás que este encontro foi um sonho vão, nada mais que isso. Assim mesmo, estarei ao teu lado procurando recordar-te, revivendo as palavras que estarão impressas no profundo do ser que és.

Ainda tens tempo suficiente para recomeçar, para corrigir. Perdida a oportunidade, será tarde demais. Até breve, amigo invigilante!

A figura venerada diluiu-se diante dos olhos muito abertos e da boca escancarada do enfermo espiritual, que logo despertou acarinhado pela brisa gentil que soprava do mar.

Procurou identificar onde estava e, automaticamente, recordou-se da ocorrência onírica.

Ainda deitado na *chaise longue* em que se recolhera, repassou pela memória alguns dos lances experienciados sob a inspiração do amigo espiritual, ficando preocupado com o curioso fenômeno.

Podia recordar-se da presença do religioso severo e do acontecimento peculiar no que tangia às informações sobre a sua existência passada, que se apresentava à medida que era narrada, como em uma película cinematográfica. As cenas evocadas ressurgiam na complexidade dos acontecimentos, demonstrando a sua legitimidade.

Nesse comenos, experimentou um frisson típico das experiências que dizem respeito ao mundo íntimo.

Apesar disso, na sua condição infeliz de cético a respeito das verdades espirituais, procurou identificar os fatores que poderiam ter causado o estado alterado de consciência, acreditando que talvez fosse decorrente dos conflitos da tarde e, após espreguiçar-se, aspirar mais oxigênio, um tanto receoso, buscou o leito para o restante da noite.

A criatura humana desequipada de valores morais procura sempre evadir-se da realidade, alterando as ocorrências ao seu bel-prazer, de forma que se escuse de responsabilidades. Essas fugas psicológicas, invariavelmente inconscientes, respondem pelo expressivo aumento da insensatez e do desequilíbrio dela mesma. É sempre mais conveniente crer-se que os acontecimentos deveriam ser conforme sucederam, dessa maneira evitando-se compromissos de reabilitação e de refazimento em relação aos erros cometidos, do que assumi-los conscientemente, aquilatando o significado e as suas consequências.

Como a realidade é indestrutível, mudam-se somente alguns quadros existenciais, que são atirados para o futuro, quando ressurgem mais vigorosos, com as suas altas cargas de intransferível responsabilidade, convocando os insensatos ao enfrentamento e à reparação.

4

AS PAISAGENS MENTAIS RESULTAM DA AÇÃO DE CADA CONSCIÊNCIA

Manolo, sempre irresponsável quão insensato, atirou-se sobre o leito e adormeceu pesadamente.

Agora, sem a assistência benéfica do generoso guia, defrontou-se, além da esfera física, com os dois adversários que se lhe tornaram parte da existência: o Português e N'Bondo.

Não pôde ocultar o pavor que o dominou, contemplando as faces dos inimigos desencarnados, que se apresentavam deformadas e com aspecto inquietador. Pôde raciocinar que não estava sonhando, encontrava-se em pessoa diante daqueles a quem infelicitara.

Desejou fugir dessas presenças perturbadoras, mas se sentiu chumbado ao solo, transpirando em abundância e ficando em atitude estática. Pensava livremente, mas não podia exteriorizar o que lhe ocorria, pois que os membros estavam dominados pelo terror, não lhe permitindo qualquer movimento, exceto o prolongamento do desespero.

— *Reconheces-nos, miserável?* — interrogou o Português, que se apresentava totalmente enfurecido.

O ódio se lhe exteriorizava de maneira inequívoca, e todo ele se externava como um gênio demoníaco, conforme desenhado pelas tradições religiosas dos diferentes povos. Mais afigurava um ser diabólico a alguém que fora ou seria ainda humano.

— *Como pudeste crer, na tua pusilanimidade, que nos silenciarias quando nos destruíste o corpo?* — voltou a perguntar, rilhando os dentes.

Os olhos esbugalhados e vermelhos, o rosto convulsionado, a voz roufenha, quase ininteligível, conformavam o ser dominador que o enfrentava.

– *Não somos a tua consciência ainda, porque não a tens* – voltou a exprobrar-lhe. – *Somos, isto sim, o que fizeste de nós com o teu crime hediondo, de que ninguém tomou conhecimento e do qual te beneficias largamente. Não ficarás impune, e aqui estamos, conforme temos permanecido, para cobrar-te a dívida de nossas existências. Arruinaste a família que te dedicava carinho e respeito, a fim de dares prosseguimento ao teu destino infame, acumulando um patrimônio expressivo que não trarás para cá, por mais se te apegues. Tiveste mil ocasiões de reabilitação e continuas perverso, cínico, desleal, como se o Universo existisse somente porque tu vives. Onde estão os teus sentimentos? Que fizeste deles? Caim, o filho de Adão e Eva, após matar o seu irmão Abel, quando enfrentou Deus, curvou-se envergonhado e arrependeu-se. Tu és pior do que ele, porque continuas com sede do sangue alheio, e se te fosse concedida nova oportunidade de matar, fá-lo-ias sem titubear, sem refletir por um momento... A piedade que não tiveste para conosco será a que te aplicaremos. N'Bondo teve o seu lar destruído, seus filhos foram reduzidos à miséria por tua causa, e ele se transformou num monstro que perdeu a faculdade de pensar. O seu é o pensamento do desforço, da tua destruição... Queremos-te aqui conosco, neste mundo no qual ninguém se oculta sob a máscara da desfaçatez, qual ocorre contigo na Terra.*

Prepara-te, infame, para o pagamento.

Ato contínuo, com as mãos crispadas, o Espírito avançou na direção de Manolo, que estorcegava no leito, dando um grito desesperador e acordando transido de pavor.

Olga, que ainda não se recolhera, veio correndo ao ouvir a voz desesperada do marido e pôde vê-lo tentando levantar-se atônito, sem consciência, tombando do leito no piso em lamentável estado de alucinação.

Procurou segurá-lo, ajudando-o a levantar-se, mas ele, como se instintivamente desejasse libertar-se das mãos invisíveis que pretendiam estrangulá-lo, agitava-se, para depois conseguir asserenar-se, porém a pouco e pouco, ante a cooperação e socorro da mulher agoniada.

Ela deu-lhe água fresca e reconfortante, falou-lhe brandamente, enxugou-lhe o suor e o envolveu em ondas de ternura, como somente o amor é capaz de proporcionar.

O infame acalmou-se, respirou fundo, readquiriu o cinismo habitual e explicou:

– *Estou sendo vítima de perseguição de demônios...*

Após um silêncio oportuno, que lhe dava ensejo de concatenar as ideias, prosseguiu:

– *À tarde, no balcão, em doce repouso, sonhei com um sacerdote muito famoso em Angola, que me veio advertir e orientar em muitas das ações que tenho praticado. Havia bondade e severidade em suas palavras, que me faziam um grande bem. Enquanto ele falava, eu experimentava maravilhoso fenômeno mental que me permitia ver aquilo a que se referia. Ao despertar, estava disposto, embora continuasse cansado das atividades do dia.*

Novamente se deteve em a narrativa, para logo dar prosseguimento:

– *Neste último, senti-me em um estranho lugar, sombrio e atemorizante, sendo visitado por dois satanases que se apresentavam como dois indivíduos que conheci na África do Sul, que agora me ameaçavam de destruição. Embora o aspecto monstruoso, guardavam alguns traços fisionômicos que me permitiram identificá-los. Um deles, em especial, agiota famoso, transtornado e colérico, avançou na minha direção e crivou as mãos em garras no meu pescoço, quando, então, despertei aterrorizado...*

– *São sim pesadelos, que decorrem às vezes de preocupações, tensões emocionais e são liberados pelo inconsciente em forma aparvalhante* – procurou tranquilizá-lo a mulher carinhosa.

– *Concordo, mas sucede que sempre trazem algo fundamentado em acontecimentos que tiveram lugar no passado.*

E, após uma breve reflexão, aduziu:

– *Amanhã porei cobro a essas alucinações, procurando um psiquiatra ou um psicanalista, conforme seja melhor para a recuperação da minha serenidade.*

Mal terminara de expor os planos para o futuro próximo e ele ouviu, não saberia dizer se no imo ou no exterior, uma gargalhada estrídula, logo seguida da ameaça, que já se fazia habitual:

– É o que pensas, miserável! Iremos cobrar-te, moeda por moeda, toda a dívida que tens para conosco.

Manolo empalideceu rapidamente e pôs-se a tremer como varas verdes, concluindo, aterrorizado:

– O caso requer urgência, pois devo estar enlouquecendo...

Os verdugos, confiantes no êxito do plano de desforço, antegozaram a aflição que impunham ao desalmado, concluindo que em breve o teriam totalmente em suas mãos.

Aquela foi, para o casal Rodríguez, uma noite de inquietação e ansiedade.

Sucede que ninguém consegue evadir-se de si mesmo. Mascaram-se as situações externas da existência, negam-se acontecimentos reais, desviam-se do seu rumo investigações legítimas, acobertam-se ações nefastas, conquistam-se aplausos na sociedade de consumo, no entanto, é impossível a convivência do indivíduo interior com o exterior, do ser real com a sua personalidade hipócrita. Ocasião surge, sempre, na qual despertam os valores internos, e a dicotomia entre o que se é e o que se apresenta produz uma cisão na personalidade, que abre campo para transtornos depressivos profundos uns, psicóticos outros, alucinatórios os restantes... Não sendo possível a convivência saudável entre o ser espiritual e o mundo exterior no qual transita, a fuga para os conflitos e desvios de conduta torna-se inevitável, gerando atribulações que poderiam ser diluídas antes por meio da harmonização entre ao que se aspira e a forma como se conduz.

Muita falta faz à criatura humana uma saudável crença religiosa trabalhada em experiências pessoais, que lhe faculte uma visão global da vida, seus objetivos essenciais e secundários, fixada no futuro que cada qual elege para si mesmo através do comportamento que se permite.

Raiará, porém, oportunamente, nova aurora de fé, consubstanciada na vivência da realidade espiritual, quando a mediunidade dignificada e colocada a serviço do intercâmbio entre as duas faixas vibratórias da vida ensejará a compreensão da existência terrena dentro de parâmetros enobrecedores, e não mediante as ilusões dos sentidos sempre arbitrárias, dando a ideia falsa de uma perenidade que não existe, em razão da consumpção que ocorre com o organismo físico.

Quando o ser humano conscientizar-se de que é essencialmente Espírito, e não invólucro material, tomará a decisão de viver conforme os padrões elevados da justiça e da equidade, do amor e da caridade, desenovelando-se das paixões primevas para vivenciar as experiências iluminativas e libertadoras que lhe estão reservadas, em favor da sua incessante ascensão moral.

Ao Espiritismo cabe essa gloriosa tarefa, que vem sendo adiada em razão da indecisão de muitos dos seus adeptos que não introjetaram na conduta, conforme seria de desejar, os postulados libertadores de que a Doutrina se constitui.

Em razão dos sofrimentos que se prolongavam na economia moral e espiritual da família Albuquerque, maior união se operara entre os seus membros.

As reuniões de estudos sobre a Doutrina Espírita realizadas no lar faziam-se enriquecidas pelas análises filosóficas e pelas discussões científicas dos seus postulados, nunca se descuidando do estudo das consequências morais e espirituais que deviam ser insculpidas no comportamento diário. A ação da caridade convertera-se em luminoso projeto de ajuda aos pobres, especialmente àqueles que tinham as suas existências ceifadas pela miséria e pelos preconceitos selvagens então vigentes.

Todos aqueles que participavam dos encontros semanais haviam descoberto razões ponderáveis para darem prosseguimento à existência. Peculiar sensação de paz e de alegria de viver nutria-os como bênçãos especiais, porquanto houveram descoberto o mapa do tesouro da felicidade, dispondo-se a seguir-lhe as orientações até o encontro com a fortuna que preservava.

Terminadas as tertúlias brilhantes, havia um breve espaço para a oração, a meditação, quando ocorriam as comunicações mediúnicas por intermédio de dona Evangelina.

A palavra serena e lúcida do Monsenhor Alves da Cunha, de par com os conceitos apresentados por outros nobres Espíritos, encarregava-se de dirimir dúvidas, de elucidar textos mais complexos e abrir novos campos de comentários que pudessem edificar os participantes do ágape espiritual.

Adestrados agora pelo conhecimento que verte do Mais-alto, mantinham-se em recolhimento, sendo beneficiados pelas energias que lhes eram endereçadas pelos incansáveis gênios tutelares desencarnados.

O ambiente permanecia saturado de fluidos benfazejos, facultando que os membros do grupo pudessem demorar-se um pouco mais em comentários proveitosos enquanto lhes eram servidos refrescos ou café, preservando os salutares hábitos sociais.

O tempo, na sua viagem inexorável no rumo do futuro, colocava distante os acontecimentos inditosos, que não eram revividos, exceto em condições especiais, quando alguém informava algo que podia confortar a família a respeito de Esperanzita, em franco desenvolvimento físico e intelectual, conforme correspondência de amigos de Palma de Maiorca, ou se entreteciam considerações em torno da saúde emocional de Manolo.

Eneida emagrecera consideravelmente, como consequência do quase desaparecimento de razões para continuar vivendo. Somente conseguira dar curso à existência por causa da fé haurida na Justiça Divina e da esperança, mesmo que remota, de serem esclarecidos os fatores que levaram o marido insano à atitude devastadora.

Lentamente, porém, com a instância dos familiares, em particular de Júlio e da sua genitora, que tudo movimentavam com o objetivo de fazê-la distrair-se um pouco, foi abandonando o ensimesmamento habitual e participando, uma que outra vez, da conversação quando se generalizava.

Por certo, por causa do sofrimento que a macerava, as suas eram opiniões sensatas e acertadas quando o tema se voltava para os problemas e conflitos humanos, demonstrando que, sem a reencarnação, não havia qualquer motivo lógico para o enfrentamento das dificuldades e desafios existenciais.

— *A reencarnação* — dizia-o com segurança e emoção — *é o mais prodigioso bem que a Vida proporciona aos Espíritos em processo de evolução na Terra, eliminando as fantasiosas concepções em torno de seres abençoados pela graça em detrimento da quase totalidade daqueles que se movimentam* no mundo destituídos dessa divina concessão. Outrossim, embora severa, é equânime, porquanto alcança todos que marcham no rumo da perfeição, facultando-lhes as mesmas experiências, aprendizagens, provas e expiações, mediante as quais se depuram dos erros cometidos, recomeçando o trabalho de autoburilamento e de renovação interior.

Convidada a opinar, após vencer a natural timidez, ficava visivelmente inspirada, adquirindo uma beleza seráfica que superava o desgaste da face.

Numa dessas oportunidades, alguém menos previdente, embora sem intenção malévola, interrogou-a:

— Como considera o drama que tem vivido nos últimos anos através da reencarnação?

Sem titubear, embora com ligeiro rubor no rosto, explicou calmamente:

— Não foram poucos os dias e as noites em que mergulhei na ocorrência dolorosa que envolve a minha atual existência, a da minha filha e a dos meus familiares, provocada pela insensatez do homem que elegi para meu marido. Momentos houve em que me senti alucinada e não posso ocultar que me ocorreram as ideias macabras de vingança, tal o ódio que me calcinava interiormente. Tanto eu poderia tomar a clava da justiça nas mãos e tentar matá-lo pessoalmente, como contratar um malfeitor que, a soldo de dinheiro, fá-lo-ia por mim. "Que sentido teria a minha existência se ele a destruíra?" – eu sempre me interrogava. Após a vingança, encerraria também a própria jornada... Pensava, no entanto, na carga de sofrimentos que legaria à minha filha, que deveria conduzir a odiosa lembrança dessa nova tragédia adicionada à primeira, àqueles que me amam e compartem das minhas dores! Isso me fazia mudar de pensamento instantaneamente, porquanto eu não tenho constituição emocional para fazer os outros sofrerem.

Foi, no entanto, a lógica da reencarnação que me direcionou pelo caminho que venho seguindo, dando-me forças para reflexionar: ou não existe nada, sendo tudo um fruto espúrio do acaso, ou existe Deus, uma ordem no Universo, uma Lei de Causa e de Efeito que a tudo governa. Como o caos não pode gerar o equilíbrio, nem o nada produzir tudo, a única opção que tinha era a da Criação Divina, da Causalidade Inteligente da vida e de todas as ocorrências. Entendendo que a Terra é uma escola, e não um vale de lágrimas, embora o pranto que se verte em qualquer educandário; pus-me *a pensar se não estaria em mim mesma a causa remota dos acontecimentos perversos que então me envolviam.*

Classificava o meu marido como um psicopata em razão das suas mudanças de humor e de comportamento sem qualquer motivo... As suas atitudes de hostilidade contra as pessoas queridas, mesmo em relação à sua família biológica, chamavam-me a atenção, e muitas vezes temi pela sua conduta estranha, que, de alguma forma, eu podia administrar. Observava no seu olhar, quase sempre desvairado, a presença de um ciúme doentio, de uma desconfiança mórbida e me perguntava de onde lhe vinham essas impressões... Por que me amava e, ao mesmo tempo, desprezava-me? Entendi, ao longo destes tempos, que alguma lembrança perturbadora permanecia no seu inconsciente, chegando-lhe à lucidez sem a claridade necessária para a identificação.

Eneida fez uma pausa a fim de melhor concatenar o raciocínio e exteriorizá-lo de forma lúcida.

As pessoas que a escutavam mantinham-se atentas à explanação do drama que nunca se atreveram a interrogar para tomar conhecimento.

Com os olhos luminosos, como se fitasse uma claridade distante e poderosa, ela continuou:

– *Uma noite, quando pensava muito na minha filhinha, às portas da loucura ante a sua falta, senti uma brisa agradável que me tranquilizou, levando-me a um torpor algo diferente do sono fisiológico. Nesse estado alterado de consciência, senti-me em um monte verdejante ao cair de uma tarde aureolada de cores. As vozes da Natureza pareceram silenciar para permitir-me escutar o suave sibilar do vento macio. Enternecida e emocionada, fui induzida a orar. Nunca experimentara algo semelhante e penso que não mais voltarei a vivenciar tão preciosos momentos de êxtase. Eu não pensava, nem tinha necessidade de fazê-lo. Na prece, não havia palavras, eram sentimentos que se exteriorizavam da mente e do coração, como ondas de luzes multicoloridas que me envolviam e se ampliavam à minha volta, permitindo-me ouvir maviosa música chegando-me de ignota região.*

No deslumbramento que me tomou, vi surgir inesperadamente um ser angélico, sorridente e afável, transparente e luminoso, que me aconselhou:

– *"Bendize a dor que te dilacera os sentimentos! Todas as aflições, todos os sofrimentos procedem do egoísmo e do desrespeito que o Espírito se permite ante as Leis de Deus. Acima de todas as coisas paira sempre soberana a Justiça Divina. É tão grandiosa essa legislação que nada ocorre por capricho do acaso. Desse modo, é necessário confiar. A coroa da glória somente pode ser ostentada após vencidas as batalhas que estão sendo travadas. Nunca desconfies da Celeste Providência. Tem coragem ante a crucificação que te está sendo imposta, porque ela é justa. Não é a primeira vez que transitas no mundo com aquele que hoje te fere de morte. Perdoa-o e perdoa-te, a fim de tornares menos pesado o teu fardo de aflições. Jesus, que era inocente, não reclamou, não se justificou e perdoou a todos. A noite tempestuosa beneficia o amanhecer banhado de sol, tornando a atmosfera mais leve e mais transparente. Sempre é feliz aquele que resgata, que sofre, que confia e ama".*

Acercou-se mais de mim e, tocando-me a testa, convidou-me com energia: – "Agora vê a razão das tuas penas atuais".

Um turbilhão interno operou-se em mim e pude acompanhar o desenrolar de toda uma existência em um átimo, como se estivesse viva e pulsante no meu cérebro, nessa região da memória espiritual que fora tocada. Pude reviver a experiência infeliz que me dizia respeito, quando, sob o seu alfanje e crueldade, não tive forças para resistir e abandonei-o de forma abominável... Fora eu, portanto, quem desencadeara antes a tempestade feroz que agora me surpreendia.

Estarrecida comigo mesma, logo estava de retorno à sensação feliz que me acometera, porém não mais desfrutando da tranquilidade anterior que sentira, quando o venerável ser concluiu: – "Agora que sabes a razão por que sofres, reanima-te, prossegue no bem e confia em Deus. Nada justifica o crime da vingança. Se erraste em relação a ele e ao lar, a ele não cabia a odienta cobrança. Deus não necessita dos seres humanos para fazer justiça. Mas esses, precipitados, sempre optam pelo desforço, embora convidados ao perdão. É o que te sucede neste momento. Jamais penses em cobrança, que a ti não compete executar. O amor supera todas as questões e manifestações perversas. Ama sempre e sofre com coragem, totalmente entregue a Deus, que vela por ti e por todos, inclusive pelos teus inimigos, na condição de Pai amoroso e vigilante".

Eneida outra vez aquietou-se, a fim de concluir com emoção:

– *O Espírito sublime que me veio socorrer desfez-se diante dos meus olhos nublados de pranto, deixando um perfume inesquecível na aragem*

*que tomava conta da paisagem, agora se transformando em noite estrelada...
Perdi a consciência, e, ao acordar no dia imediato, narrei aos meus familiares o fenômeno espiritual de que fora objeto, a fim de que todos nos manti-
véssemos em confiança, perdoando aqueles que, de uma ou de outra forma,
transformaram-se em nossos atuais algozes, prometendo-nos não mais voltar ao tema, exceto quando convocados pela Divindade.*

*Aí está, em resumo, como a chave da reencarnação elucida o enig-
ma da ocorrência grave que nos surpreendeu a todos da família. Conside-
ramos o nosso perseguidor um psicopata infeliz, que merece mais compaixão do que ressentimento.*

*Sem um motivo lógico para justificar a angústia e as dores que esfa-
celam os sentimentos humanos, a revolta e o desespero desgovernam aqueles
que experienciam essas aflições, por sentirem-se desamparados, contemplando a alegria dos outros e sofrendo essa terrível injustiça. Qualquer um de
nós, quando convidado aos padecimentos, sejam de natureza orgânica pelas
doenças, sejam de natureza emocional e mental pelos transtornos neuróticos
e psicóticos, pela pobreza, pela solidão, pela crueldade que nos seja imposta, não dispondo de um suporte filosófico para compreender-lhes a necessidade, resvala na alucinação e tomba no suicídio, no homicídio ou em outro desalinho moral, por falta de apoio mental e espiritual para perseverar e
retirar o melhor proveito da situação. A reencarnação, portanto, é a luz no
fim do túnel, convidando à saída honrosa das sombras na direção do espaço aberto e claro da vida.*

Os ouvintes encontravam-se emocionados com a narração otimista
e permeada de lições libertadoras para a consciência, demonstrando que
ninguém foge da culpa nem de si mesmo. Não se adentrando em detalhes a respeito do acontecimento inditoso do passado, Eneida evitou que
alguns invigilantes se permitissem comentários inoportunos a respeito,
caso fossem relatadas as ocorrências da existência anterior que desencadeara os desastres atuais.

A experiência vivenciada em desdobramento parcial na Esfera da
imortalidade fora idêntica àquela que mais tarde seria oferecida pelo venerável Monsenhor ao truculento espanhol em Palma de Maiorca, após
a louca agressão de Ramiro.

184

Aquela era uma noite especial, porquanto a psicosfera reinante convidava a reflexões ricas de alegrias e a explosões de felicidade.

Ainda os circunstantes não haviam saído do enlevo produzido pela jovem senhora e o padre João Pedro solicitou permissão ao doutor Albuquerque para entretecer algumas considerações, caso não viesse a quebrar a harmonia reinante.

Estimulado a prosseguir, com a anuência do anfitrião e do grupo solícito, esclareceu:

— *Todos aqui me conhecem pelo zelo quase apostólico que mantenho pela Religião que professo e pela conduta que me imponho. Tenho procurado ser coerente com o sacerdócio que abracei desde a adolescência no seminário e mais tarde no relacionamento com as ovelhas que o Senhor me confiou para pastorear. A castidade e o celibato têm-me acompanhado os pensamentos e as atitudes, a fim de permanecer digno do ministério abraçado. Apesar disso, no que se refere às diretrizes litúrgicas e dogmáticas da Fé Católica, confesso a presença na minha mente e nos meus sentimentos de conflitos e de insatisfações que me levaram a uma atitude dramática, ora concluída, a que me referirei logo mais.*

Sempre considerei Deus o Pai Único, Soberano e Justo, Onisciente, Onipresente, Todo-Poderoso... Nutri-me dessa fé natural até alcançar o período da razão e da lógica, quando fui surpreendido por interrogações que não encontravam respostas convincentes nos postulados em que acreditava. Mais tarde, estudando a história do Cristianismo, acompanhando os passos de Jesus, conforme as narrações evangélicas e a Instituição Católica, constatei a distância que medeia entre uma e outra informação, concluindo que existe o Cristianismo do Cristo e dos Seus apóstolos que O acompanharam e o Cristianismo de Roma, conforme as convenções imperiais e dominantes, muito distante daquele original. Muitas vezes me surpreendi na angústia de reflexões dessa natureza, considerando-me herege.

Ouvindo as confissões honestas de muitos fiéis a respeito dos dramas que os assaltam, das dificuldades em manter conduta saudável e de fazer o melhor quando são conduzidos a praticar o pior, interrogava-me pelas razões que produziram indivíduos tão diferentes como o somos todos. A unicidade da existência, que eu havia aceitado como real, não suporta a análise apresentada pelos paradoxos humanos que todos defrontamos. Por que nascem *no mesmo lar gênios e imbecis? Por que são criados seres felizes e atormentados, sem possibilidade de mudança de situação? Qual a razão pela qual uns sofrem desde o berço enquanto outros são aquinhoados pela deusa Fortuna com todas as alegrias e facilidades imagináveis? Por qual motivo existem raças malsinadas desde recuadas épocas da História, experimentando perseguições sistemáticas e impiedosas? Como compreender a abundância excessiva e a miséria devastadora entre as criaturas, todas filhas do mesmo Pai? Por que ocorrem as mortes prematuras, os bons sofrendo sem cessar e os maus prosperando a olhos vistos?... Enfim, mil interrogações que não po-*dem ser elucidadas pela tese da denominada vida única, *após a qual, me-*diante a morte vem o julgamento *ou o* sono, até o Dia do Juízo Final, quando a Terra devolverá todos aqueles que sepultou... *E todos quantos foram consumidos pelas chamas, devorados pelas feras nas selvas, pelos peixes nas águas, nos afogamentos? E as vítimas das explosões atômicas de Hiroshima e Nagasaki?*

Mas não se reduziam a apenas esses conflitos os meus tormentos de fé. Terei poder para absolver de todos os pecados aqueles que são criminosos perversos sem que eles reparem os males causados, as destruições de vidas que se permitiram, apenas se apresentando arrependidos e recebendo uma leve penitência, como algumas orações e práticas religiosas? Para onde rumariam suas vítimas abandonadas pela Religião e para onde seguirão após a morte os seus algozes? Um mesmo Céu haverá para arrependidos e lutadores incansáveis? Um mesmo inferno existirá para os que praticaram crimes hediondos contra a Humanidade e os que adulteram, para os que respondem pelo sofrimento de milhares de pessoas e para o caluniador? Não apenas isso, mas também as liturgias, os sacramentos, como os meios únicos de salvação... E aqueles que se encontram em países e regiões onde não existem esses cultos, essas diretrizes religiosas, como encontrarão o Céu de eterna felicidade?

O dissertante olhou em volta e percebeu o interesse que suas palavras despertavam, calando fundo nos demais, igualmente atormentados por dúvidas equivalentes. Fez uma interrupção no fluxo do discurso, para continuar:

— A pompa religiosa e vaticana, o poder excessivo concedido a alguns sacerdotes que usufruem das regalias exageradas concedidas pela sociedade,

o luxo abusivo, a indiferença pela pobreza, o silêncio ante os crimes pratica-
dos por povos e nações poderosos contra os indivíduos não encontram refúgio
no Evangelho em página alguma, pelo contrário, recebem admoestações se-
veras. A exigência da castidade e do celibato, violando a natureza biológi-
ca do ser humano, extrapola a condição de uma existência saudável, da ne-
cessidade de família, da experiência no lar...

Foi então que, aqui ouvindo e estudando a reencarnação, o Evan-
gelho libertado das imposições dos teólogos e intérpretes frustrados em rela-
ção às belezas da Terra, que a tornaram um lugar de desterro, *quando,*
em verdade, é um abençoado paraíso, conforme a vejamos em nossas aspi-
rações superiores, resolvi deixar a sotaina, liberar-me dos votos e compro-
missos firmados com a Igreja Católica, assumindo a identidade de profes-
sor e de cidadão civil...

Ele tinha ideia da surpresa que tomaria os amigos, conforme aconteceu. Por isso, novamente fez uma pausa significativa. O silêncio era geral, podendo-se ouvir a respiração opressa de alguns que frequentavam
as reuniões, mas continuavam militantes da Religião Católica.

Utilizando-se da expectativa que reinava, deu continuidade à informação:

— *Há algum tempo resolvi encaminhar documentos a Roma solicitan-*
do a minha liberação. Essa atitude causou celeuma interna no convento em
que me encontro, mas que, felizmente, não transpirou externamente. Após
marchas e contramarchas, encontro-me liberado transitoriamente dos de-
veres sacerdotais, da concessão dos sacramentos, da celebração da missa e de
outros ritos, podendo ainda retornar ou por definitivo deixar o sacerdócio.

Apraz-me sobremaneira informar que me encontro feliz, perfeita-
mente livre para administrar a minha existência, buscando prosseguir en-
sinando, como tenho feito, embora reconheça as mudanças que serão ope-
radas na minha vida, as reações de algumas pessoas bem-intencionadas
e, por que não dizer, as perseguições que me serão desencadeadas. Nada
obstante, a sensação de liberdade que me toma, a alegria de haver com-
preendido e adotado este comportamento claro e verdadeiro, sem másca-
ra de santidade nem hipocrisia ante o meu próximo, conduzindo-me con-
forme acredito ser a melhor maneira, constitui-me verdadeira bênção

que Deus me confere em decorrência da lealdade e honradez com que me venho conduzindo.

A partir, portanto, de hoje não mais estarei vivendo no convento onde me hospedo, sendo um cidadão a mais na atormentada economia da sociedade, e espero contribuir para amenizar os seus conflitos e desmandos, seus problemas e dificuldades.

Quando encerrou a exposição, as pessoas estavam aturdidas umas, outras quase extáticas, porquanto não esperavam que aqueles estudos pudessem produzir um efeito tão profundo no comportamento de alguém.

O doutor Henrique, percebendo o que acontecia com os amigos, quebrou o silêncio, acercou-se de João Pedro e o abraçou efusivamente, parabenizando-o pela decisão tomada, no que foi acompanhado pelos familiares e mais alguns amigos que despertaram do choque.

A seguir, o anfitrião esclareceu:

– *Eu também, como é de todos sabido, passei pelos mesmos transes, por idênticos conflitos e dificuldades de harmonizar a crença antiga com as informações novas, optando pela conduta honesta e clara, que me tem dignificado a existência. Respeito a Igreja e os seus ministros, seus fiéis, suas propostas, embora discordando de algumas das suas diretrizes religiosas, que reconheço como necessárias para grande parte das criaturas que a frequentam.*

E, dando mais ênfase às palavras, concluiu:

– *Este será sempre o seu lar* – dirigindo-se ao ex-padre João Pedro –, *cujas portas estão-lhe abertas de par em par, podendo agasalhá-lo, com carinho e fraternidade, em qualquer momento que se lhe faça necessário. E se houver dificuldade em prosseguir no exercício da função de educador, por motivos que não valem a pena examinar, enquanto não lhe surgir outra atividade, haverá sempre um lugar para ganhar o pão em nossa empresa metalúrgica, não obstante pequena, com espaço para mais um trabalhador.*

Eneida, à semelhança dos demais presentes, foi acometida de um quase choque ante a notícia apresentada de maneira simples e concisa. Imediatamente se recordou do diálogo que mantiveram, quando o então sacerdote lhe declarara o profundo amor que lhe devotava.

Dona Evangelina providenciou canapés, que foram servidos aos amigos, celebrando o acontecimento inesperado, enquanto os presentes a pouco e pouco se despediram, buscando os próprios lares.

O impacto da informação foi muito forte para alguns amigos do ex-sacerdote, que não podiam compreender a necessidade da tomada daquela decisão, acreditando que ele poderia continuar no seu ofício religioso, adicionando as informações e conhecimentos novos ao patrimônio espiritual que conduzia.

As pessoas pusilânimes sempre encontram fórmulas que lhes facultam manter a aparência de apoio com aquilo que não concordam, porque não têm a coragem de assumir a responsabilidade em relação ao que acreditam e lhes faz bem. Assim, não se sentem constrangidas às mudanças necessárias no comportamento, às lutas que defluem dessas alterações, permanecendo no convencional, embora distantes dele.

O homem e a mulher de bem são coerentes no que pensam em relação ao que falam e ao que realizam. É essa a conduta que os identifica na condição de probidade e de honradez.

5

A VIDA COBRA A CADA UM DE ACORDO COM A DÍVIDA CONTRAÍDA

Conforme Eneida sentira, a narração feita por João Pedro também objetivava informá-la da sua recente condição religiosa e do seu descompromisso para com a Igreja a respeito do matrimônio, o que fora feito com grande habilidade, evitando abordar a questão do seu sentimento e da sua afetividade.

Transcorridos dois dias após a reunião, que fora de grande significado para todos quantos constituíam o pequeno grupo de estudos espíritas, o ex-padre buscou-a, desejoso de conversar, não ocultando o júbilo que o invadia em razão da sua nova condição espiritual.

Convidou-a a sentar-se em um dos bancos do jardim florido, onde a paisagem do entardecer se converteria na moldura do seu encontro de amor.

Receosa, embora aquiescendo em atendê-lo, a jovem não sabia o que teria de dizer-lhe nem como comportar-se.

Logo que se sentaram, o moço perguntou-lhe como houvera recebido a notícia da sua libertação dos compromissos eclesiásticos, se tivera alguma intuição anterior ou se fora colhida de surpresa.

Com honestidade, a jovem senhora elucidou que, à semelhança de todos que o ouviram com atenção, a sua fora uma notícia muito agradável, que causara surpresa, sem dúvida, incluindo-se, naturalmente, entre os que fruíram do prazer inesperado.

– *Pareceu-me uma decisão muito feliz* – disse-lhe com sinceridade. *– Ninguém pode sentir-se bem mantendo uma conduta não condizente com*

*aquilo que pensa e sente, particularmente no que tange às questões espiri-
tuais, tão importantes no desempenho pessoal para uma existência ditosa.
Não foi outra a decisão do meu padrasto quando se identificou com a vida
em sociedade e o pensamento filosófico profundo, que não se compatibili-
zavam com a religião esposada. Ao invés de simulacros ignóbeis e comportamentos vazios de significado moral, a decisão de assumir novos compromissos havia-lhe sido a melhor conduta para eleger. E tudo indica o bem
que lhe fez, facultando-lhe alcançar a felicidade de que desfruta, tanto no
que diz respeito aos sentimentos como às suas conquistas sociais e humanas.*

*— Não lhe posso negar que me fascinam as suas reflexões e a forma di-
reta como expõe o seu pensamento... Achei desnecessário esclarecer, naquela ocasião, que os sentimentos que embalam meu coração em relação a uma
futura união com você, se assim os bons fados aprouverem e lhe for agradável, pesaram definitivamente na minha consciência, auxiliando-me a tomar a atitude sem postergações.*

Depois do silêncio que se fez natural, ele prosseguiu:

*— O homem somente se completa quando encontra a mulher que lhe
constitui o ideal para a comunhão sexual e a construção da família. Quando a sós, é qual ave possuidora de uma asa partida, ficando impossibilitado
de voar no rumo do infinito.*

*— Possivelmente, nesse sentimento de afeto que o amigo me direciona,
deve existir uma grande parcela de compaixão pela minha dor, solidária aos
sofrimentos que tenho experimentado. E, para a construção de um casamento feliz, esse sentimento, ao invés de auxiliar, dificulta a união.*

*— Sem dúvida que sempre existiu em mim essa aura de ternura e de
piedade em relação a você e aos Albuquerque, qual ocorre com qualquer pessoa forrada de sentimentos nobres e digna do título de amigo, ante as ocorrências cruéis que sucederam. Todavia, nada tem a ver com aquilo que me
domina interiormente e que está acima de minhas forças sufocar ou renun-
ciar. Não desejo, igualmente, que a sua aquiescência, quando ou se vier a
ser oferecida, tenha qualquer componente de compaixão para comigo... Acredito que sou capaz de propiciar-lhe felicidade, fazendo-a esquecer o passado próximo de amarguras e decepções. Certamente que não tentarei apagar
da sua memória o amor pela filhinha, nem os momentos jubilosos que viveu no antigo lar, porque isso seria o máximo do egoísmo de minha parte.*

A minha intenção é também a de ser feliz com você, proporcionando-lhe ventura, mas também fruindo da mesma alegria, pois que, do contrário, os meus seriam sentimentos doentios.

Lamento profundamente a minha atual situação financeira, porque me havendo dedicado à Igreja, nunca tive um salário digno que me facultasse uma existência cômoda, que me permitisse liberalidades econômicas. Não lhe poderei proporcionar o conforto que desfruta neste lar e que fruiu em companhia do perverso companheiro. Comprometo-me, porém, a preencher a lacuna material com os sentimentos de fidelidade e de amor que nenhum dinheiro do mundo consegue comprar. E, como ainda sou jovem, terei a justa e necessária ambição de lutar, a fim de conquistar tudo aquilo que possa contribuir em favor da ventura de nossa família... Sei que a felicidade não é comprada com joias que pesam no corpo daqueles que as ostentam e mudam de propriedade, mas com a dedicação e o afeto que iluminam as vidas. Isso sim me comprometo a oferecer-lhe em abundância.

Estimulado pela quietude verbal da ouvinte, que voltava a viver, escutando palavras quase esquecidas na memória, prosseguiu, elucidando:

— Sempre aspirei pelo consórcio matrimonial, por uma vida em família. Muitas vezes, observando alguns fiéis que frequentavam a Igreja, quando vinham trazendo os seus filhinhos para o culto religioso — frutos felizes da união das almas e dos corpos —, não conseguia impedir-me uma certa presença da amargura por estar impossibilitado de procriar. Jamais me permiti anelar pela paternidade covarde, aquela que resulta das uniões moralmente ilícitas entre um sacerdote católico e uma mulher que se lhe submete, facilitando-lhe o equilíbrio emocional sem receber a resposta do seu amor nem do seu carinho público, condenada a viver na sombra e a ser ridicularizada pela sociedade, que não a desculpa do que é considerado um crime... O homem, nesta sociedade judaico-cristã perversa, dispõe de todos os direitos de liberdade, sendo sempre compreendido, mesmo quando pratica os mais torpes descalabros, enquanto, ainda hoje, a mulher, como no passado, recalcada e perseguida, deve permanecer em situação vergonhosa... Sempre me recordo de Jesus, o paladino do feminismo, que se fazia acompanhar pelas mulheres que O amavam e d'Ele recebiam compreensão, afeto e dignificação. Não foram poucas aquelas a quem Ele ajudou em situações deploráveis e vergonhosas para a época em

que viviam, mas também outras, que eram damas de elevada posição social, que O seguiam e recebiam Seu carinho sem vacilação.

Ele falava com encantamento, desvelando o lado nobre da sua personalidade liberal e humana, muito diferente das constrições que a religião de que se afastara exigia.

— *A impiedade bíblica é tão vigorosa, para não dizer cruel, que no capítulo do adultério sempre se fazem referências à mulher que* pecou, *que* foi surpreendida, *à* pecadora, *nunca àqueles aos quais se entregou, que foram surpreendidos no ato ignóbil da traição – os pecadores masculinos... É claro que somente ocorreu prevaricação da mulher porque houve um parceiro que a seduziu, que a fez tombar no hórrido desrespeito ao esposo, mas as conveniências sociorreligiosas sempre escamotearam a presença do homem covarde que a induziu ao delito. Essa multimilenar vítima da hediondez machista encontra, na atualidade, sua chance de libertação, seu momento de demonstrar a grandeza de que é possuidora.*

— *Você tem carradas de razão. Temo, porém, que, despreparada para viver em liberdade, a mulher utilize-se mal da conquista conseguida e derrape nas licenças morais perturbadoras, procurando imitar o homem naquilo que ele possui de mais vulgar, que é resultado das suas paixões primevas, ainda não corrigidas. A distância entre liberdade e libertinagem é apenas de uma atitude precipitada...*

— *Sou partidário do conceito de que a mulher, quando se eleva, consegue erguer o mundo moral a um alto patamar de conduta, desenhando novos caminhos de felicidade e de plenitude para a sociedade. Durante muito tempo se elegeu o pensamento de que* atrás de todo grande homem existe uma nobre mulher, *ocultando o preconceito que, ainda aí, coloca-a em plano subalterno, quando se deveria enunciar que* ao lado de todo homem nobre existe uma mulher de igual textura moral.

— *Nisso concordamos plenamente, sem mesclas de feminismo ou equivalentes.*

— *É assim que a conceituo: uma nobre mulher, portadora de valores incomuns em nossos dias tumultuados. Não poucas, passado esse já longo período de sofrimentos, teriam tomado outro rumo, vencidas pela revolta ou pelo insano desejo de vingança, atirando-se aos descaminhos do vício, da perturbação. Você é a mulher que anelo para compartilhar dos meus sonhos, assim como eu ambiciono ser parte das suas aspirações.*

— Como o amigo compreenderá, tudo isso é muito novo para mim, é inusitado, em razão de não me ter permitido o sonho de um novo lar...

— Recorde-se, porém, de que a mãezinha, que também viveu a dolorosa experiência da separação, facultou-se nova oportunidade, havendo elegido o nobre companheiro que é o doutor Henrique, o homem que se transformou no seu e no pai adotivo de Júlio...

— Não há dúvida! Embora compreendendo o drama que minha mãe viveu, o meu tem características únicas, horrendas, que deixarão sequelas para sempre.

— Sempre é uma palavra que deverá ser substituída no seu vocabulário por até oportunamente... quando a vida a absolver e você voltar a sorrir e sonhar.

— Anseio por isso, mas não creio que o mereça.

— Jesus disse: "Qual, dentre vós, é o homem que, se seu filho lhe pedir pão, lhe dará um pedra ou, se lhe pedir peixe, lhe dará uma serpente?". Muito mais generoso é o Pai Celeste, que sempre oferece de acordo com a solicitação do filho necessitado. Aprendemos também com o Espiritismo que tudo nos é concedido de acordo com as nossas obras, numa justa referência ao Evangelho. Ademais, não nos encontramos na Terra apenas para sofrer, mas para libertar-nos dos sofrimentos. Desse modo, cultive a esperança de melhores dias, confiando no porvir e nas suas formosas concessões. A tempestade que destrói também renova a paisagem, assim como o sofrimento que vergasta propicia novas perspectivas para o Espírito.

Enquanto ele falava, a jovem, que mantinha o coração pejado de angústias, não pôde sopitar as lágrimas que lhe jorraram dos olhos.

Impulsionado pelo instinto de proteção e tomado por imensa ternura, João Pedro enlaçou-a delicadamente em um abraço, que ela não se escusou de receber. Voltava a sentir, depois de alguns anos de solidão e de desespero, os braços amigos do amor envolvendo-a e transmitindo-lhe calor. Sentiu-se confortada, experimentando que, a partir daquele momento, teria mais alguém com quem repartir suas ansiedades de mulher e seus desesperos de mãe, fora das paredes do lar, onde sempre desfrutara de proteção e de acolhimento. Lembrou-se, porém, de inopino, que ainda não se encontrava divorciada, e isso fê-la afastar-se suavemente do amplexo.

Penetrando-a com a intuição do afeto, João Pedro argumentou:

– Perante Deus e os homens você é livre, porque foi abandonada e tem-se mantido pura. A legalização do seu divórcio civil encontra-se a caminho e, logo mais, como eu, estará totalmente livre para tomar a decisão que melhor lhe aprouver em relação aos seus sentimentos femininos.

– Quando isso acontecer, voltaremos às nossas conversações – concluiu, ruborizada.

– Peço-lhe, no entanto, que me permita visitá-la com maior frequência, e não apenas nos dias reservados para as nossas reuniões espiritistas.

– A sua presença sempre é acompanhada de um grande prazer. Foi assim antes e o será sempre. Peço apenas tempo para me acostumar com as novas ideias, substituindo aquelas que venho acalentando nos últimos anos.

A distância, dona Evangelina acompanhava a conversação dos jovens, embora sem os ouvir, tomada de grande alegria. A sua intuição de mãe registrava que lentamente, porém com segurança, aproximava-se o fim das provações da filha. O ex-padre era homem portador de excelentes qualidades morais, trabalhador e honesto, podendo restituir-lhe a alegria de viver, recomeçando novas experiências felizes. Comoveu-se com a ideia de vê-los casados em futuro não muito distante e afastou-se do seu posto de observação.

Chegando à sala de estar, decorada com capricho, embora sem requintes exagerados, Eneida prontificou-se para servir algum refresco ou café ao visitante. Dona Evangelina, porém, tomou-lhe a dianteira, explicando que aquela era a hora do chá e o convidava a sentar-se com ambas, a fim de dar prosseguimento à conversação por mais alguns minutos, antes da chegada do marido e do filho de retorno da metalúrgica, no que foi prazerosamente atendida.

Armando, que fora abandonado por Clara e descera aos desvãos da indignidade, como já referido, utilizava-se, na sua loucura, do nome dos familiares, alguns dos quais ainda residentes em V., para entregar-se ao desbordar das paixões destrutivas.

Nessa mesma ocasião, envolveu-se em lamentável quizila com outro da sua qualidade moral, ferindo-o mortalmente, o que ocasionou um grande escândalo em torno dos poucos familiares Rodríguez, apesar do seu sobrenome Velásquez.

Preso em flagrante, foi conduzido ao cárcere sem qualquer consideração, ao qual foi atirado.

Passada a *carraspana* e recuperando algo da consciência, solicitou ajuda dos familiares, que não lhe deram a mínima importância, abandonando-o miseravelmente.

Perturbado mentalmente como decorrência das extravagâncias alcoólicas que se permitia, tornou-se palrador inconsequente, acusando Manolo e Eneida pela sua atual situação, por havê-los expulsado do lar, ele e Clara, o que se tornou motivo de novos comentários na cidade.

Como todo escândalo sempre atrai os caçadores de misérias humanas, à semelhança dos cadáveres que são consumidos pelos vibriões, um repórter que se celebrizava pelos artigos na imprensa marrom, essa que se encarrega de escancarar as misérias alheias aos olhos públicos e que vive no charco da inferioridade social, resolveu entrevistar o alcoólatra, percebendo que poderia explorar a situação, gerando conflitos e interesses subalternos que seriam convertidos em lucro e divulgação do seu nome.

Munido de autorização policial, esteve acompanhado por um fotógrafo na cela em que se encontrava o infeliz e gravou declarações da mais baixa qualidade, que publicou no periódico da cidade.

Entre as informações alucinadas do enfermo, verdadeiras umas, fantasiosas outras, estavam as insinuações de como fora adquirida a fortuna dos familiares, com toques de sarcasmo e com notícias de que altas somas haviam sido transferidas para a Espanha através de sórdidos expedientes. Manolo, citado inúmeras vezes como explorador e viciado em drogas, tornado traficante pelo primo demente, foi o alvo principal da catilinária de vingança do infeliz. Eneida foi poupada milagrosamente das arremetidas da perversidade e do desforço do ébrio contumaz.

As fotografias apresentando o deplorável estado do enfermo chocaram a comunidade pela crueza de que se revestiam.

Durante algum tempo, esfervilhavam nos comentários locais a grandeza e a queda dos Rodríguez, envergonhados pelos comentários obscenos e criminosos, alguns sem sentido, demonstrando a idiotia de que estava acometido o informante, mas que não deixaram de macerar aqueles contra os quais eram dirigidos.

Como apraz a muitas criaturas o desvelar de segredos, o conhecimento das torpezas dos outros, apesar das próprias, o noticiário venal alcançou a sua finalidade, humilhando algumas pessoas honradas e desvelando aquelas que eram realmente indignas.

Com o tempo, o silêncio tomou conta dos acontecimentos, e Armando morreu ao abandono, na cela infecta que passou a habitar, em total alienação mental.

Cada qual elege a trajetória terrena que deseja seguir, atingindo a meta estabelecida.

Nunca faltam a ninguém o apoio e a inspiração que chegam por meios diferentes, sutis uns, diretos outros, sempre convocando à ascensão e à liberdade, a fim de que não se possa lamentar com fundamentos, nem justifique a derrocada, quando ocorre, sob alegações falsas.

O Amor de Deus a tudo providencia e abastece.

Em Palma de Maiorca, os acontecimentos se desenrolavam sob augúrios angustiantes.

A pequena Esperanza, assemelhando-se a uma débil planta desnutrida pela ausência de amor, enfermou gravemente. Porque o distúrbio orgânico, de procedência emocional, prosseguisse ameaçador, a madre superiora do educandário informou a Manolo, que, em lamentável estado de espírito, correu a visitar a filhinha, encontrando-a prostrada em deperecimento.

Há dias que não se alimentava, mergulhando cada vez mais num mutismo e numa indiferença por tudo, o que preocupava. Convidado o médico a examiná-la, o diagnóstico apresentado foi sombrio. A criança fizera um quadro de depressão profunda, cujas causas não pudera detectar.

Informado, porém, de que a genitora houvera morrido em circunstâncias trágicas, o esculápio concluiu que se tratava de um caso de interiorização do conflito, manifestando-se no lamentável transtorno de consequências imprevisíveis. Imediatamente aconselhou a ajuda de um psicólogo, a fim de diluir-lhe as disposições internas prejudiciais, estimulando-a a reencontrar os objetivos existenciais.

Manolo acorreu à enfermaria da escola e deparou-se com a filhinha em prostração, de alguma forma resultado da terapia exagerada e do próprio desinteresse, inconsciente embora, pela vida.

Ao vê-la quase desfalecida e pálida, foi acometido de desespero incontrolável. Sob um aspecto, a criança retratava a face macerada que, muitas vezes, nos dias difíceis no antigo lar, ele encontrara em Eneida. Os mesmos cabelos louros encaracolados, a testa larga, o nariz delicado, os zigomas salientes, os lábios carnudos e bem delineados, em tudo era qual um clone da mãezinha. Ademais, a consciência de culpa lhe assomou, considerando o crime que prosseguia perpetrando, negando à criança o direito de estar com a genitora e tendo-a como falecida em situação penosa, gritando-lhe arrasadoramente, quase o alucinando.

Somava-se agora, aos conflitos que vivenciava, mais essa experiência dolorosa.

Nesse inferno interior, a religiosa vigilante e gentil sugeriu que a menina fosse transferida para o lar, para o convívio com a família, no qual experimentaria uma mudança de clima emocional e talvez pudesse recuperar-se com mais facilidade. A sua manutenção ali certamente não lhe traria o benefício do calor doméstico, o que também não ocorreria em um hospital.

O lar é sempre o santuário de amor que vitaliza os seres, especialmente quando estruturado nos valores ético-morais propiciadores de harmonia e de bem-estar.

Olga, sentindo-se mãe espiritual da menina, que não tivera oportunidade de experimentar a sua convivência, em razão do desequilíbrio do marido que optara pelo internamento escolar, já que lhe não contara a verdade sobre as vicissitudes vividas, por ele próprio provocadas, prontificou-se a recebê-la e a assisti-la com devotamento maternal.

De alguma forma, a maternidade nela existente encontrava ocasião feliz para manifestar-se, apesar das circunstâncias aflitivas do momento.

Tomadas as providências indispensáveis, mantidos os mesmos médico e psicólogo, a pequena joia foi removida para o apartamento de luxo, não como de outras vezes, em fins de semana para os folguedos, mas para aguardar a grande decisão da Vida.

Fragilizada e triste, após ser acomodada com carinho em uma confortável suíte da residência paterna, assistida pelo médico e enfermeiras competentes, transcorridos vários dias sem que a debilidade regredisse, após a alimentação providenciada pela madrasta, que revelou alta expressão de sentimentos nobres, inspirada pelo seu nume tutelar, a pequenina, com voz sumida, enquanto o pai sinceramente comovido fitava-a em pranto, falou em sua linguagem infantil:

— *Ontem eu sonhei que uma senhora muito bonita veio buscar-me, a fim de levar-me à presença de minha mãe...*

Os olhos claros estavam pejados de lágrimas, enquanto deu prosseguimento à narração:

— *Ela disse-me que minha mãe está viva, que não morreu, conforme eu estava inteirada.*

Tomado de espanto quase descomunal, Manolo deu um grito e por pouco não correu na direção da varanda, atirando-se ao espaço para estatelar-se no piso de pedra, alguns andares abaixo. Desvairado, arremeteu:

— *Não é verdade! Ela morreu. Eu a vi distendida no solo e morta, a infeliz...*

Olga procurou acalmá-lo com palavras alentadoras, ao mesmo tempo que demonstrava interesse pela informação da menina, visivelmente iluminada.

Ela, então, prosseguiu:

— *Era muito bela a senhora e vestia-se de tecido branco esvoaçante. O seu rosto brilhava como se tivesse uma lâmpada acesa dentro. Ela sorriu e, distendendo os braços na minha direção, falou como se estivesse cantando uma doce melodia: — "Os seus sofrimentos irão acabar. A noite escura por onde tem andado na procura da mãezinha vai transformar-se em madrugada de alegria. Em algum lugar ela espera por você e a receberá com infinito carinho. Logo mais eu virei buscá-la, para que você não sofra mais. As suas lágrimas secarão, e a canção de amor que sua mãezinha sempre entoava antes de você adormecer será repetida junto aos seus ouvidos"*...

A menina fazia um grande esforço para balbuciar as palavras, vencida por emoção crescente.

O pai, estarrecido, não sabia o que dizer ou mesmo o que pensar.

O tribunal da Verdade estava demonstrando-lhe como ninguém foge das suas diretrizes, nem consegue apagá-las ou destruí-las no transcurso dos dias.

Foi Olga quem, tomando as mãos muito frias da criança e tentando aquecê-las com as suas, envolvendo-a em doçura, falou-lhe ternamente:

— *Se for necessário, eu cantarei para você conforme fazia sua mãezinha. Eu não sei qual era a canção com que ela lhe enternecia, mas eu conheço muitas outras de ninar, a fim de ajudar criancinhas a dormirem. Por que você nunca me falou antes, nem me pediu para que eu o fizesse?*

A gentil senhora estava quase embargada pela emoção. Descobria a grandeza do amor materno e lamentava-se interiormente por ainda não haver sido honrada pela felicidade de procriar, embora pudesse ter experienciado o júbilo, embalando nos braços dos sentimentos a filhinha de outra mãe.

Nesse momento, Esperanzita olhou o pai atônito e confessou-lhe de maneira inesquecível:

— *Tenho medo, paizinho! É como se eu fosse atravessar uma ponte muito alta e tenho medo de cair. Ajude-me, papai!*

Manolo não se conteve e começou a blasfemar, estorcegando-se no sofrimento decorrente da consciência culpada.

A esposa tentou acalmá-lo, expondo que aquele era um momento muito grave para que ele se permitisse o desequilíbrio.

— *Não vês* — gritou-lhe a mulher — *que a tua filha está morrendo? Chama o médico em caráter de emergência.*

O pânico estabeleceu-se. Serviçais acorreram aos brados do patrão, e uma auxiliar doméstica prontificou-se a convocar a ajuda especializada, gemendo de angústia e dor.

A menina, com a face descolorida, continuava transpirando álgido suor, os olhos brilhantes e o peito arfante.

– *Tu amas muito a tua mãezinha?* – indagou Olga, sem receio de evocar a *morta*, conforme fora proibida pelo dementado companheiro. Naquele momento nada lhe importava.

Um sorriso muito triste desenhou-se no rosto da moribunda, que respondeu:

– *Minha mãezinha é como um anjo e, se estiver morta, certamente me aguarda no Céu, mas a senhora que me visitou disse-me que ela está viva...*

– *Ela tem razão* – confirmou a madrasta –, *porque ninguém morre de verdade. A pessoa perde o corpo, mas o Espírito prossegue vivendo. É isso que ela quis dizer, não te parece?*

Não houve resposta. Os olhos cerraram-se por alguns segundos, enquanto grossas lágrimas escorriam. A respiração era entrecortada e difícil. Podia-se perceber o pulsar descompassado do músculo cardíaco.

Olga solicitou que fossem chamados o sacerdote e a madre do colégio onde a criança vivera esses amargos anos de sua breve existência.

Mandou acender círios e, pressurosa, buscou o terço, a fim de orar conforme a tradição religiosa da sua crença.

Os minutos pesados passavam mui lentamente. A pouco e pouco foram chegando as pessoas convocadas para aquele momento grave. O médico, verdadeiramente penalizado, informou que o coração havia perdido o ritmo e, embora aplicando um estimulante injetável, confirmou o desenlace que ocorreria em pouco tempo. A madre também chegara acompanhada de uma das mestras da sua pupila transitória e, ajoelhando-se junto ao leito, procurou estimular a pequena a que avançasse na direção da Vida, confiando em Deus.

O silêncio, entrecortado pelos soluços no quarto amplo, ouvia a respiração ofegante da frágil existência que se estiolava ao impacto da morte.

Subitamente ela abriu os olhos e sorriu, anunciando:

– *A senhora... já... veio buscar-me... Ela... está sorrindo... e me chama... dizendo... que eu... não tenha medo...*

A menina tentou erguer o corpo frágil, como se desejasse levantar-se, e distendeu os braços na direção do que dizia ser o Espírito nobre, para logo tombar sobre as almofadas macias e exalar o último suspiro.

O desespero tomou conta de Manolo, totalmente despreparado para a realidade. Tentava arrancar os cabelos, arrebentar a cabeça de encontro às paredes e portas, sendo dominado pelos auxiliares e pelo esculápio, que providenciou e aplicou-lhe uma injeção calmante.

Olga, demonstrando grande serenidade, aconselhou-se com a madre a respeito das providências a serem tomadas. Enquanto isso, o médico, realmente sensibilizado, firmou o atestado de óbito. Mandou-se chamar o representante de uma funerária conhecida e chique, a fim de que fossem tomadas as providências para o velório e o sepultamento da desditosa criança.

O corpo foi removido para a capela onde deveria ser velado. Familiares apressados foram convocados, e a notícia espalhou-se, chegando, via telefone, à cidade de V., na África do Sul.

A seguir, os Albuquerque receberam informação a respeito da lutuosa ocorrência, e a aflição apunhalou-os mais dolorosamente. Eneida desfaleceu ao ser informada do desenlace da filhinha, sendo requisitada assistência médica imediata, tendo-se em vista a sua fragilidade orgânica, enquanto o manto do sofrimento envolveu os corações já amargurados.

A família foi unânime em concordar que a Providência Divina encerrava parte da história de suas existências com um capítulo muito afligente, porém solucionador para o drama que se vivia.

Encerrara-se o calvário da avezita roubada do ninho, que agora voaria no rumo do Infinito para o encontro definitivo mais tarde.

Os Albuquerque souberam que Esperanzita morrera evocando a mãezinha e recordando-se das suas canções de ninar. Era um conforto extraordinário para todos, confirmando que o mal é transitório e que ninguém é capaz de silenciar a voz da verdade, que sempre se alteia e domina.

A lacuna deixada pela débil florzinha de carne ficaria impreenchível, aguardando o momento ditoso, quando ela volveria aos braços maternos.

Olga e o marido aturdido transferiram-se para a capela, no cemitério, onde o cadáver aguardou o sepultamento.

No dia seguinte, antes da inumação dos despojos físicos, foi celebrada a missa de corpo presente.

As exéquias foram cuidadosamente organizadas. Crianças do educandário vieram participar das liturgias, especialmente cantando o *Agnus Dei*, que a todos sensibilizou fortemente, qual se fossem anjos entoando um cântico em homenagem à querida extinta...

A decoração lúgubre, o rito algo macabro, as palavras enunciadas pelo sacerdote, carregadas de luto e de dor, foram o pano de fundo apresentado por uma crença religiosa que propugna pela vida e homenageia a morte com todas as tintas negras do aniquilamento.

Ao término da cerimônia de sepultamento, os convidados dispersaram-se, o casal retornou ao domicílio, agora assinalado pelos momentos finais em que falecera Esperanzita, e Manolo mergulhou nas sombras da loucura.

O sono, que já lhe era um problema em razão da interferência dos seus inimigos desencarnados, tornou-se-lhe mais inquietante.

Exultando em razão dos acontecimentos infelizes que acarretaram as acerbas dores ao inimigo, o Português e N'Bondo recrudesceram o cerco ao perverso, preparando-se para consumar o programa de destruição da vida orgânica do seu antigo algoz.

Nos dias que se sucederam, Manolo derrapou na demência. Amava demasiadamente a filha, embora na maneira doentia que lhe era peculiar. A perda física da menina e a culpa nele insculpida feriram-no profundamente, sem dar-lhe oportunidade de recuperação imediata.

Olga providenciou um psiquiatra, e o internamento numa clínica para tratamento sonoterápico foi a melhor solução, considerando-se a gravidade do transtorno e os impulsos suicidas que sempre o acometiam.

As notícias terríveis foram divulgadas com apimentados comentários entre os amigos de Manolo, também investidores na bolsa de valores e membros do clube social de que fazia parte.

A criatura humana, na sua insensatez, olvida a solidariedade nos momentos delicados da existência de outros, não se dando conta de que a dor é comensal de todas as pessoas e cada qual lhe recebe a visita em momento oportuno. Antipatizado, porém, por uns, em razão do seu temperamento presunçoso e ostensivo, e bem recebido por outros, não conseguira formar um círculo de bons amigos. Aliás, é sempre reduzido o número dos amigos reais nos diferentes segmentos da sociedade. Enquanto a vida flui abundante e a projeção nas altas rodas da futilidade ou do poder exalça a vaidade, o indivíduo está cercado de corifeus e bajuladores. Logo, porém, sopram ventos contrários, e a solidão faz-se parceira do abandonado.

A terapia do sono imposta a Manolo, se por um lado harmonizava-lhe os neurônios cerebrais, contribuindo para o equilíbrio das sinapses, por outro o deixava inteiramente à mercê dos adversários desencarnados, que o molestavam durante o parcial desprendimento pelo torpor de que se via objeto o Espírito. Sem dúvida, as substâncias aplicadas, além de interferirem no corpo somático, eram absorvidas pelo invólucro *sutil da alma* e, de alguma forma, também o anestesiavam, impedindo-lhe o raciocínio claro e a movimentação ideal fora dos liames carnais.

Encontrando-se inteiramente livres para agir e perturbar o desafeto, os desencarnados não o poupavam de apodos e recriminações, acusando-o de responsabilidade pela morte da filha, adicionando a infâmia levantada sobre a existência de Eneida, a fim de fazerem que a consciência culpada transtornasse-o em definitivo.

Nas horas, portanto, em que parecia em repouso, apesar da sonolência que dominava os equipamentos orgânicos, ele era excruciado e perseguido, sofrendo os suplícios de Tântalo.[8]

Os dias em sucessão contínua foram-se encarregando de adaptar as pessoas às novas injunções do processo existencial.

Olga revelou-se excelente esposa e hábil investidora no lugar do marido, dando curso às aplicações dos valores e das ações de propriedade de ambos, sob conselhos de bons corretores.

Manolo encontrava-se agora no lar, dando prosseguimento ao tratamento psiquiátrico, permanecendo, no entanto, incapaz de assumir as responsabilidades pertinentes aos negócios que lhe diziam respeito.

Dispondo das chaves e documentos de propriedade do casal – vez que outra orientada pelo marido, quando momentaneamente recuperava a lucidez, embora com dificuldade –, oportunamente no escritório, recordou-se do colar de diamantes e dos demais adereços, pondo-se a

---

8. Tântalo – Rei mitológico da Lídia que, após roubar os manjares dos deuses, entregou-os aos homens. Revoltados, os deuses precipitaram-no no Tártaro, em local com um lago e muitas árvores carregadas de frutos, tornando-o, porém, impossibilitado de alcançar algum, embora vencido pela fome e pela sede perpétuas (nota do autor espiritual).

procurá-los. O marido lhe houvera dito antes que os mantinha guardados no cofre, a fim de evitar roubo em casa, em razão dos muitos empregados que os ajudavam a conservar o apartamento e servi-los.

Com algum cuidado, conseguiu arrancar do enfermo o segredo do cofre, sob alegação de que necessitava conferir algumas escrituras e documentos outros ali guardados. Cientificada, logo lhe foi possível, retirou o precioso escrínio com o seu conteúdo e, cerrando portas e janelas, deteve-se a examinar as pedras fabulosas.

Afinal, pertenciam-lhe, e ela tivera ocasião de usá-las quando do seu consórcio matrimonial com Manolo.

Ficou sensibilizada com o brilho das gemas lapidadas e com a sua frieza, bem característica da sua realidade de apenas pedras, cujo valor era atribuído pela ganância e astúcia humanas, sendo somente menos comuns...

Colocou o colar no pescoço e adereçou-se com as demais peças. Tomada de peculiar emoção, aquela que decorre da ambição e da posse dos tesouros terrestres, aproximou-se do espelho e contemplou-se.

Sentiu-se uma deusa poderosa. O faiscar do conjunto em razão de qualquer movimento dava-lhe uma beleza especial, muito do agrado da vaidade feminina.

Suspirando e quase trêmula, segurou o colar com o seu pingente de destaque, fechou os olhos e disse-se, em silêncio profundo: – *São minhas e, para preservá-las, farei qualquer sacrifício.*

A senhora não tinha ideia mínima do que se estava afirmando...

Periodicamente, depois daquele dia, abria o cofre e deleitava-se com a exibição do precioso conjunto.

Nada obstante, a exitosa investidora evitou comentar com o marido, ainda abalado, a satisfação que experimentava ao ter o colar nas mãos e usá-lo, mesmo que no silêncio e solidão do escritório. Temia que ele reagisse e a impedisse de voltar a fazê-lo.

Ramiro também soube dos insucessos que tomaram conta da família Rodríguez, com o que muito se regozijou.

Ele sobrevivera à injunção penosa que elaborara e tivera tempo suficiente para reflexionar. Ressentido e odiento, impôs-se que nunca abdicaria do direito de possuir os adereços valiosos de diamantes, encontrando uma forma, de qualquer maneira, para deles apropriar-se. A visão extraordinária das gemas faiscantes naquela tarde ensolarada jamais se lhe apagou da memória. É como se houvesse ficado hipnotizado pelo brilho das pedras lapidadas e pela composição do colar e demais peças fulgurantes.

Sabendo que o seu proprietário se encontrava desolado sob terapia vigorosa, alegrou-se ante a possibilidade de, no futuro, tratar com um demente ao invés de fazê-lo com um astuto e rápido inimigo.

Assim que tomou conhecimento do seu retorno ao lar em convalescença longa, atreveu-se a enviar-lhe um ramilhete de rosas acompanhado com um cartão, no qual expressava as suas saudações e os votos de breve recuperação.

Sem saber de quem se tratava, quando Olga recebeu as flores e notificou o marido, este foi acometido de quase uma convulsão de ódio. Os olhos abriram-se desmesuradamente, e ele mandou que as atirasse à lata de lixo, porque se tratava de remessa de um tratante, de um inimigo declarado, ficando trêmulo e ruminando palavras desconexas.

As flores foram atiradas fora e não mais se voltou a falar no assunto.

O atrevimento do facínora não tinha medida, porquanto, utilizando-se de um amigo em comum, que fora visitar o enfermo, pediu-lhe que interferisse para que o desafeto o desculpasse, porquanto estava profundamente arrependido daquele incidente que pretendia anular mediante a amizade sincera.

Foi inútil, porém, a tentativa, porque o enfermo, sempre que ouvia o nome do odiento comparsa, exasperava-se e tornava-se agressivo, inimizando-se também com quem quer que fosse fazer-se de intermediário de uma aproximação que dizia ser impossível.

Reconheçamos que, além de venal, o alienado era rancoroso e odiento, como sói acontecer com todos aqueles que palmilham os caminhos da astúcia e do crime.

6

Novas experiências:
gratificantes umas e dolorosas outras

O assédio constante promovido por João Pedro a Eneida terminou encontrando guarida no coração amargurado da jovem senhora. Um ano após o falecimento da filhinha, que se comunicara em uma das reuniões da família através de dona Evangelina, o coração materno revigorou-se e resolveu voltar a viver, de modo que pudesse contribuir de alguma forma em favor da sociedade mais feliz no futuro.

Nesse comenos, o seu divórcio foi concedido graças à fundamentação de que fora abandonada pelo marido, que se evadira do país e nunca apresentara qualquer explicação para o seu gesto, acompanhado do rapto da filha, de quem as autoridades não conseguiram fazer a extradição, o que parecia absurdo legal. Vivia-se, porém, como ainda hoje ocorre, o período dos paradoxos nos diferentes segmentos da sociedade, inclusive no Poder Judiciário, muitas vezes acionado a realizar a justiça em diversos lugares sob estipêndios vultosos. Por isso, ironicamente, a deusa Justiça apresenta-se com os olhos vedados...

A situação político-social na África do Sul tornara-se quase insuportável: os crimes sucediam-se a qualquer hora da noite e do dia, os assaltos eram vergonhosos e as autoridades policiais encontravam-se incapazes de manter a ordem. A própria polícia era alvo de investidas perversas por parte dos mais exaltados, que também infligiam duras refregas aos antigos senhores, cometendo o mesmo insuportável crime contra a Humanidade.

Como é ignóbil a discriminação mantida pelos brancos contra os negros, não menos vergonhosa torna-se a que os negros vingativos desenvolvem e estimulam contra os brancos.

A epiderme não caracteriza o indivíduo nas suas reservas morais, havendo homens e mulheres nobres, abnegados, dignos e sábios, cruéis, primitivos, insensíveis em todas as raças, nas diversas pigmentações da pele. É o Espírito que habita o corpo quem exterioriza o seu estágio de evolução na carne em que se movimenta no mundo físico.

Amparar ou estimular qualquer tipo de revide, de cobrança por parte de antigas vítimas de discriminação racial, significa retornar ao estágio de barbárie e primitivismo que deve ser superado.

O ser está destinado às estrelas, e preservá-lo no lodo das paixões vis é infeliz comportamento que somente retarda o seu progresso moral.

As vítimas de qualquer circunstância aflitiva, quando alcançam a liberdade com a qual não se encontram acostumadas, quase sempre descambam na direção do abuso das licenças que passam a desfrutar, sendo, às vezes, estimuladas ao revide infeliz, comprometendo-se na hediondez daquilo que antes condenavam por doer-lhes nas *carnes da alma*.

O amor, o perdão, a compaixão, a caridade são sempre os maravilhosos títulos de enobrecimento que dignificam a criatura humana em qualquer situação em que se encontre, especialmente quando seguindo no rumo da sua felicidade.

Os Albuquerque vivenciavam um dos melhores períodos da sua existência, havendo superado as angústias impostas pelo parente psicopata. Livres dos ferretes que lhes aplicara com pontaria certeira, conquistaram o respeito, a solidariedade das pessoas gradas e de muitos infelizes da comunidade que eram por eles beneficiados. A indústria metalúrgica desenvolvera-se expressivamente, propiciando ao doutor Henrique e a Júlio, que permanecia operoso e dedicado, resultados financeiros muito valiosos. A mansão que habitavam destacava-se no burgo pela majestade, pelos imensos jardins cuidados, pela criadagem bem tratada e gentil, enfim, pelos convidados que a frequentavam.

Por outro lado, as reuniões espíritas prosseguiam em uma sala fora da residência, especialmente construída para essa finalidade. As tertúlias hebdomadárias atraíam estudiosos e intelectuais da cidade, interessados em tomar conhecimento dos postulados espíritas, ao mesmo tempo que muito lhes agradava o debate franco com o refinamento social e cultural do anfitrião.

Agora também havia dias dedicados exclusivamente às atividades mediúnicas, de que participavam somente aqueles membros que denotavam conhecimento da Doutrina Espírita, particularmente os médiuns iniciantes que cooperavam com dona Evangelina, cuja sensibilidade facultava comunicações espirituais de alto nível.

Nesse clima de conquistas de todo gênero, o namoro de Eneida com João Pedro encontrou simpatia por parte dos familiares, especialmente de Júlio, que se sentia muito vinculado ao ex-sacerdote católico, bem como dos amigos que lhes auguravam um futuro rico de bênçãos.

O admirável educador não tivera dificuldade em prosseguir ministrando aulas públicas e particulares, especialmente de idiomas, como o inglês, o francês e o latim, nos quais era versado, como também de Matemática e Física. Inicialmente, enquanto se definia o rumo do futuro, esteve trabalhando no escritório da empresa do doutor Henrique, mas sabia que houvera nascido para ensinar, que o fascinava, enriquecendo-o de compreensível alegria.

O conúbio estava assinalado para um mês aproximadamente após o primeiro aniversário de desencarnação de Esperanza, e todo o tempo disponível Eneida e a genitora aplicavam na preparação do enxoval e na organização da nova residência onde deveriam habitar, presente de matrimônio que lhes fora oferecido pelos familiares Albuquerque...

No começo João Pedro insistiu por declinar da generosa e relevante oferta, explicando que desejava, ele próprio, adquirir a sua habitação, preferindo o aluguel de uma casa confortável, mas sem luxo, enquanto lutaria por conseguir aquela que ambicionava mental e emocionalmente.

Foi o doutor Henrique quem o convenceu à aquiescência, explicando-lhe:

– *Eneida é nossa herdeira de fato e de direito. Tudo quanto possuímos os seus familiares pertence-lhe. Será justo deixarmos que desfrute dos bens que já são seus somente após a nossa morte? Por que não lhe doarmos agora, em vez de deixar-lhes mais tarde, quando todos poderíamos fruir desde já o prazer da oferta? Júlio prossegue solteiro, e a irmã é para ele um verdadeiro querubim, a quem ama e em favor de quem luta. Ele especialmente impõe a doação de um lar à irmã querida e ao futuro cunhado, a quem muito respeita e estima, com o que concordamos plenamente.*

— *Receio que se pense que eu estou interessado nos bens da família, em razão das minhas carências econômicas, e não no amor que devoto à minha escolhida...*

— Ora, meu amigo — concluiu o padrasto e futuro sogro —, *sempre se comenta tudo quanto sucede, cada pessoa conforme sua própria capacidade de sentir e de compreender, o que é perfeitamente natural. Você é jovem e é lutador, capaz de sacrifícios superlativos, e o futuro abençoá-lo-á com a coroa da vitória. O importante é o amor que se devotam, você e ela, capaz de desenhar-lhes e concretizar-lhes um futuro de merecidas harmonias e felicidades. Portanto, sem qualquer constrangimento, aceite o nosso presente, que também lhe é dedicado.*

Tomado de sincera emoção, João Pedro anuiu com o oferecimento.

Os convites para o consórcio matrimonial foram distribuídos às pessoas do círculo de amizade, excetuando-se qualquer familiar de Manolo que vez por outra mantinha discreta relação social com dona Evangelina, que se colocava emocionalmente acima das ocorrências infelizes, a elas nunca se referindo, nem ao seu causador.

Por pudor e honestidade, a senhora e a filha houveram por bem preservar uma atitude de discrição em relação aos Rodríguez. Como jamais se haviam levantado contra os seus membros, acusando-os, exprobrando-os ou buscando informações que lhes não concediam espontaneamente, embora alguns deles conhecessem todas as tramoias e sinuosidades do crime praticado, não seria agora que se reatariam laços de comunicação e relacionamento mais profundos.

A prudência é sempre uma atitude de sabedoria no comportamento das criaturas humanas, que deve ser preservada.

Com celeridade chegou o dia anelado. O juiz da vara de família foi convidado a proceder à cerimônia civil na residência dos pais da noiva, que se encontrava decorada com capricho e muito bom gosto.

Um tapete vermelho alongava-se da porta de entrada do *hall* ornado por duas colunas de mármore branco, seguindo até pequena sala onde se oficiaria o ato matrimonial.

Toldos de lona colorida espalhavam-se, criando ambientes bem agrupados pelos jardins, onde ágeis garçons serviam drinques e canapés – não havia bebidas alcoólicas em razão das convicções espíritas mantidas pela família, bem como pelo noivo, de hábitos morigerados –, sob os quais se resguardavam os convidados em volta de mesinhas cobertas por toalhas de linho branco bordadas a capricho, ornadas com orquídeas e próteas – as flores nacionais – atadas a fitas de seda colorida, em laços delicados, que lhes permitiam o destaque desejável.

Porcelanas de Sèvres acompanhadas de cristais da Boêmia permaneciam ao lado de talheres de prata e *serviettes*[9] do mesmo tecido da toalha envoltos em suportes de prata, constituindo harmonioso conjunto para o serviço de jantar, especialmente encomendado a famoso *buffet* local para os convidados, que logo mais teria lugar.

Tudo transpirava bom gosto e refinamento, sem os exageros muito típicos nos lares dos *nouveaux riches*.

Imenso bolo ornamental encontrava-se sobre uma mesa especial no centro do jardim para o momento culminante.

Crianças de cinco anos, *deux pages et deux dames d'honneur*, vestidas a caráter, carregando as alianças e delicados *bouquets* de miosótis, acolitavam os noivos e permaneciam ao seu lado, enquanto se desenvolvia a celebração matrimonial, que se fez assinalar pelo formalismo convencional, porém enriquecida pelo discurso pronunciado pelo senhor juiz, que entreteceu considerações encomiásticas aos noivos, comentando o significado daquele compromisso para as pessoas de formação cristã, que abraçavam a Revelação Espírita, ele que também se dizia espiritista convicto.

Em seguida, os esposos dirigiram-se à mesa central para que Eneida atirasse o delicado ramo de orquídeas que conduzia, completando o seu *tailleur beige*, que lhe realçava as formas harmoniosas. Um pequeno chapéu de palhinha do Panamá, no mesmo tom do tecido, que fora aplicado também nos sapatos, com um pequeno laço de tule branca, posto sobre os cabelos curtos bem penteados, dava-lhe um toque de maturidade nobre compatível com a sua existência.

---

9. *Serviettes* – Guardanapo (nota do autor espiritual).

O noivo vestira-se com um conjunto cinza de risca, completado por colete de seda sobre camisa branca e gravata borboleta, destacando-lhe o porte esguio e a felicidade que pairava no seu rosto aberto em um permanente sorriso.

Jogando o arranjo floral por cima dos ombros, ele foi colhido por uma jovem amiga de Eneida, que se pôs exultante, logo exclamando:

– As flores já consegui, somente me falta o noivo, que me parece ser o mais importante e difícil...

Espontânea gargalhada estrugiu em todos ante a natural confissão da felizarda.

De imediato, os noivos passaram a ser homenageados pelos familiares, de início, e logo após pelos convidados que se postaram em fila ruidosa e alegre.

Um conjunto de cordas, especialmente contratado para embelezamento da festa, pôs-se a tocar belas músicas, e o júbilo tomou conta de todos.

Às 21h foi servido o opíparo jantar, muito bem aceito e logo bastante comentado pela qualidade dos pratos servidos. Além das iguarias locais da tradição inglesa, havia aquelas especiais da culinária francesa, sempre disputadas por qualquer *gourmet*. Alguns lamentavam a ausência dos vinhos de qualidade, próprios para a ocasião, do uísque, dos digestivos... contentando-se, no entanto, com aquilo que lhes era servido e respeitando a conduta dos anfitriões.

Às 23h, os esposos despediram-se dos convidados e seguiram em automóvel na direção do próprio lar, sem as fórmulas recentes em fugas do casal... Maduros e conscientes da responsabilidade que assumiram, procuraram manter equilíbrio em todos os momentos, de forma que nada de esdrúxulo ou inusitado chamasse a atenção para o seu comportamento.

Lentamente os convidados puseram-se a caminho dos seus lares, exaltando a generosidade dos Albuquerque e enfrentando as suas próprias preocupações e ansiedades.

Os jornais, nos dias imediatos, nas colunas sociais, referiram-se às solenidades do matrimônio, assim encerrando a série de sofrimentos que haviam assinalado a existência da família.

❖

Nada obstante, as reviravoltas do destino trouxeram à cidade de V. alguém que dali havia fugido com expressiva importância em dinheiro após a morte do Português. Era Mayuso, então empregado da empresa metalúrgica, de quem se utilizara Manolo para a execução do seu perseguidor e que, após o crime, evadira-se com a família para a província de Natal, de onde era originário, a conselho do seu patrão.

Havia voltado a Vryheid, região rica onde se extraía carvão mineral, e tentou encontrar um lugar para dar prosseguimento à existência, sem maiores preocupações financeiras. O prêmio pelo crime, que lhe fora oferecido por aquele que o engendrara, seria suficiente para permitir-lhe uma vida relativamente tranquila, mantendo-se em qualquer atividade remunerada. Isso se fazia necessário a fim de evitar chamar a atenção dos seus patrícios que se contorciam nas garras da miséria em que viviam. A princípio, o infame pôde manter-se discreto, elucidando a necessidade que tivera de retornar às origens, a fim de dar início a uma vida nova. Com dificuldades para conseguir um trabalho remunerado que o mantivesse em equilíbrio com a família, começou a gastar a recompensa infeliz, passando a usar alcoólicos e perder-se em gabolices, atribuindo-se importância que não merecia, já que, o lance mais significativo de que fora capaz havia sido o homicídio traiçoeiro, covarde, do inditoso Português.

Sem qualquer estrutura moral, embora os frágeis valores que aparentara antes da fuga, por ocasião da enfermidade da filha, do socorro de Manolo e da sua retribuição como autor-comparsa do assassinato, em breve descambou para a degradação, unindo-se a outros semelhantes e passando à agressão e a assaltos desabridos, aproveitando-se da desordem reinante no país. Levado ao cárcere mais de uma vez, posto em liberdade outras tantas, e reincidente, experimentou as injunções policiais em forma de castigos cruéis que lhe aniquilaram os remanescentes da dignidade.

Mantendo-se fiel ao compromisso de não desvelar o crime, seria capaz de enfrentar a morte em silêncio rígido, conforme se impôs. No entanto, à medida que foi perdendo o respeito por si mesmo e sendo empurrado para a miséria econômica, porque os recursos evolaram-se com os anos, desde que, não havendo reposição, teriam que desaparecer, passou a recordar-se do *Boss* com inusitada insistência.

As suas más tendências eclodiram, inspirando-o a buscar mais recursos em quem lhos poderia oferecer, tendo em vista que fora por ele que cometera o ato vil e irrecuperável.

Quando as dificuldades e as doenças se lhe tornaram severas demais, ocorreu-lhe retornar a V. a fim de rogar socorro e proteção àquele que o conduzira à desgraça. Pensava:

— *Por que hei de sofrer miséria, fome e enfermidade se o meu* Boss, *muito rico, desfruta de prazer e de grandeza havendo sido o mandante do assassinato? Será que uma vida destruída vale apenas o que recebi?*

Assim, igualmente inspirado pelas forças do mal, que compactuam com aqueles que lhes são semelhantes, resolveu viajar em busca do que acreditava merecer, a fim de recuperar-se e amparar a família, que se encontrava em desgoverno.

Desse modo, procurou a metalúrgica e apresentou-se a Júlio, a quem conhecia ligeiramente, sem qualquer identidade com o sócio da empresa.

— *Necessito com urgência* — falou fingindo constrangimento — *falar com o* Boss.

Ignorava, na sua estupidez, todas as ocorrências que tiveram lugar após a sua fuga vergonhosa.

O jovem explicou ser um dos proprietários e estava às ordens para o que ele desejasse.

Canhestramente ele explicou que anelava conversar com o *doutor* Manuel Rodríguez, o chefe geral e dono daquela casa.

Júlio explicou que o seu antigo dono vendera-a a ele e ao seu padrasto fazia já vários anos.

— *E onde poderei encontrar o meu antigo patrão, pois tenho negócios urgentes a tratar com ele?*

— *Ignoramos completamente o seu paradeiro e ninguém, exceto os seus familiares, poderá auxiliá-lo.*

O cafre exteriorizou no rosto crestado pelos atos ignóbeis toda a decepção que o invadiu, voltando a indagar:

— *Não há como eu possa falar com o patrão? Trabalhei para ele por vários anos antes de viajar para minha terra, na província de Natal, e necessito da sua ajuda imediata.*

– *Infelizmente* – redarguiu Júlio, algo consternado – *não tenho como ajudá-lo, o que lamento profundamente.*

O bandido, sem o menor escrúpulo, havendo perdido o golpe que pensava aplicar, tentou despertar a curiosidade do novo proprietário, falando de forma reticenciosa:

– *É que ele... tem um resto de dívida... comigo, em razão... de um trabalho que me encomendou... e eu executei com perfeição... de forma que hoje... ele pode viver feliz...*

– *Mesmo assim, em nada posso auxiliar-te.*

Júlio captou-lhe a psicosfera morbífica e preferiu não imiscuir-se no que ele desejava expressar.

E porque o negro insistisse solicitando ajuda para encontrar Manolo quase de forma atrevida, foi despachado sem mais delongas.

Antes de retirar-se, Mayuso, fulo de raiva por haver compreendido que fora usado, mandado embora como algo descartável e inútil a fim de que o verdadeiro criminoso, aquele que engendrara o homicídio, pudesse fugir, permanecendo inalcançável pela justiça, ruminou entre dentes rilhados:

– *Não ficará assim, ele me pagará de uma forma ou de outra.*

Conhecedor da cidade e do bairro miserável onde antes vivera, procurou homiziar-se ali na *cubata* de algum outro infeliz, enquanto elaborava o plano para conseguir mais dinheiro ou desforçar-se daquele que o desgraçara, embora compensando-o com o ouro da vergonha.

Chegando a casa, Júlio comentou o fato com o padrasto e a genitora, elucidando que havia algum mistério no relacionamento do cafre com Manolo.

– *Estaria ali algum motivo para a fuga espetacular do ex-parente?* – interrogou o doutor Henrique.

O assunto, no entanto, morreu após os rápidos comentários da família.

Na sucessão dos dias, Mayuso tentou aproximar-se dos parentes de Manolo sem lograr êxito.

Teve então a ideia de buscar dona Gumercinda, a viúva do Português, que, certamente, teria interesse em descobrir o que houvera acontecido com o marido.

Com uma obstinação perversa, rasteou informações e chegou ao escritório da senhora, novamente consorciada, conforme narrado, que assumira a administração da empresa de extorsão legal do marido.

Informada por uma secretária de que um negro desejava falar-lhe com urgência, a rica senhora mandou despachá-lo com desconsideração, informando que não dispunha de tempo para perdê-lo com pessoas desprezíveis.

É claro que se encontrava em uma situação invejável do ponto de vista social e econômico, usufruindo os despojos da ganância desmedida do primeiro marido, bem como da exploração vergonhosa a que submetia os seus clientes, extorquidos pela sua cobiça exagerada.

Desprezado e sem equilíbrio emocional, homem torpe e desestruturado, percebendo que essa seria a última chance de conseguir algum dinheiro fácil, temeu ir à polícia, que, cientificada, encarcerá-lo-ia até a morte, desde que o chefe, agora fugitivo internacional, não poderia ser agarrado e muito menos seria incriminado por falta de provas, afinal, ele fora apenas o arquiteto intelectual da tragédia, não o executor. E, entre os dois, é claro que o branco seria absolvido, caso viesse a ser levado a julgamento; mas ele não, possivelmente receberia de prêmio a forca em Pretória...

Sentindo-se frustrado e perdido, embriagou-se no gueto onde se encontrava e, turbulento como era, envolveu-se em uma quizila com outro cafre desordeiro, havendo sido apunhalado até a morte...

Sempre tem lugar, em qualquer época e circunstância, o ensinamento de Jesus, convidando a reflexões profundas, como quando, no horto das Oliveiras, ao ser feito prisioneiro, Pedro, em desespero, tomou da espada de um dos soldados e, em Sua defesa, decepou a orelha do servo do sumo sacerdote. Com muita serenidade, após cicatrizar a ferida, o Amigo Excelente disse ao discípulo invigilante: – *Mete a tua espada no seu lugar, porque todos os que lançarem mão da espada, à espada morrerão.*

Não se trata de uma fatalidade irreversível, mas sucede que um crime não solucionado leva a outro e somente desaparece a sua marca após ser resgatado.

A reencarnação é o instrumento hábil concedido por Deus para propiciar essa terapêutica providencial a todos os infratores. Nem sempre, porém, será necessário que ocorra através dos mesmos instrumentos que geraram o delito, acontecendo também através de outros mecanismos e, em especial, mediante o amor. Todavia, o mais comum suceder é repetir-se a façanha da vítima que, sentindo-se infeliz e credora de justiça, cobre-a da mesma forma como foi infelicitada, ou as Leis Soberanas ensejarem situação equivalente.

O certo é que ninguém consegue deixar em aberto *sine die* o pagamento da dívida contraída, que será regularizada inevitavelmente.

Mayuso foi atraído pela predominância da Lei de Causa e Efeito para voltar ao local do assassínio onde se tornou vítima da própria impulsividade criminosa.

Enquanto isso, em Magaluf, Manolo delirava, sem recobrar a serenidade mental necessária para administrar os bens. Mesmo sob severa medicação, permanecia em quase demência, seja pela degenerescência dos neurônios em razão do alcoolismo, seja pela influência perniciosa dos dois adversários desencarnados que lhe não concediam trégua.

Emagrecera exageradamente em face da dificuldade de alimentar-se como necessário, porquanto muitas vezes antes da refeição era tomado por desespero e alucinações que redundavam em crises nervosas repetidas.

Cuidados especiais eram-lhe administrados pela esposa vigilante e por enfermeiros especialmente contratados que o assistiam vinte e quatro horas por dia, atendendo as recomendações psiquiátricas.

Dessa forma, alienado da realidade, não tomou conhecimento das ocorrências que, de certo modo, afetavam a sua existência.

Nesse comenos, um ano transcorrido após o falecimento da filhinha, apresentava ligeira melhora, sem embargo de haver diminuído a perseguição obsessiva, acompanhando, vez que outra, a esposa ao escritório, a fim de tentar voltar à realidade dos negócios.

Certo dia, concentrando-se na sala de trabalho, recordou-se da agressão desencadeada pelo indigitado Ramiro e, automaticamente, lembrou-se do colar e dos adereços de diamantes.

Ignorando que Olga também estava apaixonada pelo conjunto, solicitou-lhe que saísse da sala e lhe permitisse abrir o cofre a sós... A mulher, então, resolveu por informá-lo de que havia encontrado o escrínio e o examinara mais de uma vez, ali encontrando o conjunto fabuloso.

Por pouco ele não se descontrolou, mas logo entendeu que seria natural esse acontecimento, considerando-se que há vários meses ela movimentava todas as contas, os compromissos e também os documentos ali guardados, tendo ocasião de ver a caixa preciosa com o seu conteúdo de alto preço.

Como parceiros do mesmo interesse, ela solicitou-lhe permissão para retirar a joia do cofre, após haver cerrado as portas, janelas e descido as cortinas para evitar a participação de algum curioso, ou o suceder de qualquer coincidência com alguém adentrando-se na sala e vendo o deslumbrante colar.

Ato contínuo, retirou o guarda-joias envolto em veludo azul-marinho e abriu-o.

Manolo não conteve a exclamação de júbilo e deslumbramento que sempre eclodia nos seus lábios ante a visão fascinante das gemas fulgurantes.

Segurou o colar com as duas mãos e, levantando-se, um pouco debilitado, acercou-se de Olga e o depôs no seu pescoço, deslizando sobre o colo alvo.

Automaticamente ela tomou dos demais adereços e colocou-os, ficando resplandecente e muito corada pela emoção.

Levando as mãos ao peito, declarou, comovida:

– *São muito bonitos! Certamente, no seu brilho e silêncio de pedra, estas joias valem algumas vidas...*

Manolo empalideceu de morte com a frase da esposa e confirmou enigmático, tartamudeando:

– *Sim!... Valem... algumas... vidas!*

Logo depois, o automatismo das reminiscências levou-o aos já distantes dias em que, amando a primeira esposa, sonhou adorná-la com o fabuloso colar, embora pretendesse também adquirir algo valioso de fácil condução, que poderia ser retirado do país onde vivia, sem maiores problemas. Sempre acalentara o desejo de transferir-se da África do Sul para a Europa, onde esperava vivenciar melhores favores da deusa Fortuna... E, para que isso se transformasse em realidade, deveria acumular haveres no estrangeiro que lhe facultassem a concretização dos sonhos.

Reconhecia-se, naquele momento de evocações, sempre instável emocionalmente, apesar disso adquirira o conjunto precioso mediante compromissos que estavam longe da sua capacidade de regularizá-los, tais os valores investidos para a sua fabulosa compra.

Fora isso que o alucinara, empurrando-o para os homicídios em que mergulhara, embora não os houvesse praticado com as próprias mãos, antes sendo o seu autor intelectual e canalizador dos recursos para sua execução.

Pôs-se a tremer, fragilizado como ainda se encontrava, tomado de grande palor e exsudando abundantemente, sem que a esposa, deslumbrada com o formoso adereço que a hipnotizava no espelho em que se contemplava, percebesse o conflito que se assenhoreava do marido.

De imediato, ele reviveu os lances do abandono de Eneida, desejando-a assassinada por algum infeliz na estrada deserta, o rapto da filhinha cândida, o novo casamento, a enfermidade misteriosa de Esperanzita e sua morte prematura...

Prorrompeu em pranto abundante, assustando Olga, logo trazida à realidade, que se surpreendeu com o aspecto do companheiro transido de dor e desfigurado.

De imediato, correu ao cofre, depôs o estojo dentro, cerrou-o apressadamente e, porque o marido piorasse do estado que exteriorizava, chamou um auxiliar do escritório, enquanto Manolo começou a debater-se, vitimado por terrível surto psicótico que o levou a um colapso mental.

Chamado o médico, este requisitou uma ambulância para transferir o paciente à clínica psiquiátrica, onde ficaria por tempo indeterminado.

Digamos, em definitivo: Manuel Rodríguez, o atormentado Manolo, estava louco irremediavelmente.

Nos delírios de que passou a ser acometido, lutaria com os adversários desencarnados que o estigmatizavam, utilizando-se da sua consciência culpada e da sua perversidade para dar curso à desditosa cobrança que, alucinados, permitiam-se, distantes das Soberanas Leis de Deus e da Sua Justiça.

Manolo não mais se recuperaria, atravessando o corredor sombrio do desespero até a demência total.

7

Os diamantes que alucinam

Os dias sucederam-se penosos, sombrios para Olga após receber o diagnóstico temido, mas de alguma forma esperado. Era pouco provável a recuperação do marido, que se apresentava ora hebetado, longe da realidade, ora em agitação alucinada. A ausência de apetite e a medicação forte aplicada abateram-no imensamente, além do que já se encontrava. Envelhecera visivelmente, não exteriorizando sinais identificadores do anterior homem de negócios, ambicioso e falante, exibicionista e orgulhoso.

Ao longo do tempo, aconselhada pelos seus advogados, na condição de herdeira legal dos bens de ambos, ela resolveu vender o escritório de corretagem de títulos e valores outros da bolsa de Palma de Maiorca, passando a viver dos vastos rendimentos, que lhes podiam oferecer uma existência regalada, ainda mais pela ausência de descendentes, revelando um caráter sadio e superior ante a quase indiferença dos sogros em relação ao filho, de cuja tragédia tomaram conhecimento na sucessão das ocorrências, quando culminara com o surto cruel, sem que oferecessem mais do que palavras vazias, uma ou duas rápidas visitas de solidariedade aparente e nada mais.

O egoísmo é um câncer que devora a criatura humana e envenena as almas em referência ao seu próximo e à sociedade onde vive.

Esquece-se o egoísta de tudo aquilo quanto a sabedoria ensina, expresso no brocardo popular: *Hoje por mim, amanhã por ti* –, rico de valiosa essência que decorre das experiências humanas através dos tempos.

Quem se pode considerar autossuficiente ao ponto de não necessitar de outrem, mesmo que possua os mais invejáveis recursos amoedados? Sempre terá que recorrer a alguém, remunerado ou não, a fim de avançar no estreito corredor dos sofrimentos que não excluem ninguém na sua inexorável jornada que responde pela purificação moral e espiritual de todos.

Os Rodríguez, reconheçamos, eram feitos do mármore frio da indiferença no que concerne à afetividade, mesmo em relação aos familiares.

A forma como contribuíram para a infelicidade da nora e da netinha, anuindo e amparando a trama sórdida do filho, bem refletia o nível de sentimentos em que se encontravam.

Aparentemente amorosos para com Manolo, guardavam surdo ressentimento em relação a ele por sentirem quanto foram espoliados nos bens na África deixados aos seus cuidados. E esse era um bom momento para sentirem-se desforçados pela vida, cuja adaga que desce cruel sobre os infratores pode demorar de os atingir, ceifando-lhes a existência, mas nunca fica sem executar o golpe final que lhes está destinado...

Reconheciam as extravagâncias do perdulário e sua conduta infeliz, que os empurravam para uma distância afetiva, conforme se justificavam nos diálogos íntimos.

Seria o caso de afirmar-se: *Tal filho, quais pais!*

Olga assumiu o dever de ampará-lo e permanecer-lhe fiel, embora os pretendentes ambiciosos e sem escrúpulos que tentavam cortejá-la, com os olhos postos nos seus haveres.

Amadurecida psicologicamente pelas ocorrências e algo magoada por não haver sido mãe biológica, amara de coração a enteada, que o marido desterrara no colégio, tendo-a no lar por pouco tempo, embora quando já era tarde em demasia, porém com oportunidade expressiva para sentir-se tocada na maternidade latente nos sentimentos mais profundos.

Enquanto isso, na cidade de V., na África, a notícia sobre o mergulho de Manolo no oceano escuro da loucura causou surpresa em algumas pessoas, menos nos Albuquerque, conhecedores do seu caráter venal, bem como da inexorabilidade das Leis Universais, que sempre alcançam os seus agressores. Certamente, nem sempre de imediato, mas com segurança, chamando-os à responsabilidade e ao refazimento do equilíbrio que deve viger em toda parte.

Eneida, igualmente, foi notificada sobre o infausto acontecimento. Lamentou-o sinceramente, porque, embora a dor que o ex-marido lhe causara e os muitos martírios que lhe infligira, quase a levando também à loucura ou ao suicídio, dos quais fora resgatada pela fé religiosa que lhe lenificava os sentimentos, na sucessão dos tempos passou a nutrir por ele uma especial forma de compaixão. Posteriormente, tomando conhecimento da desencarnação da filhinha, o ressentimento quis dominá-la, e novamente ela sobrepôs a confiança em Deus e no Seu amor, conseguindo superá-lo com relativa tranquilidade.

Como uma compensação celeste, encontrou o amor real, sem os arroubos juvenis, mas um afeto seguro e nobre com o homem que lhe preenchia os espaços emocionais doridos ou vazios que a crueldade do insano lhe havia produzido.

Na primeira oportunidade em que a família se reuniu para a realização do Evangelho no Lar, conforme recordamos que era feito hebdomadariamente, com sentimento de perdão e solidariedade cristã, o doutor Albuquerque direcionou formosas vibrações intercessórias em favor do ex-genro desvairado, orando com fervor pelo seu restabelecimento quase impossível.

Assim devem proceder todos aqueles que padecem injustiças e perseguições, que são vítimas da astúcia dos perversos e das suas desmedidas ambições, que sofrem traições e iniquidades lhes são impostas imerecidamente, perdoando sempre *aqueles que não sabem o que fazem,* porque o seu reino de alegria e fausto é sempre rápido, quimérico, logo se desfazendo, comburido pela realidade que os espreita...

Um ano se havia passado desde o matrimônio de Eneida com João Pedro, e ambos experimentavam o delicioso fruto da felicidade que se encontra em abundância na árvore do amor legítimo, do entendimento e do respeito que deve sempre existir entre os parceiros. Abençoados também pela fé religiosa, que os enriquecia de esperanças no futuro espiritual, ao mesmo tempo que os ajudava a enfrentar as normais ocorrências do dia a dia, evitando o estresse e a ansiedade, agradeciam a Deus as dores antes vivenciadas, graças às quais podiam valorizar os tesouros que ora lhes exornavam as existências.

Logo depois das comemorações evocativas do dia do primeiro aniversário das bodas, Eneida apresentou sinais de gestação, o que veio alegrar ainda mais os cônjuges. Ao narrar à genitora a notícia alvissareira, esta exultou e não pôde sopitar as lágrimas que lhe aljofararam nos olhos. Retornava-lhe o indizível júbilo de ser avó, que lhe fora roubado anteriormente. De imediato, avisou ao marido, que também se emocionou, o mesmo ocorrendo com Júlio, que permanecia solteiro, embora assediado por jovens bonitas e casadoiras.

O rapaz tornara-se uma fortaleza inviolável, mantendo-se ao lado da progenitora e do padrasto, a quem amava como seu verdadeiro pai. Sentia-se pleno no trabalho a que se dedicava com afinco, ao mesmo tempo que o conhecimento espírita lhe dilatava os horizontes existenciais, preenchendo-lhe as lacunas que por acaso aparecessem no íntimo. Não sofria conflito nem tormento de natureza alguma, conduta essa que era resultado de existências anteriores, nas quais exercera o celibato em função religiosa, em cuja maneira de vida honesta e honrada treinara o equilíbrio, à exceção da ocorrência afetiva no passado próximo, quando delinquira com Eneida... Anelava, sim, pelo matrimônio, mas não tinha pressa, o que, convenhamos, era perfeitamente normal.

A pressa com que os jovens atiram-se, por imaturidade, aos jogos da sensualidade, do sexo sem responsabilidade, das variações de conduta moral e da promiscuidade somente traz transtorno, que se transforma em fugas alucinadas para as drogas – o álcool, o tabaco etc. –, para o suicídio...

Grassam a impotência e o medo nas novas gerações que, adotando a máscara do cinismo, reúnem-se em tribos, exaltam o esdrúxulo, vivenciam o *canibalismo* e a *autofagia* em pequenas medidas, alienando-se do contexto social, embora explorando os que trabalham, fomentando a desordem, a anarquia. Em alguns casos, essas atitudes resultam de conflitos mal resolvidos e de dificuldades de ajustamento ao grupo social por timidez, pelos receios que os atemorizaram em lares desfeitos ou desorganizados, agressivos ou sem sustentação afetiva...

Sociologicamente são muitos os fatores que têm trabalhado contra as comunidades modernas, desde as pressões de toda natureza aos desafios que a tecnologia impõe no mercado dos interesses econômicos, individuais, nacionais e internacionais, desestruturando as pessoas imaturas e confundindo muitas daquelas que são bem formadas, que muito se empenham para acompanhar a marcha ciclópica do desenvolvimento que as atrai. Nem todos, portanto, conseguem o triunfo que almejam conforme o querem, cobrando alto preço da sociedade e dificultando a marcha do progresso, que se encontra desenhado nas máquinas e utensílios eletroeletrônicos, que não são de fácil e acessível aquisição, nem de manejo simples, como os anunciam os vendedores arrebatados nos veículos de comunicação de massa.

Do ponto de vista psicológico, também influenciam o surgimento de traumas e dramas existenciais nas comunidades que crescem desorganizadamente, diminuindo os espaços, envenenando a Natureza e agredindo a tudo e a todos. Os menos aptos e os mais frágeis emocionalmente se tornam vítimas do contexto devorador, tombando nos distúrbios graves que os consomem.

Júlio conseguia superar a situação e equipar-se de valores para prosseguir sem os constrangimentos que são impostos a todos quantos optam por uma conduta saudável e uma existência bem direcionada.

A situação político-administrativa da África do Sul, nessa ocasião, tornava-se mais grave a cada dia que passava. O crime de todos os matizes andava à solta. Vozes nobres levantavam-se para invectivar contra a onda de saques e de perversidade, de homicídios e estupros, de vandalismo crescente, sem que os resultados fossem animadores.

Aumentavam as ameaças de revolução contra os brancos, que eram agora hostilizados e abertamente ameaçados. Propriedades sofriam depredações, pessoas dignas experimentavam desrespeito, e a sombra do medo mudava de direção. Antes eram os guetos infelizes onde ficavam asfixiados e excluídos os discriminados pela raça e pela cor da pele; agora eram os seus antigos opressores – opressores que eram considerados todos que tivessem a epiderme europeia.

Em uma das reuniões iluminativas realizadas na residência dos Albuquerque, em momentosa psicofonia, o mentor espiritual conclamou os amigos a tomarem providências equilibradas em favor do seu e do futuro dos familiares no conturbado país, de forma que pudessem contribuir em benefício da paz, que se transformava em instrumento de crueldade nas mãos dos infelicitados de ontem...

Ao terminar a reunião, os seus participantes discutiram o conteúdo da mensagem amiga e passaram a considerar a situação com mais gravidade.

Ao longo dos dias, o doutor Henrique achou por bem explicar à família o plano que vinha desenvolvendo interiormente desde há algum tempo. Desejava retornar a Portugal antes que chegassem as horas mais difíceis no país que os hospedava. Sempre fora um sonho volver à pátria, às terras queridas. Cautelosamente adquirira algumas propriedades na metrópole portuguesa, enviara recursos para uma longa estada no país, sem incômodos nem preocupações que pudessem perturbar a sua futura paz tanto quanto a da família.

Após ouvi-lo com atenção e carinho, todos concordaram plenamente com a necessidade de transferir a indústria para outras mãos, organizar os compromissos e liberar-se de algumas atividades a que se encontravam ligados, a fim de que pudessem viajar definitivamente para a amada Lusitânia, inclusive João Pedro e Eneida, cuja gestação avançava sem qualquer problema orgânico sob as bênçãos do amor.

Novamente os desígnios de Deus convidavam a família a decisões audaciosas e a atitudes que exigiam coragem. Somente que, nessa vez, muito diferente da fuga ocorrida quando dos lamentáveis acontecimentos em Angola, considerando-se o alicerce financeiro sobre o qual apoiavam a resolução. É sempre um alvoroço o retorno à pátria, que parece haver ficado muito longe seja pelo impositivo de um exílio compulsório, seja por aquele outro de natureza espontânea que as circunstâncias impõem.

A primeira providência foi colocar os imóveis à venda, para o que foi contratada uma agência especializada, não encontrando muitas dificuldades em consegui-lo, em face da excelência de cada uma das residências. Mais problemática fez-se, porém, a transferência de propriedade da indústria, porque a inquietação que tomou a família estava sacudindo também muitas outras, algumas das quais já se houveram transferido para o continente europeu e outras, algo assustadas, observavam o transcorrer dos sucessos nacionais, a fim de serem definidos os rumos do futuro.

A desordem social ou a política, e ambas em conjunto, escoam normalmente para o mesmo funil de estreitamento, no qual se confundem e, sob qualquer aspecto consideradas, são sempre sinônimo de caos e de tragédia em andamento. Iniciam-se sorrateiras, instalam-se e explodem em violência que culmina no total desrespeito às leis estabelecidas, à cidadania, aos direitos humanos, com gravíssimos prejuízos para a sociedade.

Exatamente isso ocorria num país que não estava preparado para as mudanças inevitáveis que começaram a avolumar-se e que mais tarde se transformariam em calamidade...

Os ódios recalcados, os ressentimentos longamente sustentados, os desejos de vingança, aliados aos anseios de liberdade, para a qual nem sempre estão preparados os excluídos, exatamente por falta de experiência no respeito livre aos deveres dos quais decorrem os direitos, transformaram-se em bomba sob pressão que explodiria de um para outro momento. Eis por que, de uma ou de outra forma, já eclodiam essas paixões desgovernadas que ameaçavam as próprias lideranças, porquanto no tumulto os líderes são incapazes de dirigir as massas ávidas pelos saques, pelos desforços pessoais, pela sede tresvariada de cobranças impiedosas.

Em casos dessa ordem, sempre se transferem as comunidades de um regime ditatorial execrável para outro de aparente liberdade, durante o qual são praticados os mais ignóbeis atos de selvageria, de impiedade.

É necessário, sem dúvida, que a educação do povo tenha prioridade em qualquer movimento libertário, a fim de que seja preparado para as ocorrências que virão, alterando completamente os hábitos e abrindo portas para novas expectativas que deverão apoiar-se em métodos nobres e pacificadores. Não são momentos para revanches, vinganças.

Em face dessas circunstâncias, o doutor Albuquerque viajou a Lisboa, de forma que pudesse visitar uma das suas propriedades na cidade de Z., para onde deveria transferir-se com a família, acelerando as obras de conclusão da confortável residência que vinha há algum tempo edificando com tranquilidade.

Na metrópole, ao tomar conhecimento da sua decisão de trazer a família de volta ao continente, os demais familiares exultaram ante a felicidade de tão agradável acontecimento.

Examinando as obras da mansão, pôde constatar que os encarregados de executá-las não se deram aos cuidados exigíveis, como também não haviam procedido com a lisura que ele esperava. A sua ausência, a falta de assistência pessoal permitiram que o intermediário exorbitasse na aplicação dos valores enviados da África, não correspondendo à expectativa da confiança que lhe fora depositada.

Infelizmente essa é uma característica muito comum em determinadas condutas humanas que, toda vez quando recebem incumbências expressivas e dignificadoras, abandonam o dever para explorar, supondo-se no direito de agir arbitrariamente, desencaminhando os recursos que lhes são confiados e utilizando-os em benefício próprio. Falhas do caráter moral dessa natureza tornaram-se tão comuns que adquiriram certo tipo de cidadania entre as criaturas nas quais se deposita confiança, exigindo maior soma de cautela em compromissos e empreendimentos com outros.

Dotado de uma intuição bem acentuada, o doutor Albuquerque desde há tempos enviara a Portugal móveis e utensílios, roupas de mesa, cama e banho, prevendo algum acontecimento de emergência, de modo que a família não mais experimentasse as dores rudes que sofrera no passado.

Outrossim, adquirira nos arredores de Lisboa um apartamento agradável para os períodos que exigissem a sua ou a presença dos afetos na capital, permitindo-se uma continuação da existência em clima de harmonia, sem apuros financeiros nem preocupações de trabalho urgente.

Assim, ele pôde equipar os dois domicílios com o necessário, cuidando pessoalmente, por mais de um mês, da conclusão da residência no norte do país, em razão das raízes familiares e emocionais da infância que ali se encontravam fincadas.

Ao volver à África do Sul, foram tomadas as providências para a remoção das duas senhoras, de maneira que pudessem organizar as residências no continente europeu, e os homens seguiriam depois, assim que regularizassem os negócios em andamento.

Embora a situação econômica predominante, em face da interferência de amigos e de pessoas outras influentes, não foi difícil transferir expressivos recursos para a pátria, garantindo futuros empreendimentos que programava realizar.

Dois meses após a decisão de abandonar o *continente negro,* a indústria foi vendida por muito bom preço, considerando-se a dificuldade reinante, e, após despedidas e detalhes finais, doutor Albuquerque, Júlio e João Pedro viajaram com o Espírito opresso pela saudade e pela gratidão àquelas terras generosas e amigas onde cumpriram, em determinados momentos, dolorosos carmas, no entanto, onde também tiveram oportunidade ditosa de construir um futuro recamado de alegrias e destituído de preocupações econômico-financeiras.

Instalando-se na mansão, que se destacava na paisagem verdejante do Minho, o primeiro período transcorreu muito agradável, tendo-se em vista o reconforto da convivência familiar, as visitas aos locais muito queridos que o tempo não conseguira apagar da memória, o prosseguimento da gestação feliz de Eneida.

O tempo, no entanto, é o grande mestre que ensina sem palavras, ensejando, pela experiência do contato pessoal, lições preciosas para o crescimento moral e espiritual.

Lentamente foi constatado que a família em Portugal, mantendo-se vinculada ao Catolicismo Ortodoxo, embora sem um estudo cuidadoso, mais por hábito e preservação da ignorância do que por princípio de convicção racional, passou a comentar negativamente o comportamento dos recém-chegados, que mantiveram os hábitos semanais do estudo espírita no lar. Ademais, a não participação deles nos cultos religiosos domingueiros na igreja local chamou atenção, gerando algumas indevidas interferências dos parentes, que procuravam desaprovar essa conduta. Não demorou muito tempo e, não fossem a habilidade e a educação do doutor Albuquerque, ter-se-iam gerado atritos decorrentes da intolerância e do desrespeito à crença pessoal.

Velho hábito humano o de impor o seu pensamento à maneira de viver do seu próximo. Pretende-se que os outros vivam conforme os padrões que interessam aos arbitrários, que se esquecem de que a sua exigência descabida nunca seria aceita por eles caso a situação fosse oposta, incorrendo, desse modo, em gravíssimo erro...

Com muita diplomacia e dignidade, o nobre espírita propôs uma recepção para todos os membros da sua e da família da esposa em sua residência, através de um agradável jantar, no qual expôs abertamente a sua e a convicção do seu clã, de maneira que, a partir daquele momento, o assunto ficasse encerrado por definitivo, não permitindo qualquer intromissão na maneira de comportar-se religiosamente, desde que, de sua parte, essa era a sua maneira de agir.

Embora a contragosto, os convidados anuíram de boa mente na aparência, comprometendo-se a respeitar-lhes a forma de expressar sua comunhão com Deus, já que eles não pretendiam convocar ninguém para que lhes aderisse à fé, exigência que, por sua vez, igualmente lhes faziam em procedimento perfeitamente justo.

A partir de então, o relacionamento manteve-se fraternal, sem a possibilidade de embaraços que pudessem gerar situações insustentáveis.

Em Magaluf, a situação de Manolo a cada dia tornava-se mais angustiante. Lamentavelmente permanecia em dolorosa demência, enquanto espiritualmente era anatematizado pelos adversários que forjara mediante os atos nefastos que se permitira.

Os amigos tomaram conhecimento a pouco e pouco da infausta situação e, como sói acontecer na sociedade terrestre, salvadas algumas exceções, procuraram manter-se distantes, a fim de se pouparem a algum trabalho ou contrariedade.

Possuidora de um caráter nobre, após afastar-se dos negócios da bolsa e procurar transferir a empresa para outros interessados, Olga prosseguiu administrando os bens da família com muito equilíbrio, assessorada por excelente advogado amigo.

Nesse ínterim, porém, Ramiro Álvarez, cientificando-se da total loucura do cômpar, que transformara em adversário, passou a elaborar um plano para apropriar-se do valioso conjunto que lhe não saía da ambição desvairada.

Conhecendo o *métier* do crime, não teve dificuldade em interessar dois velhos comparsas que lhe ficaram na memória a partir dos primeiros períodos quando chegara àquela cidade, concertando um programa sórdido de apropriação das gemas fascinantes que o embriagavam de luxúria ante a expectativa de possuí-las.

No encontro preliminar mantido com os cúmplices, convidou-os a uma visita aos arredores do escritório, que ainda não fora vendido por Olga, em cujo cofre deveriam estar guardados os diamantes, e explicou-lhes:

— *Estou seguramente informado de que logo mais a proprietária estará desfazendo-se de todos os negócios, a fim de viver de rendas, portanto, transferindo os documentos e joias que aqui permanecem para alguma caixa-forte ou mesmo um banco, preservando os valores que lhe dizem respeito.*

Após uma breve reflexão, adiu:

— *Recordo-me de quando o vi abrindo o cofre, que permanece na parede resguardado por vigas de concreto armado, de que ali estavam papéis variados e uma caixa forrada de veludo, recoberta com um pedaço de tecido da mesma qualidade, que muito me interessa. Assim, não teremos maiores preocupações, já que tudo será muito fácil. Poderemos vir no próximo sábado à noite, após tomarmos conhecimento da vigilância do prédio, das possibilidades de entrada com facilidade, arrombando com explosivo cuidadosamente colocado na parte externa da porta de aço, a fim de conseguirmos o nosso intento.*

Novamente silenciou, após o que concluiu o projeto ignóbil:

— *Um me auxiliará a imobilizar o vigia, a levá-lo para dentro do escritório, a colocá-lo trancado no banheiro, enquanto outro ficará como olheiro, cuidando de observar alguém que por acaso caminhe nesta direção, o que não será muito provável, em razão de ser um lugar algo isolado e, ademais, por tratar-se de um fim de semana, quando a área fica realmente deserta...*

Depois, um de vocês me auxiliará a colocar o explosivo e arrancar a porta danificada, apropriando-nos exclusivamente do relicário, para mim muito precioso. Combinaremos o preço do trabalho, e estou disposto a oferecer a cada um de vocês até mil dólares, se tudo sair bem, pagamento excelente, afinal, por um pequeno trabalho, sem qualquer risco. Cuidarei de pedir a um amigo para preparar a carga de explosivos, de maneira que não soframos dano ou venhamos a experimentar algum perigo.

Ambos os facínoras anuíram completamente empolgados, ficando estabelecido que passariam a observar o escritório durante o dia e algumas horas da noite, especialmente pela madrugada, de forma que conseguissem a boa colheita de frutos.

Ramiro tivera o cuidado de não se referir exatamente ao conteúdo da caixa que pretendia roubar, deixando transparecer que se tratava de moedas de ouro ou algo equivalente, a fim de não despertar exagerado interesse por parte dos companheiros, que sempre sabem extorquir mais, qual ocorria com ele próprio.

Assim, o hábil *cigano* conseguiu com outro conhecido a preparação de pequeno volume de *plástico* com nitroglicerina suficiente para arrombar a caixa-forte em vista.

Os dias passaram-se entre ansiedades e exacerbação dos sentimentos vis.

No dia aprazado, depois da meia-noite, quando uma neblina tomara conta da cidade, naquele inverno não muito rigoroso, os três assaltantes dirigiram-se numa caminhonete para o objetivo da sua insânia.

O veículo ficou parado a regular distância com os faróis apagados, enquanto o trio aguardava, em observação, o movimento de qualquer transeunte, o que não ocorreu. Logo após, um deles saltou e dirigiu-se ao edifício almejado e, aproximando-se da guarita onde se encontrava o vigia da noite, solicitou-lhe uma informação, explicando que o carro apresentara defeito e pedia-lhe o favor de proceder a uma chamada telefônica para uma agência de socorro.

Desprevenido e imprudente, o jovem saiu da casinha que o abrigava, quando foi rendido pelo meliante, que lhe apontou um revólver ameaçador, solicitando-lhe que abrisse o portão de entrada, no que foi atendido imediatamente.

Chamando os demais bandidos, imobilizaram o incauto, levaram-no ao banheiro interno, antes abrindo com uma chave mestra a porta central do escritório e nele adentrando-se com o uso de lanternas.

O ar, embora frio, parecia prenunciar tragédia. Talvez fosse a gravidade do crime ou a ansiedade pela posse ilícita.

Tomadas as providências iniciais de colocação do explosivo sobre a maçaneta que movimentava o segredo, cobrindo com toalhas para abafar-lhe o estrondo, acionaram o controle remoto, enquanto se protegiam por detrás das mesas. Em poucos segundos houve a detonação e o som surdo, e o volume de ar projetado para fora arrebentou as vidraças das janelas, ficando a sala mergulhada em fumo e em odor característicos.

De imediato, fez-se um grande silêncio, gerando a expectativa em torno da possibilidade de alguém ter ouvido a explosão. Como não houvesse movimentação exterior, o *olheiro* adentrou-se informando que tudo estava bem e, diminuída a fumaça, com as lanternas acesas, acercaram-se do cofre, cuja porta se encontrava escancarada, deparando-se com o motivo do arrombamento.

Na aflição que dele se apossou, Ramiro tomou nervosamente o volume e tropeçou, deixando-o cair. Na queda, a tampa deslocou-se e ficou aberta. Os criminosos direcionaram as lanternas acesas para a caixa, sendo dominados pelo brilho estrelar das gemas raras.

Não puderam sopitar as exclamações que lhes escaparam automaticamente, e um deles atirou-se sobre o relicário e recolheu-o avidamente.

Ramiro não se conteve e avançou, colérico, para tomá-lo, travando-se uma luta violenta com socos e pontapés, ora no escuro, ora ao relâmpago das lanternas acesas, conseguindo reavê-lo. Ao levantar-se, não teve tempo de experimentar o júbilo, porque foi golpeado pelo outro, que o atingiu com certeira punhalada, fazendo-o tombar ensanguentado no solo e gemendo desvairadamente. O sequaz perverso recuperou o equilíbrio físico e voltou a feri-lo reiteradas vezes, abandonando-o quase morto, e, em companhia do outro, evadindo-se com rapidez.

A tragédia estava consumada. Os cúmplices covardes, sem que o dissessem, tinham combinado que mereciam o espólio do crime, havendo-se mancomunado para eliminar o arregimentador que sabiam ser venal tanto quanto eles mesmos ou muito mais.

Pela manhã, quando o funcionário substituto veio assumir o posto, defrontou-se com o trágico acontecimento. Após libertar o colega que golpeava a porta do banheiro, já exausto, a polícia foi chamada, fazendo-se acompanhar de uma ambulância para o infeliz, que não resistira aos ferimentos, havendo falecido horas antes.

A senhora proprietária da empresa foi chamada, tomando conhecimento de que o fabuloso colar e os demais adereços haviam desaparecido, embora estivessem intactos diversos valores e joias outras de menor preço.

Pode-se compreender-lhe a dimensão do choque de que se viu tomada, caindo em verdadeira prostração.

Auxiliada pelo advogado amigo, recebeu conveniente assistência médica, sendo conduzida ao lar, onde o marido hebetado não pôde tomar conhecimento do que realmente também o levaria à loucura caso ainda se encontrasse no uso da razão.

Ramiro Álvarez foi identificado pela polícia, pois que já era conhecido na delegacia de entorpecentes, de furtos e roubos, sendo sepultado após a indispensável autópsia, sem maiores cuidados...

Encerrava-se, de maneira trágica para ele e dolorosa para Olga, o capítulo dos diamantes fatídicos e valiosos.

8

AMANHECER DE NOVO DIA

A notícia foi amplamente explorada pelos jornais, rádios e emissoras de televisão com o estardalhaço habitual e a falta total de resultados positivos.

Os comentários se avolumaram, e Olga recebeu visitas inusitadas de amigos, de admiradores dos seus bens e de policiais inescrupulosos que se propunham a recuperar o conjunto mediante recompensas mirabolantes.

Tratava-se de uma caterva ansiosa por explorar a situação, beneficiando-se de alguma forma, embora o sofrimento da digna senhora, que não era levado em consideração como normalmente acontece.

Nesse campo não existe compaixão, nem sentimento de solidariedade; pelo contrário, esses infelizes se aproveitam das situações aflitivas do seu próximo, a fim de locupletar-se na exploração de qualquer maneira, embora se apresentando na condição de interessados em ajudar ou de partilhar das angústias, distantes, porém, de alguma emoção positiva. Certamente que há exceções, no entanto, a regra surpreende pela quantidade de exploradores.

Não mais se teriam notícias dos diamantes, que foram retirados dos seus respectivos engastes para ser vendidos separadamente no continente, como sempre ocorre em casos dessa natureza.

Os bandidos dividiram o fruto infeliz da sua rapina criminosa e homicida e, na primeira oportunidade, abandonaram a ilha, viajando a Madri, onde poderiam vender as pedras separadamente, por certo recebendo uma compensação muito aquém do seu valor real. Sem qualquer remorso pelo homicídio cometido, rejubilavam-se ante os resultados colhidos após eliminado o competidor.

Cada qual escreve no livro do destino a própria história. A alucinação pela conquista do prazer a qualquer preço é sempre a responsável pelos rios de lágrimas e abismos de sofrimentos que mais tarde surpreendem os desatinados.

Não poucas vezes, diante de pessoas feridas na inteligência, vitimadas por degenerescências graves, sobrecarregadas de desaires e fardos insuportáveis de alienação ou de desditas incessantes, fica-se dominado por interrogações que fustigam a mente e o coração. Nada obstante, uma análise, rápida que seja, dos despautérios que se praticam e dos ignóbeis comportamentos que enxameiam na sociedade permitirá que se entenda que o acúmulo de tantas paixões destrutivas não produza consequências posteriores para quem as pratica. É o que ocorre, sem dúvida. Somente através da reencarnação é que se podem encontrar as respostas próprias para as superlativas angústias e destrambelhos que assaltam os indivíduos. Hoje colhem a sementeira de desrespeito à Vida que ontem realizaram, da mesma forma que, mudando de atitude e passando a semear resignação, respeito, trabalho profícuo, preparam o amanhã, que enfrentarão recuperados e felizes.

Assevera-se, porém, que todos quantos são incapazes de discernir e entender o sofrimento que experimentam, qual ocorre com os portadores de idiotia, anencefalia, autismo e outras limitações mentais, não terão como recuperar-se, em razão da sua impossibilidade de reeducar-se lucidamente. Contudo, trata-se de um engodo esse raciocínio, porque esses mais limitados são reincidentes que não aproveitaram as provações purificadoras que vivenciaram, teimando na constância do mal que ora lhes impõe o cárcere compulsório para reflexão espiritual demorada, sem poder exteriorizar as dores que os verdascam. Expiam dolorosamente, sem o conforto moral da comunicação com o mundo exterior. Estorcegam, debatem-se no cipoal que os constringe, gerando, não raro, reações negativas naqueles que deles cuidam e não imaginam o flagício que eles sofrem aprisionados no corpo limitado...

É imperiosa a Lei de Amor, que triunfa em toda parte comandando a vida saudável, mantendo o equilíbrio no cosmo e preservando a harmonia geral, porque procede da Divindade, que é a sua fonte geradora e mantenedora.

Olga viveu a angústia da perda valiosa, permanecendo por largo período traumatizada, sem conseguir entender como alguém poderia ter tido conhecimento da joia fantástica. Imaginava que provavelmente fora algum conhecido de Manolo, a quem ele se referira sobre a posse em um ato de gabarolice ou de exibicionismo doentio. Sem alternativa, em benefício da paz interior, ao longo do tempo se foi libertando da memória do triste acontecimento e da perda do precioso conjunto.

Os largos anos que se sucederam terminaram por fazer sucumbir em total demência – resultado da consciência de culpa, dos choques emocionais e da pertinaz obsessão que o tomou – o janota Manuel. Divorciados do seu destino, os familiares Rodríguez desinteressaram-se totalmente da sua pessoa, particularmente depois que tomaram conhecimento do roubo do colar e dos adereços de diamantes que lhe pertenciam. Interrogavam-se como ele pudera reunir dinheiro suficiente para a aquisição de um tesouro tão especial, ao mesmo tempo que mantinha elevado padrão socioeconômico. O ressentimento e o desprezo encarregaram-se de execrá-lo, como forma de punição pela conquista indébita dos recursos da família, que agora não podia desfrutar.

Olvidam-se as criaturas de que, neste mundo de veleidades, todos estão sujeitos a erros e a acertos, a experiências felizes ou malsucedidas; e, se tivessem em mente a postura da compreensão das misérias alheias com o correspondente perdão, estariam trabalhando em favor de si mesmas quando colhidas nas malhas dos seus pouco recomendáveis comportamentos.

Enquanto isso sucedia em Magaluf, as ocorrências em Portugal tinham curso totalmente oposto.

Aqueles Espíritos que se reuniram em provações regeneradoras bem suportadas desfrutavam agora, resgatados os seus débitos perante a Divindade, as benesses da alegria, do trabalho e da comunhão com Deus.

Passados os primeiros tempos de ajustamento na pátria, o doutor Albuquerque, Júlio e João Pedro resolveram criar uma empresa de construção de apartamentos e também de administração de residências e edifícios, de forma que todos tivessem oportunidade de laborar com afinco, trabalhando em favor do futuro e da preservação da saúde. Afinal, o trabalho é ainda a melhor maneira de preservar a saúde e de manter a existência feliz, além dos frutos que proporciona em moedas de contado. Mesmo as grandes fortunas necessitam ser mantidas e ampliadas através de aplicações corretas que fomentem o progresso, evitando tornar-se patrimônio morto, enquanto milhões de pessoas sofrem o desemprego, a fome e a miséria de toda ordem.

Delinearam começar a experiência em uma área de sua propriedade no norte do país, próximo a uma famosa praia, erguendo um conjunto de cinco edifícios com apartamentos próprios para períodos de férias, *veraniegos,* que seriam adquiridos por residentes em regiões interioranas ou na capital. O empreendimento começou a ser trabalhado, sendo requisitados engenheiros, arquitetos, paisagistas e documentação adequada aos órgãos governamentais encarregados das competentes licenças e preservadores do meio ambiente, passando a exigir atividade redobrada dos nossos *retornados,* como eram chamados todos aqueles que vieram da África após a revolução de 25 de abril de 1974...

Sob os bonançosos ventos da felicidade, os incansáveis trabalhadores adaptaram-se ao novo *modus vivendi,* porquanto estavam ativos nos deveres que lhes diziam respeito, dando curso ao programa adrede estabelecido.

Enquanto prosperavam social e financeiramente, o labor espírita prosseguia sem qualquer solução de continuidade, embora as referências deselegantes do sacerdote, por mais de uma vez, no ato dominical da igreja.

Como era do seu caráter, o doutor Albuquerque preferiu ir falar diretamente com o sacerdote a deter-se nos comentários que lhe chegavam a respeito das acusações que lhe eram feitas pelo pároco.

Dessa forma, em ocasião oportuna, visitou o religioso na sacristia da igreja e solicitou-lhe um diálogo, no que foi, para sua surpresa, gentilmente atendido.

Foi ele quem deu início à conversação, explicando:

– *Chegados da África, minha família e eu já deveríamos ter procurado o caro religioso a fim de apresentar-nos e estabelecermos contato fraternal. As naturais dificuldades de adaptação inicial, referentes aos primeiros meses, impediram-nos de fazê-lo em tempo próprio, o que agora realizo, solicitando desculpas e compreensão.*

– *Agradeço a gentileza do amigo* – respondeu o sacerdote bem-humorado. – *Em nossa quase aldeia sabemos de tudo quanto ocorre e ficamos surpresos ante a sua conduta, não nos procurando, como se tornou tradição em nossas terras... Compreendo, sem dúvida, o impedimento e alegro-me com esta ocasião de convivência.*

– *Por certo* – o visitante ampliou explicações – *está a par também das nossas convicções religiosas, do culto semanal que realizamos em nosso lar e das atividades sociais de beneficência que temos empreendido, procurando visitar pessoas sofridas e necessitadas, com o objetivo de auxiliá-las de alguma forma.*

– *Sim, sim... Aqui tudo se sabe.*

– *Pois desejo informar ao nosso preclaro sacerdote que também exerci o ministério sacerdotal na África, tendo-me desobrigado dos votos, conforme as recomendações eclesiásticas, quando me resolvi por consorciar matrimonialmente com a mulher com a qual prossigo vivendo dignamente. Preferi essa atitude decidida e frontal à manutenção de um comportamento incompatível com o meu caráter. Simultaneamente, homem curioso acerca das conquistas da Ciência, interessei-me em conhecer o Espiritismo, que surgiu na França no ano de 1857, com a publicação de obras pelo senhor Allan Kardec, tornando-me, a partir de então, simpatizante da Doutrina e depois, ao longo do tempo, das reflexões e estudos, militante convicto.*

– *Estranho esse seu comportamento...* – disse-o de forma reticente. – *É quase impossível alguém que tem conhecimentos da Teologia Cristã adotar comportamento ateu e demoníaco, qual o é o Espiritismo.*

– *Não desejo desviar o teor da conversação, ao que poderei voltar em qualquer momento. O motivo da minha visita não é para discutir convicções filosóficas e religiosas, mas para informar ao caro amigo que em meu lar realizamos atividades desse gênero e iremos continuar com elas, em que pese a sua opinião desfavorável. Gostaria de recordar que, vivendo em um país que agora adota os postulados democráticos, o inalienável direito à liberdade de religião permanece como aval para que os portugueses elejamos aquela que melhor responda aos nossos interesses espirituais, sem o impositivo de qualquer crença dominante, como acontecia anteriormente.*

E, fazendo uma pausa, logo prosseguiu:

— Estou disposto a tomar decisões na justiça caso o nobre religioso continue infamando-nos com epítetos e acusações indevidas, especialmente porque, não nos conhecendo e não havendo estudado o Espiritismo, de forma alguma dispõe de condições para fazê-lo. Esta atitude fraternal que me trouxe até aqui tem por finalidade solicitar ao nosso gentil amigo, e pastor de muitos, que não se olvide das palavras de Jesus quando enunciou que tinha outras ovelhas que não eram daquele rebanho, referindo-se naturalmente aos gentios, detestados pelos israelitas.

— Não lhe parece atrevimento vir impor-me sua forma de vida em nossa comunidade? — desferiu, quase colérico, o revide o sacerdote, que se encontrava muito pálido.

— De forma alguma. Preferi apresentar-me diretamente a fim de esclarecer qualquer dúvida a ficar na sombra lutando contra fantasmas e dando campo a injustificáveis considerações por parte da massa ignorante das sutilezas existenciais. Ademais, não lhe venho impor a minha forma de conduta, antes aqui estou para informá-lo a respeito de como me conduzirei, não permitindo interferências de quem quer que seja, em razão de ser um cidadão português que paga impostos, que atende às leis e respeita a Constituição do país, que hoje é livre das peias do passado...

Gostaria de adir, à guisa de esclarecimento, que o Espiritismo tem por base fundamental a crença em Deus, na imortalidade da alma, na sua comunicação, na reencarnação, e a sua moral é a de Jesus Cristo conforme se encontra no Evangelho e Ele viveu-a com os Seus apóstolos, não aquela que os homens adaptaram ao seu bel-prazer. Igualmente, o Demônio não faz parte das nossas convicções, porque essa figura mitológica tem vida apenas enquanto a sustentamos em nosso pensamento, sendo destituída de qualquer legitimidade uma Entidade que se opõe a Deus...

O clima psíquico estava carregado de emoções e de apreensões. Foi o doutor Albuquerque quem se apressou por atenuar a situação:

— Convido o nobre reverendo a vir conhecer-nos em nossa residência, participando de uma refeição conosco, de modo que tenhamos tempo para manter uma conversa informal, de esclarecimento de parte a parte, no que resultarão frutos opimos para nós ambos.

Havia cordialidade e sinceridade nas palavras. Embora contrariado, o sacerdote, acostumado à dominação das mentes e dos sentimentos do rebanho a que atribuía posse, anuiu, algo desconcertado, distendendo a mão em ato de fraternidade, no que foi correspondido pelo visitante.

Selava-se, dessa forma, um compromisso de não agressão de ambas as partes, embora os recém-chegados jamais houvessem atacado a quem quer que seja.

Os dias seguiram ricos de expectativas, e, no prazo próprio, Eneida experimentou os sinais do parto.

Chamado o seu obstetra, que a acompanhava embora residente em cidade próxima, foi levada ao hospital, onde nasceu a filhinha, que recebeu o nome de Esperança, em homenagem àquela que lhe fora arrancada dos braços anteriormente.

A felicidade dos familiares era indizível. A menina, que se apresentava saudável, sem qualquer trauma da gestação, iniciaria nova peregrinação carnal, amparada pelos fados do amor e da ternura no abençoado lar que se libertara do sofrimento para a construção de um futuro melhor para os seus membros e, por extensão, para toda a Humanidade.

Naquele alvorecer de tépida primavera, na cidadezinha de Z., no Minho, em Portugal, Esperanzita voltava à reencarnação no ninho de felicidade que antes fora desfeito pelo anterior infeliz progenitor...

A vida não cessa nunca, e o amor sempre triunfa!...

Impressão e Acabamento

Bartiragráfica

(011) 4393-2911